教育部人文社会科学重点研究基地重大项目"'一带一路'不同类型国家教育制度与政策研究"（课题编号：17JJD880006）

教育部人文社会科学重点研究基地北京师范大学国际与比较教育研究院资助出版

"一带一路"不同类型国家教育制度与政策研究 主编◎顾明远

新加坡教育制度与政策研究

丁瑞常 康云菲◎著

人民出版社

总　序

2013 年 9 月和 10 月，习近平主席分别提出建设"新丝绸之路经济带"和"21 世纪海上丝绸之路"的合作倡议（简称"一带一路"倡议），强调加强沿线国家间的政策沟通、道路联通、贸易畅通、货币流通和民心相通。这一倡议是习近平"人类命运共同体"思想的具体体现。与沿线国家共创、共建、共赢，推动沿线各国经济繁荣、人民友好、和谐共处，维护世界和平；同时提升我国在世界经济体系中的地位，提高我国在国际社会、政治舞台上的话语权。要达成这些目标，单方面的物质投入是不够的，需要进一步加强人文交流，做到民心相通。而教育对于促进沿线地区和国家间的文化交流，加强彼此间的理解与认识，缓解因文化、民族等差异而引发的矛盾和冲突有着不可替代的作用。

2016 年 7 月，我国教育部牵头制订了《推进共建"一带一路"教育行动》，将开展教育互联互通合作作为首要合作重点，提出要开展"一带一路"教育法律、政策协同研究，构建沿线各国教育政策信息交流通报机制，为沿线各国政府推进教育政策互通提供决策建议，为沿线各国学校和社会力量开展教育合作交流提供政策咨询。中共中央、国务院 2019 年印发的《中国教育现代化 2035》再次提出要扎实推进"一带一路"教育行动。"一带一路"沿线国家国情不一，文化多元，要实现互联互通，首先要加强对这些国家教育制度与政策的了解。

改革开放以后，为了尽快恢复教育秩序，赶上发达国家的教育现代化步伐，我国比较教育研究的对象主要是西方发达国家。虽然 21 世纪以来我们开始关注非洲、拉丁美洲诸国的教育，但对许多"一带一路"沿线国家的教育研究得甚少，而这些基础性的研究恰恰是有效推进"一带一路"行动的必要依据。在这一背景下，我主持了教育部人文社科学重点研究基地2017—2020年重大项目"'一带一路'不同类型国家教育制度与政策研究"。本套丛书便是这一课题的主要研究成果。

由于各种现实条件的限制，我们难以对所有"一带一路"沿线国家开展研究。在综合考虑文明类型、地缘政治地位以及和我国的交流合作基础等因素后，我们遴选了俄罗斯、新加坡、泰国、印度、哈萨克斯坦和伊朗这六个有一定典型性和代表性的沿线国家开展国别研究，形成了本丛书。丛书着重论述了六个国家的教育文化传统、教育基本制度、最新教育政策以及对外开放形势。另外，丛书还重点分析了这六个国家与我国教育交流合作的进展、经验，以及当前面临的问题和挑战，以期为我国下一步的战略选择提供参考。

丛书由我担任主编，是多校科研团队通力合作的成果。各分册作者如下：《俄罗斯教育制度与政策研究》由北京师范大学国际与比较教育研究院肖甦、朋騰负责；《新加坡教育制度与政策研究》由北京师范大学国际与比较教育研究院丁瑞常、康云菲负责；《泰国教育制度与政策研究》由浙江大学阚阅、徐冰娜负责；《印度教育制度与政策研究》由贵州财经大学杨洪、车金恒负责；《哈斯克斯坦教育制度与政策研究》由新疆师范大学阿依提拉·阿布都热依木、北京师范大学国际与比较教育研究院朋騰负责；《伊朗教育制度与政策研究》由宁夏大学王锋、王丽莹负责。

本丛书覆盖的国别还非常有限，而且主要偏于对各国教育基本情况的介绍，研究广度和深度还有待进一步拓展。由于时间紧、任务重，丛书难免存在疏漏、错误等情况，我在此恳请读者批评指正，也诚邀学界同仁加入"一带一路"教育研究队伍中来。

是为序。

2020 年 9 月 22 日

目　　录

第一章　新加坡的教育传统与变革

第一节　国家背景

新加坡，全称新加坡共和国（Republic of Singapore），是东南亚的一个城市岛国。新加坡 1819 年沦为英国殖民地，第二次世界大战期间被日军占领，1959 年获得自治，1963 年加入马来西亚联邦，1965 年宣布独立。

一、地理

新加坡位于赤道以北 136.8 公里，地处马来半岛最南端、扼守印度洋和太平洋之咽喉要道马六甲海峡出入口，北隔柔佛海峡与马来西亚为邻，南隔新加坡海峡与印度尼西亚相望，是世界贸易重镇和战略要地。

新加坡国土面积狭小，陆地总面积仅 724.4 平方公里（2018 年 12 月），且自然资源极度匮乏。这决定了新加坡想要寻求发展，对外只能依靠外向型经济发展战略与模式，对内需竭力开发人力资源，将"人才立国"作为国家强盛的源动力。新加坡建国总理李光耀（Lee Kuan Yew）曾言："新加坡基本上没有天然的资源储备，既要保证每年生产力 6% 至 8% 的提高，还要维持本国的经济不断增长，就必须充分开发人力资源。"[①] 为此，新加坡除了树立"用人唯才"的精英理念，重视对本国人才的选拔、培养和任

---

① 王金豹：《新加坡人才战略的全方位剖析》，《上海党史与党建》2010 年第 11 期。

用，还通过多种人才引进政策，积极引入高素质的外来人才，提升国际竞争力。而另一方面，新加坡得天独厚的地理区位和全球化环境，使其发展成为亚洲区域乃至世界重要的金融、航运、贸易、通信信息、旅游会议及教育中心；地处东、西方文化交汇中心的区位优势，为全球人才的网罗、培育和发展提供了有利环境，促使新加坡发展成为人才聚集的全球教育中心和国际研发中心。

二、政治

新加坡实行议会共和制。总统为象征性国家元首，最初由国会推选，任期 4 年，不具政治权也不必负行政责任。总统一职须由无党派人士参选，当选后须持无党派立场，不涉足政治派别矛盾。1992 年国会颁布《民选总统法案》，规定从 1993 年起总统由议会选举产生改为由全体合法选民直接选举产生，任期从 4 年改为 6 年。1993 年 8 月 28 日，新加坡举行第一次民选总统选举，王鼎昌（Ong Teng Cheong）获选。2017 年 2 月，新加坡国会通过《总统选举修正法案》，修改民选总统制度，实施保留选举机制，在该机制下，若华族、马来族、印族和其他族群中，有任何一个群体历经五个总统任期都没有代表担任总统，下一届总统选举将优先保留给该族候选人。2017 年 9 月，马来族前任国会议长哈莉玛·雅各布（Halimah Yacob）作为唯一符合资格的候选人当选，成为新加坡第八位总统，保留制总统选举制度下第一位当选总统，也是新加坡首位女总统。

新加坡实行责任内阁制，国会选举占多数议席的政党组建内阁。内阁是国家最高行政机构，由总理、副总理及各部部长组成，主要负责新加坡所有政府政策和国家日常事务。新加坡内阁之下分设包括教育部在内的 15 个部。除部长外，每部还设有高级政务部长（Senior Minister of State）和高级政务次长（Senior Parliamentary Secretary），由总理自国会议员中选定后，向总统推荐委任。李光耀于 1990 年从总理职位退下来后，继任总理吴作栋（Goh Chok Tong）为了继续发挥李光耀在内政外交上的才华和经验，为其设立国务资政（Senior Minister，原译高级部长）一职。2004年，吴作栋卸任总理，任国务资政，李光耀则改任内阁资政（Minister Mentor），也是新加坡至今唯一的一位内阁资政。资政在新加坡是仅次于总统、总理的国家领袖。2011 年新加坡大选结束后，李光耀与吴作栋一同辞去资政之职。

国会是国家的权力中心，新加坡实行一院制，任期五年。国会领袖、内阁总理、内阁部长均由国会中的多数党议员担任。国会可提前解散，大选须在国会解散后 3 个月内举行。国会议员分为民选议员、非选区议员和官委议员。其中民选议员由公民选举产生。非选区议员从得票率最高的反对党未当选候选人中任命，最多不超过 6 名，从而确保国会中有非执政党的代表。官委议员由总统根据国会特别遴选委员会的推荐任命，任期两年半，以反映独立和无党派人士意见。①

目前，新加坡已注册的政党共 30 多个。1959 年，李光耀领导的人民行动党（The People's Action Party）在大选中取得胜利，自此人民行动党一直是新加坡的执政党。新加坡自独立以来，在政治、经济、教育和社会管理各方面取得的卓越成就，离不开李光耀及其领导的人民行动党构建的"实用主义"之发展策略、"用人唯才"之精英理念、招揽"全球智慧"之人才思想、培养"共同价值观"之国家意识。

三、经济

新加坡在殖民地时期以转口贸易为经济发展重点。二战后，为了应对人口激增带来的就业压力以及过分依赖转口贸易作为生存之道带来的经济脆弱性，新加坡积极制定并实施了以工业化为中心的进口替代工业发展策略。独立之后的半个世纪以来，新加坡在先后经历劳动密集型、资本密集型、技术密集型和知识密集型四个经济发展阶段之后，从传统的一个转

---

① 中华人民共和国外交部：《新加坡国家概况》，[2020-03-04]. 见 https://www.fmprc.gov.cn/web/gjhdq_676201/gj_676203/yz_676205/1206_677076/1206x0_677078/.

口贸易中心发展成为如今的国际性和亚洲区域内重要的金融、航运、贸易、通信信息、旅游会议及教育中心，从昔日的一个资源匮乏、贫穷落后的第三世界国家发展成为一个经济发达国家。

1965 年独立时，新加坡的国内生产总值（GDP）只有 9.75 亿美元，2018 年已达到 3641.5 亿美元。人均 GDP 也从 1965 年的 516.54 美元上升至 2018 年的 6.45 万美元。2018 年人均 GDP 居世界第七位、亚洲第一位。根据 2019 年的全球金融中心指数（Global Financial Centres Centres Index，GFCI）排名报告，新加坡是继伦敦、纽约、香港之后的第四大国际金融中心。2019 年，在瑞士洛桑国际管理发展学院（International Institute for Management Development，IMD）和世界经济论坛（World Economic Forum，WEF）发布的《2019 年度世界竞争力报告》（*IMD World Competitiveness Yearbook*）和《2019 全球竞争力报告》（*Global Competitiveness Report 2019*）中，新加坡排名位居世界第一，成为全球最具竞争力的经济体。

表 1–1　新加坡经济发展阶段

发展阶段		主要问题	主要内容	产业结构
转口贸易时期（1819—1959）		经济结构单一、严重依赖国外市场、缺乏根基	发展传统转口贸易	主要产品是橡胶、锡、石油
进口替代工业化时期（1961—1965）	第一个"五年计划"	资源稀缺、人口增长迅速、10% 的失业率；过分依赖转口贸易及英军基地服务业；制造业、工业基础薄弱	1960 年颁布《工业扩展法案》《新兴工业法案》；实行进口配额制度，推动民族工业发展	发展进口替代工业，1961 年成立经济发展局负责"招商引资"

续表

发展阶段			主要问题	主要内容	产业结构
出口导向工业化时期（1965—1997）	劳动密集型工业化阶段（1965—1979）	第二个"五年计划"	解决生存问题：新马合并失败、腹地市场缺失、经济结构单一；英国撤军、失业	建立出口导向型工业：取消出口配额；1967《经济扩展法案》；成立裕廊管理局并制定法令	引入外资企业、发展加工贸易型炼油工业和机械工业、保护新兴工业
		经济发展十年计划	转口贸易萎缩、石油危机，劳动密集型产业逐渐丧失优势	发展高级技术及精密工业	炼油、电子、修船、钻油平台等制造业成为新加坡经济发展的支柱
	以资本及技术升级为导向的经济重组阶段（1979—1997）	第二次工业革命："十年经济发展计划"（1981—1990）	劳动力供应紧张、工资成本增加；来自发达国家及发展中国家的竞争	实行经济重组，采取投资和优惠政策，扶持和发展技术密集型企业；推行企业自动化、机械化、电脑化发展	高附加值产业：以制造业为中心，以对外贸易、交通运输、金融服务和旅游业等为支柱；信息科技、研发、设计、工程逐步兴起
知识经济时期（1997—至今）		"产业21世纪计划""智慧国家"计划	亚洲金融危机，互联网泡沫；经济发展模式脆弱，鼓励知识创新驱动；国际贸易依赖程度过大	加强科技基础建设；实施产业集群发展计划；将制造业和服务业作为经济增长的"双引擎"	发展知识密集型的高新技术产业：发展电子及精密工程、信息技术产业、生物医学、金融和旅游服务业以及教育和创意产业

资料来源：根据相关资料整理。

新加坡当前属外贸驱动型经济，以电子、石油化工、金融、航运、服务业为主，高度依赖中国、美国、日本、欧洲和周边市场。2018 年，新加坡对外货物贸易总额约 7736 亿美元，同比增长 9.2%。其中进口 3665 亿美元、增长 10.6%，出口 4071 亿美元、增长 7.9%。主要进口商品为电子真空管、原油、加工石油产品、办公及数据处理机零件等。主要出口商品为成品油、电子元器件、化工品和工业机械等。主要贸易伙伴为中国、马来西亚、欧盟、印尼、美国。新加坡推行"区域化经济发展战略",大力向海外投资。截至 2017 年底,其对外直接投资累计达 8503 亿新元,主要集中在金融服务业和制造业。主要直接投资对象国为中国、印尼、马来西亚、澳大利亚、英国。与此同时,新加坡也大量吸引海外投资。截至 2018 年底,新加坡共吸引海外直接投资 1.75 万亿新元,多集中在金融服务业和制造业。主要直接投资来源国为美国、日本、英国、荷兰、中国。2017 年 2 月,新加坡"未来经济委员会"发布未来十年经济发展战略,提出经济年均增长 2% 至 3%、实现包容发展、建设充满机遇的国家等目标,并制定深入拓展国际联系、推动并落实产业转型蓝图、打造互联互通城市等七大发展战略。①

四、人口、族群、语言、宗教及文化

新加坡是一个多元种族、多元宗教、多元语言和多元文化的典型移民国家,其国民主要来自马来西亚、中国大陆和印度半岛移民的后裔。新加坡国内人口可分为四大族群,分别是华人(Chinese)、马来人(Malays)、印度人(Indian)以及其他族群(Others),其中华人数量始终占据主导地位。在 2019 年约 402 万的新加坡居民中,华人占 74.4%,马来人占 13.4%,印度人占 9.0%,其他人口占 3.2%。②事实上,各个族群内部又由来自不同地区、不同背景的亚族群构成。"华人"指有中国血统的人,其下包括福建人、广东人、潮州人、客家人、海南人等;"马来人"指具有马来西亚或印度尼西亚血统的人,其含有马来人、武吉士人、爪哇人等人种;"印度人"指来自印度次大陆的人,如泰米尔人、孟加拉人、

---

① 中华人民共和国外交部:《新加坡国家概况》,[2020-03-04]. 见 https://www.fmprc.gov.cn/web/gjhdq_676201/gj_676203/yz_676205/1206_677076/1206x0_677078/.

② Singapore Department of Statistics. Yearbook of Statistics Singapore,2019. [2020-03-04]. 见 https://www.singstat.gov.sg/-/media/files/publications/reference/yearbook_2019/yos2019.pdf.

僧加罗人等；"其他种群"则涵盖了其他所有种群，例如泰国人、欧美人、阿拉伯人等。

表 1–2　新加坡人口统计

	1970	1980	1990	2000	2010	2017	2018	2019
总人口数	2074.5	2413.9	3047.1	4027.8	5076.7	5612.3	5638.7	5703.5
常住人口	2013.5	2282.1	2735.8	3273.3	3771.7	3965.8	3994.3	4026.2
非常住人口	60.9	131.8	311.3	754.5	1305.0	1646.5	1644.4	1673.3
人口增长率	2.8%	1.5%	2.3%	1.7%	1.8%	0.1%	0.5%	1.2%

资料来源：根据新加坡统计局 2019 年官方数据整理。（Department of Statistics Singapore，2019）

表 1–3　新加坡族群分布

	1970	1980	1990	2000	2010	2019
华人	77.0%	78.3%	77.7%	76.8%	74.1%	74.4%
马来人	14.8%	14.45%	14.1%	13.9%	13.4%	13.4%
印度人	7.0%	6.3%	7.1%	7.9%	9.2%	9.0%
其他	1.2%	1.0%	1.1%	1.4%	3.3%	3.2%

资料来源：根据新加坡统计局 2019 年官方数据整理。（Department of Statistics Singapore，2019）

在多元族群结构的背后是语言、文化和宗教信仰的多样性。新加坡拥有 4 种官方语言，即英语、马来语、华语（汉语）和泰米尔语，加之其他的方言，新加坡成为世界上语言最复杂的国家之一。主要宗教有佛教、道教、伊斯兰教、基督教和印度教。由于殖民时期的种族隔离政策，再加上自 1819 年开埠以来形成的多元种族、多元宗教、多元语言、多元文化并存的社会形态，新加坡从建国开始就缺乏统一的国家民族意识，让独立初期的新加坡充斥着尖锐的种族矛盾，遭受着族群认同的挑战。李光耀曾言："我们不能基于一个种族、一个宗教及一个语言立国，我们重视建立一个多元种族、多元宗教、多元语言的平等国家。"[①] 为此，新加坡政府制

①　[新加坡] 李光耀：《李光耀回忆录：我一生的挑战：新加坡双语之路》，译林出版社 2013 年版，第 29 页。

定了一系列相关政策及配套制度，旨在将不同种族、不同语言和不同宗教的人们团结起来、融为一体，建立一个民族团结、种族和谐、文化共荣的"多元一体"的国家。

一是培养"新加坡人"的国家意识，建立共同价值观。自 1965 年独立以来，新加坡国家治理层面的一个重要议题就是如何处理多元种族关系及其所带来的问题。为了形成统一的"国家意识"，强化各族群的国家认同感，新加坡政府通过出台《共同价值观白皮书》《中学品格与公民教育课程标准》等纲领性文件，推行伦理教育、公民教育、宗教教育、国民教育等学校课程，开展"讲华语运动""文化再生运动""礼貌月运动"等社会活动来凝聚国民意识，构筑属于"新加坡人"的国民文化、国民精神，实现各族群的"一体化"。

二是推广多元语言政策及双语教育政策。一方面，政府规定将英文、华文、马来文和泰米尔文四种语言作为官方语言，并承认不同语言的价值。在新加坡，马来语是国语，主要在国歌歌词和军队发号施令中使用；英语是工具语言，是获取英语世界知识的工具，"谋生的工具"；母语是文化语言，传承传统文化的价值观。[①] 另一方面，政府大力推行"英语为主，母语为辅"的双语教育政策，以消除殖民时期"分而治之"的管制政策及多元语言带来的族群割裂和沟通障碍。实行双语制教育，将英文作为主要教学媒介，既满足了国家经济发展的需求，亦为多元文化的和谐并存以及国家意识的统一奠定基础；而"母语"教学则保留了各族群的文化根基和传统价值观，避免失去身份认同。

三是提倡宗教平等，对不同宗教采取"尊重包容之态度"，倡导相互理解和容忍。独立初期，新加坡爆发多起族群暴乱和宗教冲突事件，导致社会动乱、政局动荡，多元族群、多元宗教如何从冲突走向和谐，成为新加坡政府长期面临的重要任务。新加坡政府通过采取多种措施，如实行

---

① ［新加坡］李光耀：《李光耀回忆录：我一生的挑战：新加坡双语之路》，译林出版社 2013 年版，第 25 页。

"混合制学校"制度、推行"种族混合居住"政策、倡导"政教分离、信仰自由",打破各种族之间的隔离,促进相互了解、和睦共处。

四是构建以儒家文化为主导、多元文化并存的文化模式。在新加坡,儒家文化、西方文化、印度文化以及伊斯兰文化是构成新加坡多元文化的基础,具有平等地位。然而,因华人在各族群中的绝对优势,代表东方传统价值观念的儒家文化在新加坡占有重要的主导地位,其所提倡的"仁、义、礼、智、信"的伦理观念和"任人唯贤""国家至上"的治国理念得到社会的广泛认同。在新加坡,儒家伦理与西方文明的交融和碰撞,使得新加坡多元文化既传承了中华文明之精髓,又汲取了西方文化之养分,形成了以儒家文化为主导、多元文化并存的文化模式。

第二节 独立之前的教育发展

新加坡独立之前的教育历史以第二次世界大战为分水岭,前为英国殖民时期,后为从日本占领走向自治时期。

一、英国殖民时期至二战前的教育发展

新加坡古称淡马锡(Temasek),8 世纪属室利佛逝王朝,18—19 世纪是马来柔佛王国的一部分,最早记载可上溯至公元 3 世纪。1819 年,英国殖民时期重要的政治家托马斯·斯坦福·宾利莱佛士爵士(Thomas Stamford Bingley Raffles)登陆新加坡并积极开港通商,揭开了新加坡的近代史。1819 年 2 月 6 日,莱佛士与柔佛的苏丹侯赛因·沙(Hussein Shah)以及天猛公阿卜杜尔·拉赫曼(Abdur Rahman)正式签订条约,允许英国东印度公司(East India Company,EIC)在新加坡建立贸易站,负责印度、中国以及东南亚之间的贸易。1824 年 3 月 17 日,英国与荷兰在伦敦签署了《伦敦条约》(Treaty of London),荷兰同意放弃对新加坡的所有主权,以换取荷兰在印度尼西亚群岛的霸权,新加坡正式成为英国

的殖民地。① 同年 8 月 2 日，东印度公司代表英国与柔佛苏丹签署了《友好同盟条约》（*Treaty of Friendship and Alliance*），该条约取代了 1819 年的《新加坡条约》（*Singapore Treaty*），全权赋予东印度公司在新加坡设立贸易站的权利，将新加坡牢牢地置于英国的统治下，成为英国在远东的转口贸易点和军事基地。② 1826 年，英国将新加坡、槟城和马六甲合并为海峡殖民行政区（Presidency of Straits Settlement），设首府于槟城，1832 年殖民地政府移至新加坡。1867 年，英国殖民地事务部接管海峡殖民地，并将其划入英国皇家殖民地（Crown Colony）之列。

殖民时期，英国宣布新加坡为自由贸易港，实行"免除关税"的贸易政策，规定对各国商船的绝大多数进出港口货物禁止征收关税。19 世纪末新加坡发展成为世界有名的转口贸易中心，之后随着西方工业世界的发展，新加坡的战略位置更为凸显，成为世界上重要的贸易重镇和战略要地。随着转口贸易的兴盛，大量来自东南亚和中国的华人以及少量的印度人、欧洲人及阿拉伯人移居新加坡。殖民政府通过对新加坡各族群实行"分而治之"的种族隔离政策，以加强对新加坡快速增长的移民进行管理。此外，新加坡施行的免税政策及低廉的港口费用导致的资金短缺再加上行政管理人员的稀少，导致英殖民政府无力发展新加坡的市政建设、社会福利及教育。

1819 年，莱佛士建议殖民地当局建立一个为当地酋长的子女提供教育，并向东印度公司的官员教授当地语言的一流学习机构。1834 年，殖民政府成立了"新加坡自由学校"（Singapore Free School），其教学重点集中在基础教育，特别是英语阅读、写作和算术方面。1868 年，新加坡自由学校更名为莱佛士学院（Raffles Institution），③ 由此开始了新加坡在英

① C.Mary Turnbull. *A history of modern Singapore*，*1819-2005*. Singapore：NUS Press，2009，p.47.

② Tan Tai Yong，Kwa Chong Guan & Derek Heng. *Singapore*，*a 700-year history*：*From early emporium to world city*. Singapore：National Archives of Singapore，2009，p.98.

③ *150 years of education in Singapore*. Singapore：Teachers' Training College Publications Board，p.10.

国统治下的教育历史，并随后出现了两种不同类型的学校：一类是殖民地政府建立和资助的英语学校。这类学校又分为两种：一种是殖民政府创办的学校，由殖民政府提供全部经费；另一种是教会创办的学校，政府提供部分资金。这种由殖民地政府提供的英语学校并不是为了普及英语教育，而是为殖民地经济、政治发展提供最低限度的人力资源服务的，其培养目标也是为英国殖民统治服务的有文化、勤奋、忠实的仆人而已。殖民地政府并不把发展教育看成是自己的义务，而仅仅把它当作一种统治的工具，为殖民者自身的利益服务。①另一类是新加坡的马来人、印度人和华人分别建立的马来文学校、泰米尔文学校和华文学校。马来文学校教授马来文兼授英文，华文学校和泰米尔文学校主要教授各自的母语。

英国殖民政府独尊英文教育，为了提升英文学校教育的品质，殖民政府设立了视学官，实施剑桥文凭考试，加强职业与技术教育、师资培训，并设立医校和商业学校。②殖民政府唯一一贯支持和免费提供的母语学校只有面向马来人的马来文小学，因为当局将马来人视为土著人口。③新加坡的印度人人口比较少，所以泰米尔文学校也比较少，而且在英文学校上学的印度学生比在泰米尔文学校的还多。④而华文学校自始就靠自力更生来谋发展，主要由华商和华人社区中的其他富人供资。最初的华文教育沿用了中国传统的私塾教育，课程内容不外乎四书、五经和珠算，学校规模较小。19世纪中叶，华商及华人社团兴建规模较大、课程内容更为充实的公立义学，如建立萃英书院、毓兰书院等以取代传统私塾。20世

---

① 王小梅：《新加坡基础教育在多元和整合中走向平衡》，硕士学位论文，陕西师范大学，2008年，第12页。

② 林开忠、钟宜兴：《东南亚教育：发展、现状与审思》，(台湾) 巨流图书公司2011年版，第149页。

③ Lim，L. C.(Ed.). *Many pathways. One mission：Fifty years of Singapore education.* Singapore：Ministry of Education，Curriculum Planning & Development Division，2007，p.24.

④ Tan，Y. K.，Chow，H. K.，& Goh，C. *Examinations in Singapore：Change and continuity，*(1891—2007). Singapore：World Scientific，2008，pp.23-24.

纪初，受中国改良派和革命派的影响，新加坡华人创办新式学校的风气兴盛，近代化的华文学校兴起。^① 20 世纪初至 20 年代，因"中华民国"的建立，新加坡华人的民族国家意识高涨，兴学风气更盛，以陈嘉庚为首的新加坡华人总商会大量捐款办学，开办了职业学校、师范学校和中学，并开设英语、商业等实用课程。世纪之交，英殖民政府注意到新加坡的华文教育逐渐对其政权产生负面影响，为了巩固殖民统治，英国殖民政府开始逐渐加大对华文教育的管控。1920 年，殖民政府颁布《教育条例》（*Education Ordinance*），规定凡有 10 名学生以上的学校须向政府注册，试图将财政援助与注册及管制联系起来，以限制华文学校发展。此后，殖民政府对《教育条例》进行过多次修订，进一步将华文学校英化以及压制华文教育发展。^②

二、日本统治时期及迈向自治时期的教育

1941 年 12 月 7 日，日本偷袭珍珠港，太平洋战争爆发。此后日军大举南下，迅速展开对东南亚的侵略。1942 年 2 月 15 日，英军宣布无条件投降，日军占领新加坡并改名为昭南岛，新加坡作为英国殖民地因日军占领而中断，日治时期开始。日本在占领新加坡之后，对抗日民众尤其是新加坡华人进行了疯狂的屠杀和整肃，日治时期也因此成为新加坡历史上最黑暗的阶段。在日军的高压统治下，日治时期的教育政策以奴化该地人民为主。由于华文学校的反日情绪，华文教育被摧毁无遗。后迫于形势需要，日军在被迫开学的 21 所华文学校中通过使用日语教学和日式课程等手段，对学生进行思想上的严格控制。

伴随着第二次世界大战的结束，日本在新加坡的短暂殖民统治土崩

---

① 徐长恩：《二战后至 1970 年代末新加坡华文教育衰落原因》，《八桂侨刊》2009 年第 1 期。

② 徐长恩：《二战后至 1970 年代末新加坡华文教育衰落原因》，《八桂侨刊》2009 年第 1 期；Saravan Gopinathan. *Singapore Chronicles：Education*. Singapore：Straits Times Press，2015，p.17.

瓦解。英国殖民政府在 1945 年 9 月日本投降后重返新加坡。次年，新加坡再次被划分为英国的直属殖民地。然而，由于英军在二战中的迅速溃败以及日治期间新加坡人民遭受的战争和压迫，再加上世界范围内民族主义运动的高涨，战后的新加坡已经与战前大不相同。此时，新加坡民众反对殖民主义、争取国家独立和实现民族自治的愿望越来越强烈。华文教育的爆发性复兴以及战后兴起的反殖民运动引起了殖民政府的极大关注和恐慌，并且殖民政府认为是华文学校的兴起助长了种族隔离。因此，殖民政府开始通过减少或取消对华文学校的补贴，对华文教育进行打压和"蚕食"，并对新加坡战后的教育政策和教育发展做了重新设计和规划。

1946 年，殖民政府制定了《十年教育计划》（*The Ten Years Programme*）。该计划是二战后新加坡政府公布的第一个教育计划，亦是最早提出实施双语教育的官方教育文件。文件规定：除英文学校外，各民族语种学校（包括马、华、印学校）以民族语言为教学媒介，从第三年起加授英文；各民族语种学校逐渐实施免费初级教育并建立一个标准化的国家教育制度。① 1947 年，当局颁布《五年补充计划》（*Supplementary Five-Year Plan*），通过采取降低学费的手段，进一步吸引其他语言源流学生包括华人学生进入英文学校，相对地遏制了华文学校教育的发展。1950 年，殖民政府推出的《学校注册条例》（*Registration of Schools Ordinance*），允许当局采取强硬手段关闭不符合标准的学校，激起了华文学校的不满情绪。②1953 年，新加坡殖民政府发表白皮书《华文学校——双语教育与增加津贴金》（*Chinese Schools-Bilingual Education and Increased Aid*），以增加津贴金为条件，规定所有学校需将英语作为一种通用的第二语言进行双语教学。这是双语教育计划的最早提案，但遭到了华文学校的强烈抗议。

① Saravan Gopinathan. *Singapore Chronicles*：*Education*. Singapore：Straits Times Press，2015，p.18.
② Liu，H.，& Wong，S.. *Singapore Chinese society in transition*：*Business，politics，and socio-economic change，1945-1965*. New York：Peter Lang Publishing Inc，2004，pp.125-128.

华文学校认为该计划是殖民政府侵犯其自治、削弱华文重要地位、损害华文教育和华人文化的企图。①

　　1955 年，新加坡发生了百余起工潮，"五一三"事件、福利车厂事件等暴动让殖民地政府认识到华文学校及华文校学生的激进化正在加剧，并对"国家安全"造成威胁。为此，立法议院各党派组成了九人华文教育委员会，对华文学校当时的情况展开彻底的调查。1956 年，新加坡政府公布了《新加坡立法议院各党派华文教育报告书》(*Report of the All-Party Committee of the Singapore Legislative Assembly on Chinese Education*)，首次对不同语言、不同文化的价值以及它们在创建一个统一的新加坡国家中可能做出的贡献采取了明确的立场。该报告被视为第一个真正意义上的国家教育政策。报告通过对华文教育问题进行彻底分析，为执行"平等待遇"原则提出了广泛的建议：第一，平等对待各语种学校；第二，制定并实施共同的面向全国的课程和教学大纲，在学校强制实施公民教育；第三，鼓励小学和中学分别使用双语和三语；第四，通过校外活动鼓励族裔群体融合；第五，为所有学校建立共同教育制度。② 该报告的意义不仅限于教育，它还对新加坡的主要语言问题和社会政治问题提供了解决方案。它承认四种主要语言的价值，提出了"平等待遇"原则，以达到消除语言和种族分化问题的目的。

　　随着新加坡要求独立的呼声日益高涨。1955 年，新加坡首次举行国会议员选举。1958 年，英国国会通过了《新加坡国家法令》(*State of Singapore Act*)。1959 年新加坡实现了完全自治，长达 140 年的殖民统治最终结束。1959 年，人民行动党取得政权，李光耀出任新加坡首任总理。自治期间，严峻的国内外形势，包括二战后人口激增带来的就业压力、过分依赖转口贸易作为生存之道造成的经济脆弱性，以及与 1957 年独立的

① Saravan Gopinathan. *Singapore Chronicles：Education*. Singapore：Straits Times Press，2015，p.19.
② Wan，S. Y.. *Singapore：From multilingualism to bilingualism 1959 to 1979*. Singapore：National University of Singapore，1979，p.20.

北方领国马来亚的关系都对执政的人民行动党带来了极大挑战。为了应对这些挑战，人民行动党在当年的竞选群众大会上发表了行动党的教育政策，其目标是通过发展教育来满足经济发展、国家基础建设所需，加强民族融合并防止民族价值观被侵蚀。主要的教育政策及措施包括：一是贯彻落实《华文教育委员会报告书》提出的"四种语言平等待遇"原则，四种语言都是官方语言；二是推广双语教育；三是调整课程方向，加强英语、数学、科学和技术课程的教学，建立职业技术部门以加速国家的工业化发展，为国家基础建设提供所需要的人才；四是利用教育重塑学生对国家的忠诚和认同；五是加强师资队伍建设。①

　　1963 年，新加坡作为一个州，与马来亚、砂拉越、沙巴联合组成马来西亚联邦，但新加坡在教育和劳工两个领域仍然拥有自主权。然而，由于新加坡平等对待各民族的教育方针与马来西亚的利益相悖，在民族主义的煽动下，马来人和华人爆发种族冲突。1964 年的两次族群暴乱导致"新马分家"。1965 年 8 月 9 日，新加坡脱离马来西亚，宣布正式独立，建立新加坡共和国。

第三节　独立之后的教育发展

　　自 1965 年独立以来，新加坡政府始终把教育摆在优先发展位置，并根据国家经济发展模式的转变和产业结构的升级，不断调整教育发展战略和政策方向。在劳动密集型的出口导向工业化阶段，政府集中精力扩大基础教育、发展技能教育、实施双语教育，为国家经济发展提供充足的基础劳动力。在以资本及技术升级为导向的经济重组阶段，政府强调提高教育教学质量和劳动力素质，实施因材施教的分流制度、提高受教育年限并对高等教育和职业技术教育进行重大改革，以满足资本技术密集型产业

---

① Saravan Gopinathan. *Singapore Chronicles*：*Education*. Singapore：Straits Times Press，2015，p.26.

对不同层次、不同类型人才的需求。在知识经济时代，新加坡政府推动了以培养创新能力和批判性思维为中心的教育改革，并建立了终身学习体系。

一、生存导向阶段

按照李光耀的说法，新加坡早期教育的目标是"培养一个好人和有用的公民"①。新加坡将自己建国初期的教育发展方向定义为生存导向（Survival Driven）阶段。"生存"一词体现了新加坡独立之初国家的脆弱性质。通俗地讲，新加坡这一时期的国家教育发展使命就是让国民以及这个国家能够在内外交困的恶劣环境中存活下来。

面对落后的工业基础、单一的依附型经济结构、新马分离贸易减少、英军撤离内需不足以及战后的人口激增压力，新加坡在建国初期陷入了严峻的经济困境。到 20 世纪 50 年代后期，新加坡国内生产总值的 70% 依旧来自转口贸易。国家工业基础很小且有限。与此同时，战后婴儿潮和自由移民政策导致新加坡 1947 年至 1957 年之间的年均人口增长率为 4.4%，而失业率达到 5%，到 1966 年升至 9.2%。政府清楚地知道，解决日益严重的失业问题是当务之急。对此，新加坡政府首先做出了调整经济和产业发展的战略决策，经济转入面向出口导向型工业化发展阶段。新加坡政府大力吸引外资以及发展本土企业，建立以制造业为中心，以对外贸易、交通运输、金融服务和旅游业等为支柱的多元化经济结构，并成立裕廊管理局等机构，加强对工业区的规划与管理。新加坡政府试图通过吸引那些需要低技能劳动力（如纺织品、服装、木制品）的外国制造商，来为新加坡国民提供工作岗位，并使其获取专业知识。

李光耀坚信新加坡要发展经济只能依靠国民的力量。但之前英国殖民统治下的新加坡教育是满足政治和种族原始利益的工具，没有足够的学

---

① OECD. *Strong Performers and Successful Reformers in Education*：*Lessons from PISA for the United States*. Paris：OECD Publishing：2010，p.161.

校让适龄儿童入学，导致在国家独立时全国 200 万人口中的大多数是文盲和没有技能的人。建国后，出口导向型及劳动密集型产业结构的转变需要一大批受过教育和具备基础训练的初级劳动力。因此，人民行动党执政后进行的第一项重要工作便是通过积极的学校基础建设方案和高额的教育经费投入大力普及教育，投资工业化经济所需的知识和技能，以为国家经济发展供给人力资源。到 20 世纪 70 年代末，新加坡建立起了一个全国性的公共教育体系，而各教育阶段入学总人数的快速增长也成为这一时期教育发展的首要特征。1969 年，新加坡小学和中学的入学率已分别能达到75.7% 和 44.3%，1979 年进一步上升至 84.5% 和 53.7%，普及基础教育的目标逐渐实现。①

新加坡政府这一阶段在教育方面的第二个重点是发展职业技术教育，以服务于国家的工业化经济发展和基础建设。到 1967 年，新加坡政府共建成 12 所职业学校和 7 所技术学校。② 然而，新加坡政府发现，学校系统培养的技工还是不足以满足新行业的要求。1968 年接受中等教育的14.4 万名学生中，只有大约 1.8 万名在技术和职业领域学习。因此，政府进一步加快职业技术教育发展。必须指出的是，在这一阶段，在新加坡从外国引进许多新产业的同时，日本、英国和法国等外国政府和联合国开发计划署（United Nations Development Programme）给予新加坡的技术和财政援助也极大地促进了其工业化进程。在这种外部支持下，新加坡建立了几个职业培训中心。为了跟上技术和职业教育的迅速发展，新加坡还制定了广泛的师资培训和再培训计划，且财政部提供了大笔资金。技术教师的数量从 1968 年的 425 名增加到 1972 年的 1950 名。除了专门培训技术科目的教师外，还鼓励学术科目教师重新接受技术科教师培训。1968 年，

---

①　Seah，C M and Seah，L. *Education reform and national integration*，in Peter S.J. Chen（ed），Singapore：Development policies and trends，Singapore：Oxford University Press，1983，p.246.

②　Ministry of Education. *Progress in education；A brief review of education in Singapore from 1959 to 1965*. Singapore：The Ministry，1966，p.5.

大约4000名教师接受了金属加工方面的培训，包括管件和钣金、木制品、印刷、汽车机械、无线电和电视维修以及电气配件与安装等领域。①

　　除了经济窘迫，当时东西方两大阵营在全球的相互对峙和争夺，新马两地的政治斗争等，还使华人占多数、经济上要依赖马、印的新加坡身陷危机四伏的国际环境。而且在国家内部，族群、宗教、语言及文化的多元性加之殖民历史，使国民对于这个刚刚独立的国家和新政府缺乏认同感和归属感。种族冲突和宗教矛盾尖锐，社会动荡不安。在这种内忧外患的情况下，新加坡政府除了努力平衡国际及邻国的关系，对内还需在不同的民族间建立共识。1966年，李光耀向数千名教师发表演讲时指出，"新加坡从一个殖民统治下的移民社会成为独立的新国，缺乏一般国家所有的共同文化传统及国家意识；要生存于世局多变的时代，上层要有坚强的领导下层需要团结精神；必须好好教育好下一代，使他们不仅有学术的修养，坚强奋斗的毅力，更要有对国家的效忠精神，即爱国精神。""且誓愿不分种族、语言、宗教，团结一致，建立公正平等的民主社会，并为实现国家之幸福、繁荣与进步，共同努力。"②培养新加坡公民的国家认同感和社会凝聚力也因此成为新加坡这一阶段教育发展改革的第二条主线。

　　首先，新加坡政府为了打破各民族学校间的藩篱，也为了普及基础教育和充分利用校舍及设备，开始实行混合制学校制度，建立统一教育体系，课程和评估亦采取相应的改革以加强标准化。1960年，新加坡首次为四种语言小学引进统一的小学离校考试（Primary School Leaving Examination，PSLE）制度。1971年，各语种学校的中学毕业生首次参加了新加坡—剑桥普通教育证书普通水准会考（Singapore-Cambridge General Certificate of Education Ordinary Level Examinations，GCE O-

---

① Goh Chor Boon & S. Gopinathan. "The Development of Education in Singapore since 1965". *Asia Education Study Tour*，2006，pp.17-18.

② 王学风：《多元文化社会的学校德育研究——以新加坡为个案》，广东人民出版社2005年版，第66页。

LEVEL，以下简称普通水准会考）①。其次，从 1966 年开始，全面实施双语教育政策，即所有学校以英语作为各级教学的主要语言，华文、马来文和泰米尔文为第二语言或母语进行兼学。在新加坡执政者看来，英语作为最为普遍通用且具有最大经济价值的世界性语言，以英语为主要教学媒介满足了新加坡国家发展建设的需求，同时增进了不同语言群体之间的沟通、理解与共进，加强了国民对新加坡的认同感。而母语教学则是保留各个民族传统文化和道德价值观的最佳手段。1969 年，新加坡政府规定将第二语言纳入会考必考科目。双语教育政策的实施使得大量学生从非英语授课学校稳步转向英语授课学校，英文学校快速发展。1959 年在英文学校注册的小学生只有 47%，到 1979 年已上升到 91%。② 另外，新加坡政府通过积极推行道德教育政策，以增进各族群之间的理解，创造稳定和谐的政局。在 20 世纪 60 年代颁布《学校德育与公民训练综合大纲》，对全国中小学实施统一的道德教育与公民训练，强调公民品质的塑造以及爱国意识和民族精神的培养。③ 从 1966 年开始，政府规定所有学生每天都要背诵效忠新加坡的誓词，并参加升旗仪式及演奏国歌，以培养学生的爱国主义和国家认同感。20 世纪 70 年代，为进一步推进中小学培养学生以新加坡为中心的意识，政府推出"生活教育课程"。

应该来讲，从建国到 20 世纪 70 年代末，新加坡在普及教育方面取得了前所未有的成绩，但高度统一的学校制度带来了教育质量低下和高辍学率等问题。1978 年 8 月，时任新加坡副总理的吴庆瑞（Goh Keng Swee）领导了一个研究小组，对新加坡教育系统存在的问题作出全面审查并提出改革方案，标志着新加坡政府的教育政策重点开始由量的扩张向质的提升转移。

---

① ［新加坡］李光耀：《李光耀回忆录：我一生的挑战：新加坡双语之路》，南京译林出版社 2013 年版，第 27 页。

② Nadkami，M.V. *Resolving language conflicts in education*. In：P.H.Nelde（ed.）Language Attitudes and Conflict. Bom；Dummler. 1990，pp.135-144.

③ 刘罗茜：《新加坡品德教育研究》，硕士学位论文，广西师范大学，2015 年，第 36 页。

二、效率导向阶段

到了 20 世纪 70 年代末，当发展中国家仍在与贫困问题做斗争的时候，新加坡已经取得了长足发展，走向富裕。1980 年，在经历了 20 年的制造业密集扩张后，新加坡的制造业占到了其 GDP 的 28%，而在 1960 年，这一比例为 12%。但是，新加坡国内也出现了劳动力供应紧张、工资成本增加、经济结构缺乏竞争力等挑战，再加上国际贸易保护主义的盛行、西方发达国家经济增速放缓引起出口阻碍，以及亚洲其他劳动力充裕的新兴工业化国家带来的激烈竞争，新加坡政府于 1979 年提出了新的经济发展战略，新加坡政府称之为"第二次工业革命"，亦称"经济重组"政策。一是推动科学技术革新和产业结构转型升级，重点发展以资本密集型产业为基础的高技术和高附加值产业。这一时期形成了以制造业为中心，以对外贸易、交通运输、金融服务和旅游业等为支柱的产业结构。二是大力推行企业的自动化、机械化、电脑化水平，使国家经济能朝向高科技化的方向发展，提高技术质量和人才素质在这次经济重组中成为核心部分。而同年 2 月 9 日，吴庆瑞领导的研究组发表调查结果与建议报告《1978 年教育部报告》(*Report on the Ministry of Education 1978*)，又称《吴庆瑞报告》(*Goh Report*)，也相应开启了新加坡教育在建国后的第二个历史时期。

《吴庆瑞报告》认为，新加坡当时的教育制度存在的最大问题就是僵化的学制和统一的课程安排无法照顾到学生学习能力上的差异并契合国家发展需要。首先，强制性双语教育制度给学生带来了很大的挑战。一方面，许多学生在英语基础不够的情况下进入英文学校学习；另一方面，国家指定兼学母语，但对于当时新加坡的大多数华人来讲，家中日常使用的是方言而非学校要求学习的普通话。据调查，当时 85% 的新加坡学生在家中并不使用学校学习的双语。《吴庆瑞报告》对此总结道："单一的教育体系强加给不同能力的孩子，让他们学习他们在家里不会说的语言……"[1] 另

---

[1]　Goh，KS and Singapore Education Study Team. *Report on the Ministry of Education 1978*. Singapore：Singapore National Printers，1979，p.3.

外，单一的学术型中学体制使得学术能力不足的学生小学毕业就结束了学习生涯。这导致当时新加坡有三成的学生在小学毕业后没有继续接受中等教育，而接受中等后教育的只有14%。该报告因此建议新加坡建立根据学生学习能力区别施教的教育分流制度，允许不同能力的学生以不同的速度学习，速度由提供的科目数量、母语水平和国家考试的要求决定，以让每个学生都能得到适合自己发展的教育，从而减少教育资源浪费，提高教育质量和教育效益，并产生实现新经济目标所需的更有技术含量的劳动力。所以，新加坡这一时期的教育发展改革被称作"效率导向"（Efficiency-driven）阶段。

根据《吴庆瑞报告》的建议，新加坡政府在1979年和1980年，分别在小学三年级和中学二年级建立分流制度。小学三年级结束时根据分流结果，学生在四年级分别进入单语课程班（Monolingual course）、普通双语课程班（Normal course）和延长双语课程班（Extended course），单语班和延长双语班要比普通双语班多读两年。双语班毕业生参加小学离校考试。单语班毕业生和未通过离校考试的双语班学生则接受基本技能训练。中学阶段则允许学习进度相对缓慢的学生多学习一年。1984年，为了避免天才儿童的"智能浪费"，新加坡教育部还推出了"高才教育计划"（Gifted Education Programme，GEP）。应该来讲，新学制增强了新加坡教育制度的灵活性并体现了因材施教原则，使得学校系统既能为国家建设培养大批精英人才，也能为新加坡技术密集型的产业发展提供急需的技术人才，可以最大限度地发展每个人的潜能，同时也满足国家经济对各层次劳动力的需求。

不过，《吴庆瑞报告》依旧坚持实施双语教育，而且强调要以英文为主、母语为辅。从1987年开始，新加坡全国各类语种学校全面统一，一致确立了以英文为第一语文，母语为第二语文的双语教育模式。双语教育的实施强调兼顾精英化和普及化，对天分和学习能力各有差异的学生，双语水平实行不同的教育方式。既有特选学校中将英文和华文都作为第一语文以培育双语精英和双文化精英的模式，也有高级华文、法文、华文B等细化分类的不同等级课程，适应不同学生的学习能力。①

　　这一阶段，新加坡政府对高等教育和职业技术教育也进行了重大改革，以契合经济转型对实用性高科技人才的需要，并大幅提升了职业教育的形象和吸引力。新加坡于 1981 年成立了国家计算机委员会（National Computer Board），制定了第一个五年发展计划"国家计算机化计划"（National IT Plan）。新加坡政府打算利用新技术在新兴的知识技术密集型经济中开拓小众市场。政府认为，这种类型的经济需要特殊技能、均衡的普通教育以及持续学习和再培训的机会。新加坡政府随之开始发展理工学院教育，培养以实践为导向的工程师。20 世纪 80 年代中期，国际贸易和美国经济增速放缓对新加坡出口导向型经济产生了负面影响，并引发了人们对新加坡技能发展战略有效性的质疑。为了应对金融危机对新加坡经济造成的消极影响，1986 年，新加坡贸易和工业部经济委员会（Economic Committee，Ministry of Trade and Industry）制定了一份新加坡中长期经济发展规划报告《新加坡经济：新方向》（*The Singapore Economy：New Directions*），除了提出一套复苏和刺激新加坡经济增长的政策变革方案，还针对教育如何配合国家的经济复兴及发展提出了几点重要建议。这些建议包括：第一，提高新加坡劳动力的中等教育水平；第二，为全国劳动力提供持续学习和再培训的机会；第三，发展和改善中学后及高等教育，尤其是增加入学率；第四，提供以发展"全人"（"whole person"）为目标的基础广泛的教育。该报告强调，教育需要发挥每个人最大的潜力，发展一个具有创造力、思维能力和创新力的新加坡社会，并为经济发展培养各个层面的劳动力。这些建议确定了新加坡在 20 世纪 90 年代的教育政策方向。②

　　效率导向的另一个体现是高度集权的教育管理体制开始松动。建国

---

① ［新加坡］李光耀：《李光耀回忆录：我一生的挑战：新加坡双语之路》，译林出版社 2013 年版，第 225 页。

② Saravan Gopinathan. *Singapore Chronicles：Education*. Singapore：Straits Times Press，2015，p.44.

初期，新加坡高度集权，教育部"自上而下"牢牢掌控全国教育事业发展方向。1985年，陈庆炎（Tony Tan）接任新加坡教育部长。次年，他提出了指导新加坡未来教育政策的三条原则，即教育政策将继续与经济和社会的变化保持同步；继续强调语言、科学、数学和人文科学等课程基础，以鼓励逻辑思维和终身学习；学校的创造力将通过"自下而上"的方法得到提高，其举措不是来自教育部，而是来自校长和教师。第三条原则意味着新加坡开始下放教育管理权。1987年，新加坡政府向美国和英国派出了由12名学校负责人组成的小组，研究如何以系统和个人的方式管理学校以产生高质量的学习成果。小组最后提交的报告《迈向学校卓越》（*Towards Excellence in Schools*）提议学校系统管理权适度向学校一级下放，让学校具有一定程度的自治权。新加坡由此开始设立私立性质的自主学校（Independent schools），并给予这类学校在人员招募、财务、管理、课程安排方面以自主权和灵活性。首先成为这类学校的是当时已成为新加坡名校的莱佛士学院。到1995年，新加坡发展出9所这种自主学校，招收的全是成绩优异的学生。自主学校虽然质量好，但收费高昂。对此，新加坡政府于1994年允许建立"自治学校"（Autonomous schools）。这类学校仍属于公立学校，自治程度要低于私立的自主学校，但相比其他公立学校有更多的自主权来规划自己的课程和活动。在收费方面，这些学校可在所有就读政府或政府资助学校的学生所支付的一般学费之外，额外收取一定杂费，但总体低于私立学校。自主学校和自治学校的出现是对《新加坡经济：新方向》的一种回应，也是新加坡教育走向市场化的起点。①

　　新加坡在20世纪八九十年代还有另一个教育政策重点，那便是思想道德教育。《吴庆瑞报告》认为当时的新加坡社会因全盘西化的教育和经济政策，面临着西方文化侵袭、本土文化失根、学生道德水平下降等问

---

① 　Saravan Gopinathan. *Singapore Chronicles*：*Education*. Singapore：Straits Times Press，2015，pp. 50-51.

题。新加坡政府认为，在发展政治制度和建立国家与市场之间的关系时，千年来支撑亚洲文明的价值观和准则不应被忽视，应通过道德教育让学生树立并学习东方传统价值观念，尤其是儒家文化。新加坡因此反思了学校品德教育，全国掀起了一场自上而下的捍卫亚洲价值观，反对全盘西化的"文化再生"运动，其核心就是倡导以儒家伦理思想为核心的东方文化价值观，希冀一改社会的颓靡腐败风气，重新唤起东方传统美德。①

1979 年，李光耀发起了"讲华语运动"（Speak Mandarin Campaign），意在通过华语运动保存和传承传统的文化价值观。同年，吴庆瑞委任的以代文化部长王鼎昌为首的委员会发布《道德教育报告》（*Report on Moral Education 1979*）。报告从分析当时社会风气和学生的道德状况出发，检查了过去道德教育的不足，本着抵制不良思潮影响，打好稳固思想基础的目的，开始推行全面的道德教育。该报告强调德育内容需将集体教育和个体教育有机结合，教育内容包括"个人行动、社会责任和效忠国家"三个主要方面。提出所有学校从小学一年级到中学四年级都应有正式的道德教育，小学和中学有关国家认同教育的内容注重前后连贯，循序渐进，分别是培育良好的习惯、发展良好品格以及对社会和国家的义务。②1981 年，《王鼎昌道德教育报告》正式实施。

1982 年，教育部还宣布引入宗教课。政府明确表示，开设宗教课不是为了让学生更笃信宗教，而是用宗教所代表的一致而详尽的思想体系来支撑道德和公民价值观的教学。自 1984 年开始，中学三年级、四年级的学生必须从佛教、基督教、伊斯兰教、印度教或世界宗教中选读一门作为宗教课程选修。宗教课程主要是向学生传播宗教知识，使学生理解与新加坡社会息息相关的各种宗教的源起和教义，而一般宗教的仪式如祈祷、坐禅、布道、礼拜等宗教仪式则不作为宗教课程的教学内容。宗教课程的目的是为品德教育服务的，其目的是捍卫亚洲传统价值观，拯救新加坡学生

---

① 刘罗茜：《新加坡品德教育研究》，硕士学位论文，广西师范大学，2015 年，第 17 页。
② 苗晨阳：《新加坡中小学国家认同教育研究》，硕士学位论文，河南师范大学，2017 年，第 13 页。

780

的信仰危机，塑造新加坡学生的行为规范，提高学生的道德素养。① 但是宗教课实施不久便问题百出。新加坡政府原本想借宗教课着重强化儒家伦理思想，但最后发现只有17.8%的中学三年级学生（几乎所有华人）选修了儒家伦理课程，而选择佛学和圣经知识的分别为44.4%和21.4%。而且有人认为，仅教几种宗教对其他信仰不公平，仅学习特定宗教可能会导致宗教排他性和宗教化，强制性教义也与政府教育的世俗基础不符。因此，宗教课计划在1989年便宣告终止了。②1990年，新加坡通过《宗教和谐维护法案》，学校从此以公民教育取代道德宗教教育。③1991年1月15日，新加坡政府发布《共同价值观白皮书》（*White Paper on shared values*），提出"国家至上，社会为先；家庭为根，社会为本；关怀扶持，同舟共济；求同存异，协商共识；种族和谐，宗教宽容"作为新加坡官方主流价值观念。其核心思想是通过建立家庭、社会、种族、宗教之间的和谐与稳定关系维护和巩固国家的安定团结。④ 这深切地影响了20世纪90年代迄今的新加坡公民道德教育。

三、能力导向阶段

1990年，李光耀将政治领导权移交给吴作栋。当吴作栋接任新加坡第二任总理时，新加坡的经济结构正在再一次发生质变。制造业和服务业正逐步取代工业成为新加坡经济中占主导地位的就业部门。据统计，制造业就业比例从1957年的14.2%上升到1980年的30.1%的峰值，1990年下降到28.9%；而金融和商业服务业的就业比例从1997年的4.6%上升到1980年的7.4%，1990年上升到15.2%。⑤ 与此同时，新加坡加强了对生

① 刘罗茜：《新加坡品德教育研究》，硕士学位论文，广西师范大学，2015年，第18页。
② Saravan Gopinathan. *Singapore Chronicles*：*Education*. Singapore：Straits Times Press，2015，p.43.
③ 程晴晴、滕志妍：《新加坡新品格与公民教育述评》，《外国教育研究》2014年第4期。
④ 王凌皓、张金慧：《新加坡中小学"共同价值观"教育探析》，《外国教育研究》2007年第3期。
⑤ Ho，K C and Yun，G."Education and human capital management in a world city：The case of Singapore"，*Asia Pacific Journal of Education*，2011，31（3），pp.263-276.

物医学、航空航天工程、信息技术、金融和旅游服务以及教育和创意等产业的研究、投资和发展。1996 年，新加坡从发展中国家进入发达国家行列，一跃而成为亚洲经济"四小龙"之一。次年，亚洲爆发金融危机，在所有遭受金融危机的国家中，新加坡最早成功地抵御了这一危机。1998 年，新加坡竞争力委员会（Committee on Singapore's Competitiveness，CSC）发表报告，提出新加坡经济发展的总目标即期望新加坡在未来十年内，能发展成为一个先进、具有全球竞争力的知识经济体。为此，新加坡积极调整产业结构，经济发展模式从技术导向型工业化阶段向以高科技为特点的知识密集型经济发展阶段过渡。

面对全球化以及知识经济带来的新挑战，新加坡教育部又适时提出新的教育目标，即培养年轻一代具备迎接 21 世纪全球化进程所需的新能力，以适应飞速发展的时代要求。新加坡政府在不同层面陆续出台了各项具体的教育改革措施，将新加坡教育带入了建国后的第三个时期——能力导向（Ability Driven）阶段。许多人把吴作栋在 1997 年提出建设"思考型学校，学习型国家"（Thinking Schools，Learning Nation，TSLN）的教育愿景作为这一教育发展改革阶段的标志性起点。实际上，我们很难找出一个绝对的历史分界点，因为从吴作栋上台开始，新加坡政府就陆陆续续基于这一理念展开了一些教育改革。甚至有学者认为，还在李光耀执政时期，新加坡 80 年代开始设立自主学校和自治学校已有萌芽。[1]

吴作栋政府首先延长了新加坡学生的受教育年限，以满足新加坡经济发展对于人才层次的更高要求。新加坡教育部 1991 年发布《改进小学教育报告》（*Improving Primary School Education Report*），建议增加一年小学预备教育，将小学离校考试改制为分流考试，而非选拔考试，并将第一次教育分流从小学三年级延迟到小学四年级。在当时，新加坡未通过小学离校考试的学生只能接受职业培训或早早进入劳动力市场，但是随着经

---

[1] Saravan Gopinathan. *Singapore Chronicles：Education*. Singapore：Straits Times Press，2015，p.63.

济结构的调整，这些学生找工作越来越困难。因此，《改进小学教育报告》提出为这类学生设立技术导向的普通中等教育，使他们有机会继续在校学习乃至接受中学后教育。也就是说，除了一年小学预备教育，新加坡政府要为每位学生提供至少 10 年的基础教育。①1993 年，新加坡政府还启动了"教育储蓄计划"（Education Endowment Scheme，简称 Edusave），以最大限度地为所有儿童提供受教育机会，该计划先由政府拨款 10 亿新元作为启动基金，之后将逐渐增加拨款，2013 年的基金总额为 55 亿新元。2014 年，所有年龄介于 7—16 岁的青少年都将获得至中学阶段的教育储蓄款。②

在知识经济浪潮下，国际竞争越来越激烈，为了构建具有全球竞争力的知识经济体，保持国际竞争优势，作为人才培养体系金字塔尖以及科学研发重要方面军的高等教育在这一时期得到跨越式发展。1991 年，新加坡政府制定了跨世纪战略《新的起点》（The Next Lap），明确了高等教育国际化战略，提出充分利用全球的资源、技术和人才，增加学术交流和合作，力争将新加坡发展为国际学术文化中心。1991 年，新加坡政府创办了淡马锡理工学院；同年，南洋理工学院进行重组，并将原教育学院和体育学院合并成为国立教育学院并入南洋理工大学，更名为南洋理工大学，使之成为一所综合性大学。1994 年，新加坡管理学院在新加坡政府的委托下增设开放大学学位课程，成为新加坡第一所开放性大学。2000 年，新加坡政府设立第三所公立大学——新加坡管理大学（Singapore Management University）。

在扩大高等教育规模的同时，新加坡政府也努力提高高等教育质量和影响力。1991 年，新加坡成立科学技术局作为国家科学与技术委员会，以促进新加坡科研和人才的整合。该机构为研究提供了慷慨的资金，100

---

① Yip，John Soon Kwong. *Improving primary school education*：*report of the Review Committee*. Singapore：Ministry of Education，1991，pp.15-19.

② Saravan Gopinathan. *Singapore Chronicles*：*Education*. Singapore：Straits Times Press，2015，p.57.

万具有科学、技术或管理技能的外国人士被引进新加坡的国际公司和高等教育机构。新加坡的三所公立大学，特别是新加坡国立大学和南洋理工大学，与世界领先的大学建立了研究合作伙伴关系，重点选定生物信息学、信息科学和医学技术等领域。1996 年，新加坡政府提出将新加坡国立大学和南洋理工学院建成如哈佛大学和麻省理工学院一般优秀的世界一流教育机构，将新加坡建设成为"东方波士顿"。1998 年，新加坡进一步提出在未来 10 年内引进 10 所世界一流大学的计划，以扩大国内高等教育规模与国际教育交流与合作的范围，将新加坡打造发展成为一个先进的、具有全球竞争力的知识经济体。[①]

由于未来经济将由信息技术、知识和全球竞争所驱动，这意味着劳动者需要通过终身学习不断掌握新技能，所以新加坡政府还高度关注对劳动力的再培训，以新加坡国家科学技术委员会（National Science and Technology Board）和新加坡劳动力发展局（Singapore Workforce Development agency）等为代表的教育和培训系统成为新的人力资源开发途径。这一时期，中高层次职业技术教育亦有了新的发展，重要举措包括建立工艺教育学院（Institute of Technical Education，ITE），以帮助劳动力获得最前沿的就业知识和技能，在快速变化的全球化背景下保持竞争力和就业能力。

亚洲金融危机过后，新加坡经济进入复兴阶段，政府也开始反思一度走向成熟的教育在危机中暴露出的弊端。[②]1997 年 6 月 2 日，吴作栋总理在第七届国际思想会议（The 7th International Conference on Thinking）开幕式上的致辞中正式提出了建设"思考型学校，学习型国家"的教育愿景，并强调这不是一个口号，而是让新加坡提升全球竞争力并保持领先的法门。"思考型学校"是这一愿景的核心，强调学校必须把下一代培养成为具有思考能力且忠诚的（committed）公民，使之有能力做出正确决定，

① 陈娟：《20 世纪 90 年代以来新加坡高等教育国际化探析》，硕士学位论文，厦门大学，2007 年，第 49 页。

② 王晓辉：《比较教育政策》，江苏教育出版社 2009 年版，第 390 页。

让新加坡在未来保持活力和成功;"学习型国家"意在发展一种超越学校环境的终身学习文化。① 为了达成这一愿景,新加坡教育部制定了《教育期望成果》(*Desired Outcomes of Education*),界定了从学前到中学后各层次预期达到的教育目标,明确新加坡学生在不同教育阶段应具备的知识、技能、价值观与态度,且提出要实施以能力为导向的教育。

在随后的几年里,新加坡开展了全方位的系列教育改革。具体措施包括改变教育体制结构,使教育适应学生的能力和兴趣,为学生提供更多的灵活性和选择余地;对教师的职业发展路径和激励措施作出修订,优化、升级教师教育,引入每年 100 小时的在职培训;开展课程改革和评价体系改革,强调跨学科的课题研究(project work)和创造性思维;推进"教育信息技术发展计划",加强信息化资源投入,促进师生发展快速掌握信息科技的能力并以此推动教育革新,为促进学生的自主学习与协作学习创造环境;为学生开设更广泛的学科课程,并鼓励开办了专注于艺术、数学、科学、体育等专业的专门学校,以及一些自主学校。而且,新加坡再度对其长期以来高度集权的自上而下式教育行政管理体制作出改变。典型举措包括废除学校督导制度,改为依据地理位置将学校组织成校群(school clusters),任命优秀的前校长为校群主管(Cluster Superintendents),负责指导校群其他学校的发展改革。在增大学校自治权的同时,新加坡政府重塑了学校领导教育,强调有必要将学校作为一个学习型组织来管理,并建立了基于"学校卓越模型"(School Excellence Model,SEM)的新型问责制度。② 对于大学,新加坡政府也通过赋予校方充分的自主权,促进其更积极、更灵活地应对知识经济时代带来的挑战,发挥自身优势、办出质量

---

① Ministry of Education. Speech by Prime Minister Goh Chok Tong at the Opening of the 7th International Conference on Thinking on Monday,2 June 1997,at 9.00 AM at the Suntec City Convention Centre Ballroom. (1997-06-02)[2020-03-12]. 见 http://ncee.org/wp-content/uploads/2017/01/Sgp-non-AV-2-PM-Goh-1997-Shaping-Our-Future-Thinking-Schools-Learning-Nation-speech.pdf.

② OECD. *Strong Performers and Successful Reformers in Education*:*Lessons from PISA for the United States*. Paris:OECD Publishing:2010,p.163.

和特色。

与之前两个阶段类似，除了经济挑战，新加坡这一时期的教育发展也同样对社会问题作出了回应。20世纪90年代中后期，为了应对日益严重的人口结构老龄化、生育率下降带来的挑战，新加坡强化了其"国际化城市"发展战略以及引进全球高端人才的政策力度。移民政策对新加坡劳动力市场带来的冲击，使新加坡年轻一代对国家的忠诚和依恋关系变得紧张。此外，国际环境的变化也对拥有多元族群的新加坡的国家安全、族群关系以及外交形势带来了严峻的挑战。1997年，新加坡教育部开始在全国各级学校推行国民教育（National Education，NE）计划，旨在通过正式课程及课外活动，帮助学生认识新加坡面临之挑战、限制及脆弱，培养学生具备成为新加坡人的基本态度、价值观和能力，以增强国家凝聚力、生存能力和对国家未来的信心。从某种程度上说，"国民教育"是20世纪60年代中期以来新加坡公民社会化努力的延续，体现出全球化时代新加坡道德教育发展的新维度。

四、以学生为中心，以价值观为导向阶段

21世纪初，因"9·11"恐怖袭击事件，美国经济发生动荡、陷入萧条，世界经济包括东南亚经济受其影响整体滑坡，对外依赖严重的新加坡经济在刚刚复苏后便又遭受国际经济衰退局势的猛烈打击。2001，新加坡经济出现2%的负增长。2003年至2004年接近5%的高失业率以及外资所占比例的不断下降，使新加坡面临着"建国以来最严重的"经济危机时期。与此同时，新加坡政府面临着如何应对贫富差距加大、社会流动性减弱、受教育机会和就业机会的竞争加剧，以及移民率上升和国际化人才涌入带来族群冲突等社会问题。李显龙在这种背景下于2004年接棒吴作栋成为新加坡第三任总理。新一届政府随即拟定了新的经济发展战略和蓝图，并强调继续通过技能提升、创新和经济重组来提高生产力，决心把新加坡打造成一个适应新世纪发展和新国际政治经济环境的"新新加坡"，建设成充满活力且独具特色的全球—亚洲枢纽。新加坡教育随之也进入了

建国后的第四个发展改革阶段。

在 2004 年的国庆大会上，新上任的李显龙就新加坡未来的教育改革发展提出"教师要教得少一点，以便学生能够学得多一点"，即"少教多学"（Teach Less，Learn More，TLLM）理念。其核心思想是"记住我们为什么教，思考我们教什么并重新考虑我们如何教"①，旨在"通过促进一种不同的学习范式来触动人心并吸引学习者，这种学习范式不再那么依赖死记硬背的学习、重复性测试和指导，而更强调参与式学习、通过经验的发现、差异化教学，以及通过创新有效的教学方法和策略来学习终身技能并树立人格"②。2005 年，新加坡教育部成立了"少教多学委员会"，正式推介"少教多学"教育指导方针。同年，教育部部长尚达曼（Tharman Shanmugaratnam）在教育部工作计划研讨会上发表了题为"追求质量：自下而上的创新，从上到下的支持"讲话，详细阐述了这一教育改革的推进方向。他说："我们希望从效率驱动型教育系统转变为注重质量和机会选择的新型教育系统，从重视知识的习得转向探究性学习习惯的养成；加强教育系统的流动性因素，使学校课程和分流体系具有更大的灵活性和弹性；引入多种评估方式，识别除了学术成就之外更多的人才。"③ 教育部长建议继续减少教学内容，使教师在设计教学时具有更大的自主性，提议将中小学课程时间削减 10%—20%，2006 年将新引入的初级学院课程在内容上削减 15%—20%。④ 此外，"少教多学"的有效落实需遵循"严格—宽松—严格"的实施策略，即指强调学校在拥有改革自主权的同时必须确

---

① Hogan，D and Gopinathan，S. "Knowledge management，sustainable innovation and pre-service teacher education in Singapore"，*Teachers and Teaching：Theory and Practice*，2008，14（4），pp. 369-384.

② OECD. *Strong Performers and Successful Reformers in Education：Lessons from PISA for the United States*. Paris：OECD Publishing：2010，p.163.

③ Saravan Gopinathan. *Singapore Chronicles：Education*. Singapore：Straits Times Press，2015，p.76.

④ Saravan Gopinathan. *Singapore Chronicles：Education*. Singapore：Straits Times Press，2015，p.74.

保改革忠实于教育系统目标并达到期望教育成果。两个"严格"分别指系统目标和预期结果，而"宽松"则是指学校层面的自主权，以鼓励教学方式和评估方面的创新。①

2004 年至 2007 年，新加坡经济又一次实现高速发展。然而，2008 年爆发的全球金融危机对新加坡的经济发展再次造成了冲击。2010 年 3 月，新加坡教育部颁布"21 世纪胜任力"框架（21st Century Competencies Framework），宣布新加坡的教育将"以学生为本，价值为导向"，旨在培养具有核心价值观、社会与情感能力和全球化技能的新一代学生。在具体措施方面，新加坡教育部设立了品格与公民教育组，全面规划学生的品格、公民意识和价值观教育；除了着重于"以学生为本"、发展全人教育外，亦重视通过体育、艺术与音乐教育来培养学生的创作力和跨文化理解力。如新加坡初级教育审核和实施（Primaiy Education Review and Implementation，PERI）委员会建议引入"主动学习计划"（Programme for Active Learning，PAL），以为学生提供获得社会情感能力和生活技能的课程。同时，框架提出，还要培养具有胜任力和发展性的教师，让他们能使用创新的教学方式培养学生发展 21 世纪胜任力。在加强能力本位教育方面，框架建议为普通（工艺）学生实施"阶梯课程"（step curriculum）、引入"直通车"（Integrated Proramme，IP）课程，以及扩大工艺教育学院直接入学计划等。②

新加坡在教育和培训方面的持续投资，对高标准的坚持，以及"上下链接、内外互通"教育体系的建立，为新加坡的国家发展和经济复苏提供了有力的人力资源资本。2004—2013 年的统计数据显示：95% 的小学一年级学生在 2013 年进入中学后教育机构，拥有三个 O-level 的 GCE O-level 学生的占比高达约 95%，而具有至少五个 O-level 学生的占比则保

---

① Saravan Gopinathan. *Singapore Chronicles*：*Education*. Singapore：Straits Times Press，2015，pp.77-78.

② Saravan Gopinathan. *Singapore Chronicles*：*Education*. Singapore：Straits Times Press，2015，p.79.

持在 80% 以上，英语、母语和数学的通过率分别为 85%、95% 和 85%，PSLE 考试的通过率高于 95%。[①] 2014 年 11 月，在已升任副总理的尚达曼领导下，新加坡成立了未来技能委员会（Skills Future Council），旨在加强教育、培训和职业生涯发展之间的整合，为每一位新加坡公民提供接受继续教育和培训的机会，以最大程度地发展自我潜能。委员会设定了以下四个目标：一是帮助公民在教育、培训和职业方面做出明智的选择；二是整合和健全一整套高质量的教育和培训体系，以满足产业发展需求；三是基于技能和精通度促进雇员的职业认同感职业发展；四是支持和颂扬社会形成终身学习的文化。新加坡未来技能计划着力打通技能培训和职业发展的各个环节，期望使国民不管处在人生的任何阶段，都能通过技能培训发挥潜能，为经济增长和社会发展不断提供可用之才。

另一方面，如前文提到的，在这一时期，全球化、精英主义以及外来劳动力的迅速增长，也加剧了新加坡的收入及分配不平等、种族与宗教不稳定、失业及就业率下降等社会问题。教育继续促进社会流动性的力量正在减弱，社会矛盾不断加剧。虽然新加坡学生近年来在 PISA 或 TIMSS 等国际评估项目中展现了"力压群雄"的实力，然而 PISA 的数据同样指出新加坡的教育体系存在明显的公平性问题。PISA 2018 结果表明，新加坡社会经济背景处于优势的学生，在阅读领域比社会经济背景处于劣势的学生高出 104 分，大于经合组织国家中两组的平均差距（89 分）。[②] 为了回应公众的不安，新加坡政府在扩大入学、促进教育公平方面也采取了多项措施，如扩大优质中小学校的入学机会；扩大初级学院直接招生计划（DSA-JC）；继续加大教育投资；扩大大学教育机会，争取公立大学入学率到 2020 年达到 40%。

---

① Saravan Gopinathan. *Singapore Chronicles*：*Education*. Singapore：Straits Times Press，2015，p.74.

② Organization for Economic Co-operation and Development. Programme for Intertional Student Assessment（PISA）Results from PISA 2018. [2020-01-09]. 见 http：//www.oecd. org/pisa/publications/PISA2018_CN_SGP.pdf.

第二章　新加坡的基本教育制度

新加坡被英国殖民统治百余年，独立后又加入英联邦，所以即便到了今天，新加坡的教育制度依旧有着明显的"英式"痕迹。但与此同时，新加坡又深受东方儒家思想的影响，独立后还广泛吸收世界各国经验，使得经过不断完善与发展的新加坡教育逐渐凝练出中西合璧、精英教育与全民教育并存的特征。

第一节　学制体系

新加坡的教育制度旨在通过让学生发现他们的才能，充分发挥他们的潜力，培养终身学习的热情，从而发挥每个孩子的最大潜能。近年来，新加坡一直在朝着更加灵活和多样化的教育体系迈进，其目的是为学生提供更多的选择，以满足他们不同的兴趣和学习方式。能够选择学习什么和如何学习，将鼓励他们对自己的学习有更大的自主权。[1] 新加坡的教育致力于培养全人，促进学生在课堂内外的全面发展，以帮助他们发展 21 世纪所需的核心胜任力、价值观和性格。同时，国家提供多元化的教育途径，以配合不同学生的长处、兴趣及学习方式。如今，新加坡在逐步发展

---

[1]　Ministry of Education，Singapore. Education System. [2020-02-22]. 见 https：//www.moe.gov.sg/education/education-system.

与完善中形成了如图 2-1 所示的学制。

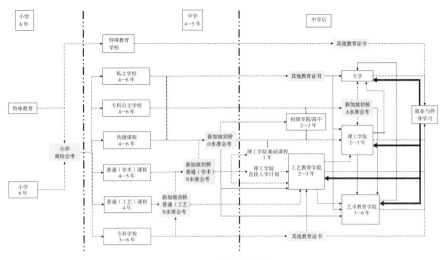

图 2-1　新加坡学制

资料来源：新加坡教育部《中学教育手册》（*Secondary School Education Booklet*）。

一、学前教育

新加坡没有将学前教育纳入正规教育体系，且绝大多数学前教育机构属于私营性质，但学前教育普及率非常高。2017 年，新加坡议会通过《幼儿发展中心法（2017 年）》（*Early Childhood Development Centres Act 2017*，以下简称《幼儿发展中心法》），将所有提供或将要提供幼儿发展服务的场所统称"幼儿发展中心"，并规定由下属于社会与家庭发展部（Ministry of Social and Family Development，MSF）的自治机构幼儿培育署（Early Childhood Development Agency，ECDA）负责监管全国所有的学前教育机构（也即幼儿发展中心）。①

当前新加坡的学前教育机构主要包括两大类：一类是托儿中心（Child care centre），主要为 7 岁以下的儿童提供全日和半日托服务。有些中心可

---

① Singapore Statutes Online. Early Childhood Development Centres Act 2017. [2020-02-16]. 见 https：//sso.agc.gov.sg/Acts-Supp/19-2017/Published/20170511 ？DocDate=20170511#pr2-.

以提供灵活的托儿项目，以迎合父母的多样化工作安排。托儿项目为儿童提供了全面的学习经验。托儿中心和父母共同合作，以优化孩子的身体、智力、情感和社会发展。① 另一类是幼儿园（Kindergarten），主要为 18 个月至 7 岁以下儿童提供结构化的、综合的、全面的学前教育项目。幼儿园必须至少提供幼儿园 1 级（Kindergarten 1）和幼儿园 2 级（Kindergarten 2）项目。此外，它还可以包括游戏组（Playgroup）、托儿班 1 级（Pre-Nursery/Nursery 1）和托儿班 2 级（Nursery/Nursery 2）项目。幼儿园一般周一到周五营业，每年 40 个学周。② 在幼儿培育署成立以前，所有幼儿园均属于在教育部注册的私立学校，如今与托儿中心一样需要统一在幼儿培育署申领营业执照。2013 年开始，新加坡教育部应人民呼声，开始创办公立性质的教育部幼儿园（MOE Kindergarten，MK），以为新加坡公民和永久居民提供质优价廉的学前教育服务。截至 2019 年 4 月，新加坡有 1519 家托儿中心和 476 家幼儿园，其中 23 家为教育部幼儿园。③

二、小学教育

新加坡的《义务教育法》规定，凡于 1996 年 1 月 1 日后出生，且定居新加坡境内的 6—15 岁新加坡公民必须进入小学接受义务教育。④ 多数儿童选择 7 岁入学。小学学制六年，重在发展儿童的语言和计算能力，塑造性格，培养良好的价值观和良好的习惯。⑤

———————————————

① ECDA. About Centre-based Care. [2020-02-22]. 见 https：//www.ecda.gov.sg/Parents/Pages/ParentsChooseCCC.aspx#ChooseCCCForChild.

② ECDA. Overview of Pre-school Education. [2020-02-22]. 见 https：//www.ecda.gov.sg/Parents/Pages/Parents-Overview-of-PSE.aspx.

③ Whitelodge. PRESCHOOL EDUCATION IN SINGAPORE：INFOGRAPHIC FOR PARENTS. [2019-10-11]. 见 https：//www.whitelodge.education/blog/international-preschool-education-in-singapore-infographic.

④ Singapore Statues Online. Compulsory Education Act. [2020-02-22]. 见 https：//sso.agc.gov.sg/Act/CEA2000#pr3-.

⑤ Ministry of Education，Singapore. *Education Statistics Digest 2019*. Ministry of Education，Singapore，2019，p. vii.

　　小学教育的核心课程是英语、数学和母语①，旨在帮助学生发展读写、计算和解决问题的技能。此外，学生还学习艺术、音乐、品格和公民教育、社会研究和体育等课程。三年级开始，学校增设科学课。从五年级开始，学校将对学生进行科目编班（subject-based banding，SBB）：英语、母语、数学和科学四科将分出标准（standard）和基础（foundation）两种难度的班型。学生在四年级结束时参加校内编班考试，学校依照成绩建议学生选修的科目组合。然后学生家长根据孩子的能力，为孩子各科选择相应难度的课程，从而让孩子在擅长的科目中发挥个人所长，在需要帮助的科目中打下坚实的基础。五年级结束时，学校将评估学生应对当前科目组合的能力，如有需要，将对学生修读的普通和基础科目的数量作出调整。② 此外，新加坡的中小学还通过学习支援计划和高才教育计划（Gifted Education Programme）照顾学生的不同需求。本书第四章将进一步介绍。

　　新加坡所有主流学校对有轻度特殊教育需要的学生都能提供支援，这些学生可能患有阅读障碍、多动症、轻度自闭症、失聪、视障或身体障碍。这些学生很有可能可以应付主流教育课程，并且可以参加集体学习。所有主流小学都会有受过特殊专业培训的教师和协作教育工作者（学习和行为支援）帮助有特殊教育需要的学生融入学校环境。学校也能联系教育部心理专家，获取相关的咨询和建议。患有阅读障碍的学生会在小二结束时被确诊，然后在小三、小四时在学校阅读障碍治疗计划下获得支援。他们也能参与由教育部补助、新加坡读写障碍协会主办的基础识读课程。在社交或行为上有困难的学生也能通过所在学校获得社区保健服务。其中一项服务是由心理卫生学院提供的社区心理健康反应、初期治疗与评估计划。在听力、视力或身体方面有障碍的学生可以获得由亚洲妇女福利协会有限公司和新加坡聋人协会提供的学校流动性援助服务。学校也会借助如

---

① 新加坡将母语视为第二语言，为必修课程，共有中文、马来语、泰米尔语三种官方母语。

② Ministry of Education，Singapore. Subject-based banding for primary school. [2019-12-20]. 见 https://beta.moe.gov.sg/primary/curriculum/subject-based-banding/.

调频设备、电子放大镜和发声计算机等辅助性技术设备来支援学生的学习需求。指定的主流学校可为患有中度至重度失聪或视障但尚能应付主流教育课程的儿童提供专门援助。

另外，新加坡也开办了特殊教育学校，根据孩子的不同需要为有中度至重度特殊教育需求的孩子定制课程和教育计划。特殊教育学校提供的支援包括：采用规模较小的班级并提供专门的课堂支援、聘请口语和语言治疗师、职业治疗师、心理学家和社会工作者等专业人士提供治疗支援服务。学校也配备了水疗池及职业培训厨房等设施，以满足学生的需求。目前，有 19 所由政府资助并由志愿福利团体管理的特殊教育学校。

三、中学教育

新加坡的中学教育制度比许多国家都要复杂。首先，新加坡的中学有五种类型，即政府学校（Government School）、政府辅助学校（Government-aided School）、自主学校（Independent School）、专科项目自主学校（Specialised Independent School）和专业学校（Specialised School）。

政府学校和政府辅助学校是新加坡教育体系中的中流砥柱，提供优质教育并实行统一收费。这些学校的学生学习国家课程。每所学校还提供独特的学生发展计划，让学生学以致用，并培养学生的 21 世纪胜任力。有些政府 / 政府辅助学校属于自治学校，可以提供更广泛的课程，进而丰富孩子的学习体验，并让他们施展才华，但除了收取与其他政府学校或政府辅助学校相同的学费之外，还会收取自治学校的额外费用。部分政府 / 政府辅助学校是"特殊援助计划"（Special Assistance Plan）学校，旨在培养学生掌握中英双语及两种文化。

自主学校可以灵活地设定自己的学费和课程，有些自主学校也是特殊援助计划学校。

专科项目自主学校主要为那些对数学、科学、艺术、体育或应用学习有天赋和浓厚兴趣的学生提供专门教育。新加坡目前共有四所这类学校，分别为：主要培养数学、科学、技术和工程人才的新加坡国立大学附属数理中学①（NUS High School of Mathematics and Science），主要培养科学、技术、美学、工程和数学等领域应用型人才的新加坡科技中学（School of Science and Technology），主要培养体育和田径人才的新加坡体育学校（Singapore Sports School）以及主要培养视觉、文学和表演艺术人才的新加坡艺术学校（School of the Arts）。有兴趣报读新加坡体育学校的学生必须直接向学校申请，其他三所学校则必须通过中学直接招生计划申请入学。

专业学校为倾向动手学习的学生提供量身定做、注重实践的课程。其中北烁学校（NorthLight School）和圣升明径学校（Assumption Pathway School）为那些小学离校考试后未能接受中等教育的学生提供教育机会，采取体验式的教学方法，让学生在实践中学习。学生在四年级结束时获得工艺教育局技能证书（Institute of Technical Education Skills Certificate，ISC），为就业或报读工艺教育学院（ITE）做准备。在尝试 1—3 次小学离校考试仍不合格的学生可以申请这两所学校，只有 1 次不合格的学生需要小学校长的推荐才能申请。裕峰中学（Crest Secondary School）和云锦中学（Spectra Secondary School）为喜欢定制、动手和实践学生提供了另一种教育途径。在四年级结束时，学生将获得普通（工艺）文凭和工艺教育局技能证书。普通（技术类）课程合格的学生可以申请这两所学校。②

除了学校类型多样，新加坡中等教育制度的复杂性更体现在它的分流制上。从 20 世纪 80 年代开始，新加坡根据学生的小学离校考试成绩将他们分入三种不同的班型接受中等教育。第一种是快捷班（Express），学制四年，毕业生参加新加坡—剑桥普通教育证书（普通水准）（GCE O-Level，以下简称"普通水准证书"）会考，然后根据成绩、能力和

---

① 2005 年由新加坡教育部和新加坡国立大学联合创办的一所六年一贯制中学，可为毕业生颁发非常优异（High Distinction）、优异（Distinction）、优等（Merit）、及格（Pass）四个等级的毕业文凭，学生可凭此文凭直接申请大学。

② Ministry of Education，Singapore. Secondary School Education. [2019-12-30]. 见 https：//beta.moe.gov.sg/uploads/Secondary-School-Education-Booklet-2019.pdf.

志趣再度分流：一种是升入大学预备教育机构，获得新加坡—剑桥普通教育证书（高级水准）（GCE A-Level，以下简称"高级水准证书"）会考，或国际学士学位文凭（International Baccalaureate Diploma），或新加坡国立大学附属数理中学文凭①（National University of Singapore High School Diploma）后升入大学，或进入理工学院（Polytechnic）修学三年制文凭课程；二是直接进入理工学院修学文凭课程；三是进入工艺教育学院（Institute of Technical Education）修学国家工艺教育局证书（National Institute of Technical Education Certificate，Nitec，以下简称"工教局证书"）课程，或高级国家工艺教育局证书（Higher Nitec，以下简称"高级工教局证书"）课程。针对部分有特别学术潜质且立志要上大学的学生，新加坡从 2004 年起还开设了六年一贯制的综合课程②（Integrated Programme），学生在六年级通过各种途径升学，而中间不再面临其他筛选性考试。③

　　另外两种均为普通班（Normal），但分为学术（Academic）和工艺（Technical）两类。普通学术班在课程设置上与快捷班一致，表现优异者可在一年级或二年级结束的时候申请转入快捷班。错失这两次转轨的普通学术班同学，如果还想拥有与快捷班同等一样的升学机会，那就必须在中学四年级结束时的新加坡—剑桥普通教育证书初级（学术）水准（GCE N（A）-Level，以下简称"初级学术水准证书"）会考中表现良好，并再接受一年五年级教育，然后与快捷班四年级学生一起参加毕业会考。未转入快捷轨道的普通学术班学生在四年级毕业后可进入职业教育导向的工艺教育学院，或通过修学一年的理工学院基础教育课程（Polytechnic Foundation Programme，PFP）升入理工学院。④普通工艺班的课程设置相比之下更加注重技术性，四年级学生通过新加坡—剑桥普通教育证书初级

---

① 新加坡官方译法。

② 又称"直通车计划"。

③ Ministry of Education，Singapore. Express course for secondary school. [2019-12-28]. 见 https：//beta.moe.gov.sg/secondary/courses/express/.

④ Ministry of Education，Singapore. Normal（Academic）course for secondary school. [2019-12-28]. 见 https：//beta.moe.gov.sg/secondary/courses/normal-academic/.

（工艺）水准（GCE N（T）-Level，以下简称"初级工艺水准证书"）会考升入工艺教育学院接受职业教育，或进入普通学术班的四年级学习，以转入学术轨。由此可见，三类班原则上都可以上大学，但是耗费的时间和难度是截然不同的。

2019年3月，新加坡教育部宣布要推动这三种学制的并轨，所有中学从2024年开始统一实施四年制中等教育。各科课程将划分为G1、G2、G3三个级别，分别对应当下的普通工艺班、普通学术班及快捷班的标准编制。学生可根据自己的能力和特长，不同科目选择不同级别的课程，但总体上不复存在普通工艺班、普通学术班和快捷班之分。① 教育部长王乙康对此做出比喻："我们再也不会有鱼儿在三条分开的溪流中游走，而是在同一条宽阔的河流里，每条鱼儿找寻自己的旅程。"② 考虑到操作性问题，新加坡教育部目前提议各中学在一年级入学时仍依据小学离校考试成绩对学生分流，但不是分入过去的三种班型，而是让成绩位列前茅的学生主要学习G1课程，成绩中等的主要学习G2课程，成绩偏后的主要学习G3课程。学生入学后可继续寻找和发展自己的长处和兴趣，然后调整不同科目的课程级别。从二年级开始，除了小学离校考试涉及的科目外，学生还可以基于一年级表现出的兴趣和能力，在地理、历史、英文文学等人文科目相应选择不同级别的课程。与此同时，为了促进不同群体学生的交流与融合，艺术、品德和公民教育、设计与技术、食品和消费者教育、音乐和体育不分等级。也就是说，学生无论其他学术型科目选择了什么级别的课程，这些科目都将分入同一个班。这些课程的课时量大约占总课程的三分之一。③

---

① Ministry of Education，Singapore. Subject Based Banding. [2020-3-20]. 见 https：//www. moe.gov.sg/microsites/cos2019/subject-based-banding.html.

② Straitstimes. No more streaming for students：Full transcript of speech by Education Minister Ong Ye Kung. [2019-09-10]. 见 https：//www.straitstimes.com/singapore/education/no-more-streaming-for-students-full-transcript-of-speech-by-education-minister.

③ Ministry of Education，Singapore. One Secondary Education，Many Subject Bands：28 Secondary Schools to Pilot Full Subject-Based Banding. [2019-09-03]. 见 https：//www.moe.gov.sg/news/press-releases/one-secondary-education--many-subject-bands--28-secondary-schools-to-pilot-full-subject-based-banding.

不过，对于那些长期以来只开设普通工艺班或只开设快捷班、综合项目的专科学校，新加坡教育部不打算一刀切地要求全部转型。王乙康就此解释道："世界上每个教育系统都有专门针对不同学生群体的学校，如那些学业能力强、在特定领域有优势的学生，或更喜欢动手和技术培训的学生……我们应该维护和平衡学校之间和学校内部的多样性，以使我们能够更好地满足不同学生群体的教育需求和优势。"① 但为了促进社会融合，教育部要求即便是专科学校也要借助他们的直接招生计划尽可能招收来自不同背景的学生，并确保学生积极参与学校间交流活动，使来自不同学校的学生有机会融合。另外，这些专门学校应提供更多的科目选择以满足不同学生的需要：当前只开设普通工艺班的学校应提供更多的普通学术班课程，如有可能还应提供一些快捷班层次的课程；同理，当前只开设快捷班的学校也应提供一些普通学术班或普通工艺班的课程。如此，可以更加灵活地定制教育并更灵活地适应学生的不同兴趣和能力使其受益。②

四、中学后教育

中学结束后，学生可以选择继续接受中学后教育（Post-Secondary Education）。在新加坡，初级学院（Junior College）或励仁高级中学（Millennia Institute）、理工学院、工艺教育学院、艺术教育学院（Arts Institution）以及大学提供的教育均可以算作中学后教育，其中初级学院或励仁高级中学提供的教育又被称作大学预备教育（Pre-University education）。③ 但在新加坡教育部制定的关键阶段成果中，中学后教育被限定为大学预备教育机构、理工学院、工艺教育学院三类机构提供的教

① Straitstimes. No more streaming for students：Full transcript of speech by Education Minister Ong Ye Kung. [2019-09-10]. 见 https：//www.straitstimes.com/singapore/education/no-more-streaming-for-students-full-transcript-of-speech-by-education-minister.

② Straitstimes. No more streaming for students：Full transcript of speech by Education Minister Ong Ye Kung. [2019-09-10]. 见 https：//www.straitstimes.com/singapore/education/no-more-streaming-for-students-full-transcript-of-speech-by-education-minister.

③ Ministry of Education，Singapore. Post-Secondary Education. [2020-02-23]. 见 https：//www.moe.gov.sg/education/post-secondary.

育。① 这一更为狭义的定义近似于英国的延续教育（further education）概念，强调属于中等教育和高等教育之间的过渡阶段。由于许多国家不存在这个阶段，为了强调其特殊性，本书无特殊说明情况下在探讨中学后教育时均使用其狭义内涵。

（一）大学预备教育机构

与美国的初级学院不同，新加坡的初级学院并不属于高等教育层次，而是类似于英国的第六学级学院（Sixth form college），致力于为有志上大学的学生提供两年的大学预备教育，让学生获得升入大学所需的新加坡—剑桥普通教育证书（高级水准）或国际学士学位文凭。目前新加坡有 14 所冠名初级学院的中学后教育机构。另外，德明政府中学（Dunman High School）和立化中学（River Valley High School）的六年一贯制教育由于提供新加坡—剑桥普通教育证书（高级水准）课程，英华自主中学（Anglo-Chinese School（Independent））和圣约瑟书院（St Joseph's Institution）由于提供国际学士学位文凭课程，也往往被视为初级学院。除了这 18 所学校，新加坡当前还有一所大学预备教育机构，那便是由裕廊高级中学（Jurong Institute）和欧南高级中学（Outram Institute）在 2004 年合并而来的励仁高级中学。该校将初级学院的两年制大学预备教育延长至三年，主要招收基础相对薄弱的中学毕业生。

新加坡的初级学院和励仁高级中学虽然被归为大学预备教育机构，但不能将它们视作单纯的升学考试培训机构。这些机构除了提供获得新加坡—剑桥普通教育证书（高级水准）或国际学士学位文凭所需的学科课程，还重视开设各种各样的特色选修课程以及丰富的课外活动，强调学生的全面发展，尤其注重促进学生的自我发展、批判性思维、智力分析、沟通和人际交往能力。②

---

① Ministry of Education，Singapore. The Key Stage Outcomes of Education. [2020-02-23]. 见 https://www.moe.gov.sg/education/education-system/desired-outcomes-of-education.

② Ministry of Education，Singapore. Post-Secondary. [2019-11-25]. 见 https://www.moe.gov.sg/docs/default-source/document/education/post-secondary/files/post-secondary-brochure.pdf.

（二）工艺教育学院

新加坡工艺教育学院是由新加坡政府全资资助的职业技术教育机构，大致相当于我国的中等职业教育层次，学制一般一到两年，通常招收持有初级水准证书的中学毕业生学习工教局证书课程，招收持有普通水准证书的毕业生学习高级工教局证书课程。工教局证书课程表现优异者也可升级为高级工教局证书课程。工艺教育学院注重做中学，强调课程切合业界最新需要，并通过提供大量企业实习机会，让学生在行业导师指导下进行有意义的基于工作的学习和培训，确保毕业生掌握各行业所需的知识和技能，以为进入劳动力市场做好准备。工艺教育学院也提供部分时间制的工教局证书课程、高级工教局证书课程、专家级工教局证书（Specialist Nitec）课程和工教局技能证书（ITE Skills Certificate，ISC）课程。这类课程以模块化形式提供，以极大的灵活性方便学习者依据自身情况参与培训。

2005 年，工艺教育学院建立起"一制三院"（One ITE System，Three Colleges）的管理和教育模式，将学校原有的 10 所小型工艺教育学院合并成三大区域性学院，即中区学院（College Central）、东区学院（College East）和西区学院（College West）。东区学院在 2005 年开始运营，西区学院、中区学院也分别于 2010 年和 2013 年开始正式投入使用。这些学院与合作企业共同努力，为校园配置了完善的教学、工作和生活设施，包括现代化的车间、IT 教室和紧跟潮流的体育运动与休闲中心。每个学院都有权发展自己独特的优势领域，以促进学生成功，增强职业教育的灵活性、创新性和吸引力。

工艺教育学院毕业生可直接就业，也可进一步学习工艺教育学院的技术文凭课程（Technical Diploma programmes）或申请半工半读文凭（Work-Study Diploma）项目，也可以申请进入理工学院继续深造。①

---

① Ministry of Education，Singapore. Post-Secondary. [2019-11-25]. 见 https：//www. moe.gov.sg/docs/default-source/document/education/post-secondary/files/post-secondary-brochure.pdf.

（三）理工学院

新加坡的理工学院大致相当于我国的高等职业教育层次，通常学制三年，主要面向工业、商业和服务业的中层职位，培养训练有素的辅助性专业技术人才。理工学院主要招收持有普通水准证书的中学毕业生，或持有工教局证书或高级工教局证书的工艺教育学院毕业生。另外如前文提到的，修读初级学术水准证书课程的中学四年级学生，表现优异也可以通过修学理工学院基础教育课程申请入学。理工学院虽然不能像大学那样颁发学位而只能提供文凭（大专）教育，但在新加坡，如今大约有 40% 本来可以通过就读初级学院进入大学的中学毕业生优先选择了上理工学院。[①]

新加坡目前共有 5 所理工学院，即南洋理工学院（Nanyang Polytechnic，NYP）、义安理工学院（Ngee Ann Polytechnic，NP）、共和国理工学院（Republic Polytechnic，RP）、新加坡理工学院（Singapore Polytechnic，SP）和淡马锡理工学院（Temasek Polytechnic，TP）。5 所理工学院同属新加坡教育部管辖，但都是独立自主的办学实体，且在生源、师资、校企合作及学校影响力方面存在激烈竞争。

新加坡的 5 所理工学院目前提供约 230 门文凭课程[②]，并在工程、商业、信息和数字技术等学科领域提供"共同入门课程"（Common Entry Programmes，CEPs），为学生提供学习基础技能的机会，并让他们在所选学科领域内接触到不同的专业，帮助其在决定专业之前更好地了解每个专业，然后在第一学期或第二学期末再根据自己的兴趣和优势选择课程。此外，与工艺教育学院一样，理工学院也开设了面向在职人员的各类非全日制文凭项目。理工学院的课程注重行业导向，强调应用学习。实习是课程中的一部分，时间从六周到六个月不等，通过为学生提供与行业专家共事

---

① ［新加坡］华拉保绍：《新加坡职业技术教育五十年：如何构建世界一流技术与职业教育及培训体系》，卿中全译，商务印书馆 2018 年版，第 63 页。

② Ministry of Education，Singapore. Many Paths，New Possibilities-Ready For A New World Together：Supporting Aspirations，Developing Lifelong Learners. [2020-02-24]. 见 https：//www.moe.gov.sg/news/press-releases/many-paths--new-possibilities---ready-for-a-new-world-together--supporting-aspirations--developing-lifelong-learners.

的机会，使之获得宝贵的在职经验，加深其技能，以为学生的未来就业做准备。

理工学院毕业生除了直接就业，还可以申请"毕业后半工半读"（Work-Study Post-Diplomas）技能培训，使应届毕业生更先一步了解相关专业的职业生涯，并有助于其技能和知识得到进一步发展。此外，毕业生也可以凭着获得的理工学院文凭申请进入大学继续深造。①

（四）艺术教育学院

在新加坡，对创意艺术感兴趣的中学毕业生，还可以选择进入拉萨尔艺术学院（LASALLE College of the Arts）和南洋艺术学院（Nanyang Academy of Fine Arts）接受中学后教育。两所院校均为私立性质，但均提供公共财政资助的文凭课程。修读初级学术水准证书课程的中学四年级学生，表现优异者可以通过修学为期一年的基于实践的南洋艺术学院基础课程（NAFA Foundation Programme，NFP），然后学习该校文凭课程。在这类院校，学生可以得到向艺术家学习的机会，还能参与设计公司项目设计、参加视觉艺术展览以及参与音乐会演出等活动，近距离接触艺术行业，积累经验。拉萨尔艺术学院主要开设了动画、美术、广播媒体、室内设计、音响制作和舞蹈等专业课程。南洋艺术学院开设了动画插画设计、时尚营销、广告、戏剧、音乐教学和艺术管理等专业课程。完成文凭课程的毕业生若想接受更高水平的创意艺术培训，还可以继续申请两校开设的多种创意艺术类学位课程。②

五、大学教育

大学处于新加坡学制的最顶端，主要负责提供各类学位项目，致

---

①　Ministry of Education，Singapore. Post-Secondary. [2019-11-25]. 见 https：//www. moe.gov.sg/docs/default-source/document/education/post-secondary/files/post-secondary-brochure.pdf.

②　Ministry of Education，Singapore. Post-Secondary. [2019-11-25]. 见 https：//www. moe.gov.sg/docs/default-source/document/education/post-secondary/files/post-secondary-brochure.pdf.

力于培养高层专业人员、管理人员、规划工作者以及科学研究人员。新加坡目前共有 6 所公立性质的自治大学，即新加坡国立大学（National University of Singapore，NUS）、南洋理工大学（Nanyang Technological University，NTU）、新加坡管理大学（Singapore Management University，SMU）、新加坡科技设计大学（Singapore University of Technology & Design，SUTD）、新加坡理工大学（Singapore Institute of Technology，SIT）、新跃社科大学（Singapore University of Social Sciences，SUSS）。其中，新加坡国立大学和南洋理工大学是世界顶级高等学府。

6 所自治大学提供不同学科的专业课程。特别值得一提的是，新加坡理工大学和新跃社科大学率先开设了应用型学位（applied-degree）课程，让学生在大学教育中获得更多的实践经验和行业接触机会。新加坡国立大学、南洋理工大学、新加坡理工大学和新跃社科大学可以提供半工半读学位课程（Work-Study Degree Programmes），将结构性在职培训与大学课程结合起来。这些大学和公司共同设计并共同提供理论与实践相联系的课程，也共同评估学生在工作场所的表现。① 南洋理工大学下设的独立自治学院新加坡国立教育学院（National Institute of Education，NIE）是新加坡当前唯一的国家职前中小学教师教育机构，也是重要的教师在职培训机构和教育研究机构。

除了自治大学，前文提到的两所艺术教育学院也与国外大学合作提供一些学位项目，如南洋艺术学院与英国皇家音乐学院合作提供的音乐学士项目，拉萨尔艺术学院与伦敦大学金史密斯学院联合提供的学位项目；另外，新加坡境内还有一些开设学位项目的民办院校以及海外高校办的分校。

---

① Ministry of Education，Singapore. Post-Secondary. [2019-11-25]. 见 https：//www.moe.gov.sg/docs/default-source/document/education/post-secondary/files/post-secondary-brochure.pdf.

六、继续教育与培训

新加坡非常重视终身教育，将继续教育与培训视为整体教育系统的一个有机组成部分。工艺教育学院、理工学院和各类大学均面向希望继续提高技能或取得新技能的成年人设立了多种形式的继续教育与培训项目。本书第六章将就此做更全面系统的介绍，在此不予赘述。

第二节　国家教育招生考试制度

新加坡获得自治权后，在建立、完善国家教育制度的同时，也建立起了一整套成体系的国家教育招生考试制度。

一、国家考试制度的建立与改革

目前，新加坡建立了两个国家教育考试体系，一个是小学离校考试，另一个是新加坡—剑桥普通教育证书考试。2004 年，新加坡政府将教育部考试司（Examinations Division of the Ministry of Education）改组为新加坡考试与评鉴局（Singapore Examinations and Assessment Board，SEAB），作为教育部下属的一个法定委员会，专责这两大国家教育考试的相关工作。

（一）小学离校考试制度的建立与改革

二战后，随着英文小学教育在新加坡的发展，英国殖民政府在 1952 年引入"通用标准六年级入学考试"（Common Standard VI Entrance Examination），作为中学公平选拔和分配学生的制度。该考试后来更名为"中学入学考试"（Secondary School Entrance Examination），一直为英文学校使用至 1959 年。[①] 与此同时，华文小学也从 1935 年开始为毕业生举办年度公共考试，但在 1951 年被中止了。1959 年，为了给建立第一个马来

---

① Tan，Y. K.，Chow，H. K.，& Goh，C. *Examinations in Singapore：Change and continuity*，（*1891—2007*）. Singapore：World Scientific，2008，p. 62.

文中学做准备，马来文小学为毕业生举办了公共中学入学考试。由于泰米尔文小学毕业生人数太少，新加坡没有专门为他们建立考试，而是参加马来亚联邦的考试。①

1960 年 3 月 30 日，时任新加坡教育部长的杨玉麟（Yong Nyuk Lin）宣布引进小学离校考试，作为四大语种学校共同的中学入学考试。当年，新加坡开展了第一次小学离校考试。小学离校考试是新加坡首个国家考试，而且使得四类学校的毕业生可以获得通用的证书和平等的中学入学机会，对于促进四类学校的地位平等具有里程碑意义。小学离校考试科目由教育部确定，最初包括第一和第二语言、数学、科学、历史和地理，所有学科均由教育部命题，由指定的学校教师按照统一标准判分。1972 年起，为了减少学生死记硬背，教育部决定将历史和地理从小学离校考试科目中删去。从此，新加坡小学离校考试科目改为英语、母语、数学、科学四门，这一做法沿用至今。②

据统计，30615 名考生参加了首次小学离校考试，13736 名通过考试并被中学录取。剩余的考生按照年龄和成绩分为四个组。第一组是"边缘生"，即没有通过考试，但差距不大，有 3042 名。这些学生接受两年的强化学习，然后与通过离校考试的学生参加相同的中学二年级考试，通过者与正常录取学生一起升入三年级，其余的则被"开除"；第二组是成绩较差，但年龄较小（大多未满 13 岁），当年有 8043 名。这类学生复读小学六年级，然后次年再次参加离校考试；第三组成绩较差但年龄偏大，不适合复读小学，便被安排接受两年的职业教育，当年有 5388 名此类学生；最后一组在 16 岁以上而且成绩极其糟糕，不得不选择辍学，当年有 406 名属于此类。③

---

① Tan，Y. K.，Chow，H. K.，& Goh，C. *Examinations in Singapore*：*Change and continuity*，（*1891—2007*）. Singapore：World Scientific，2008，pp. 62-63.

② Singapore Infopedia. Primary School Leaving Examination. [2019-11-19]. 见 https：// eresources.nlb.gov.sg/infopedia/articles/SIP_2016-07-08_114217.html.

③ *Only 13，736 pass S'pore primary leaving test.* （1960，December 22）. The Straits Times，p.11.

　　随着 1978 年在时任副总理吴庆瑞的推动下建立起新学制，小学离校考试成绩成为学生在中学分流的依据。如上一章提到的，在新学制下，小学生从三年级后开始分流，六年制的普通双语班和八年制的延长双语班毕业参加小学离校考试。八年制单语班毕业生则参加小学水平考试（Primary School Proficiency Examination，PSPE），之后参加职业培训。从 1980 年开始，小学离校考试成绩以每个科目的成绩形式发布，而不是以前的"及格"或"不及格"形式。最初采用了四级评分系统：A（75—100分）、B（60—74 分）、C（50—59 分）、D（低于 50 分，属于不及格）。成绩单还列出总转换分数（T 分数）以显示每位学生在同届考生中的相对位置，也包括在成绩单中。次年，修订为五级制，即将 A 进一步细分成两级，91—100 分为 A* 等级，75—90 分为 A 等级，不及格等级也从 D 改为 F。① 1991 年《改进小学教育报告》发布后，小学离校考试成绩进一步细分为六级，即 A*、A、B、C、D、E，且出于普及中等教育的目的，该考试由中学招生选拔考试变成了中学分班考试。另外，随着小学从高年级开始分为基础和标准两种班型，小学离校考试也分为了基础和标准两种难度，基础难度考生的成绩则计为 1—4 四级。②

　　2012 年，新加坡教育部宣布取消公布全国小学离校考试"状元"的传统，以更加强调儿童的全面发展；次年起成绩单不再显示同届最高分和最低分，以进一步弱化竞争。近年随着科目编班制的推广，中学生特定学科修学哪个级别的课程主要取决于他自己在这门学科上的表现，而与同级其他学生表现优劣无关。因此，教育部又宣布小学离校考试自 2021 年起将以成就水平（achievement level，AL）替代当前的 T 分数来呈现学生成绩，以弱化学生之间的比较。具体而言，选择标准难度的考生每科成绩分为 8 个等级，1 级最优秀，8 级最差；综合成绩则为英语、数学、科学和

① Tan，J.（1981，June 11）. *Only 10 per cent will get this A* PSLE grade*. The Straits Times，p.1. Retrieved from NewspaperSG.

② *English，maths curriculum for EM3 students to be modified*.（1994，November 1）. The Straits Times，p. 1. Retrieved from NewspaperSG.

母语四科成绩之和。也就是说，学生综合成绩最优秀为 4 级，最差为 32 级。对于基础难度的考生，每科成绩分为 A、B、C 三个等级。在中学招生录取时，这三个等级分别对应标准难度考生的 6—8 级。[①]

另外，新加坡从 2005 年开始，还面向海外学生设立了国际版小学离校考试（iPSLE），其标准和要求与新加坡国内的小学离校考试类似。英语、数学、科学为必考科目。此外，学生可从汉语、马来语和泰米尔语中选择一门参加第二语言考试。每科成绩分 A*、A、B、C、D、E 六级。新加坡目前在柬埔寨、印度尼西亚、马来西亚、马尔代夫、缅甸、菲律宾、泰国和越南设置了 18 个海外指定国际版小学离校考试中心。[②]

（二）新加坡—剑桥普通教育证书考试制度的建立与改革

新加坡—剑桥普通教育证书考试是新加坡继小学离校考试后建立的另一个国家教育考试系统，是中学后教育和大学招生工作的重要机制。

19 世纪 90 年代初，英国剑桥大学考试委员会（University of Cambridge Local Examinations Syndicate，UCLES）首次在新加坡面向中学生举行了初级和高级剑桥考试。[③] 中学三年级进行初级剑桥考试，四年级和毕业生参加高级剑桥考试。1939 年以后，由于新加坡中学毕业生在找工作时，对于初级剑桥考试证书的需求不大，这一考试随之取消，但被称作学校证书（School Certificate，SC）考试的高级剑桥考试得到了保留。[④]

在日本占领新加坡之前，新加坡有些中学已有备考剑桥考试的教育。剑桥考试的进入，使新加坡英文学校的教育水平得到了显著提高，而完全基于剑桥考试的中学课程也成为进入莱佛士学院和获得奖学金前往英

---

① Ministry of Education，Singapore. PSLE Scoring. [2020-02-27]. 见 https：//www.moe.gov. sg/microsites/psle/PSLE%20Scoring/psle-scoring.html.

② Singapore Examinations and Assessment Board. iPSLE. [2020-02-27]. 见 https：//www. seab.gov.sg/home/services/ipsle.

③ Tan，Y. K.，Chow，H. K.，& Goh，C. *Examinations in Singapore：Change and continuity*，（*1891—2007*）. Singapore：World Scientific，2008，pp. 12-14.

④ Singapore Infopedia. General Certificate of Education. [2020-02-22]. 见 https：//eresources. nlb.gov.sg/infopedia/articles/SIP_2016-06-24_110607.html.

国深造的基础。① 在日本占领时期，日本当局在新加坡举行考试。英国在战后恢复对新加坡的殖民统治后，英文中学恢复了教学秩序，同时也恢复了剑桥学校证书考试。考试成绩出色的学生可以升读两年制的第六级教育（Form Six）以获得高中证书（Higher School Certificate，HSC）。② 英文学校将学校证书考试和高中学校证书作为公共考试的做法一直持续到 20 世纪 70 年代。战后数十年来，剑桥考试的广泛使用促使英语成为新加坡国民的主流语言，也确立了英语作为新加坡主要工作语言的地位。③

但除了英文学校，在福建会馆的倡议下，英国殖民政府在 1935 年就对华文学校的小学六年级学生和初中三年级学生举办了首次公共考试。1961 年，新加坡首次举行了面向华文学校学生的学校证书考试，1963 年举办了高中学校证书考试。同在 1963 年，新加坡政府还举办了面向泰米尔文学校学生的学校证书考试，以及面向马来文学校学生的马来亚联邦教育证书（Federation of Malaya Certificate of Education）考试。后者在次年被马来西亚教育证书（Malaysia Certificate of Education）考试取代，到了 1969 年也被学校证书考试取代了。从 1966 年开始，中学后层次的马来文学校学生可以参加高中证书考试。④

但在新加坡逐渐普及学校证书和高中证书考试的同时，英国本国的这一考试却从 20 世纪 50 年代起，被普通教育证书考试所取代。二者最大的区别是普通教育证书考试为单科考试，即通过一门颁发一门的证书，科目通过数是体现学生综合水平的衡量标准；而剑桥的证书考试要求考生必须通过指定数量的科目才能颁发证书。不难理解，普通教育证书考试可以

---

① Tan, Y. K., Chow, H. K., & Goh, C. *Examinations in Singapore：Change and continuity*, (1891—2007). Singapore：World Scientific, 2008, pp. 11, 12, 16, 19.

② Tan, Y. K., Chow, H. K., & Goh, C. *Examinations in Singapore：Change and continuity*, (1891—2007). Singapore：World Scientific, 2008, pp. vii, 44, 63, 64.

③ Tan, Y. K., Chow, H. K., & Goh, C. *Examinations in Singapore：Change and continuity*, (1891—2007). Singapore：World Scientific, 2008, pp. 65, 76, 81.

④ Tan, Y. K., Chow, H. K., & Goh, C. *Examinations in Singapore：Change and continuity*, (1891—2007). Singapore：World Scientific, 2008, pp.78-79.

让更多人受益。所以，普通教育证书考试也很快被引入了新加坡。

新加坡最早（1956 年）是在两所中等技术学校实施普通教育证书课程，四年后这批学生参加了普通教育证书考试。1960 年，新加坡英文中学的公共考试改为学校证书和普通教育证书（普通水准）联合考试。具体而言，对于那些达不到学校证书资格但至少有三门科目合格的学生，则授予普通教育证书（普通水准），而且同样有资格参加高中证书考试。此外，新加坡政府认可这一证书作为申请公务员职位和入学教师培训学院（即现在的国立教育学院）的替代资格。从 1963 年开始，新加坡允许学生单独参加普通教育证书考试，但必须至少有三门通过才颁发证书。然而到 1965 年，新加坡也开始按科目颁发单科普通教育证书。1967 年，新加坡政府宣布计划让四大语种的中学均改为参加普通教育证书考试，以取代学校证书考试。

1971 年起，新加坡教育部与英国剑桥大学考试委员会联合组织的新加坡—剑桥普通教育证书普通水准考试正式取代学校证书考试，成为面向新加坡全体中学毕业生的公共考试，颁发的普通教育普通水准证书是进入高等教育和求职的公认学历。1973 年起，新加坡—剑桥普通教育证书高级水准考试开始取代高中证书考试作为大学入学资格考试，且在两年后面向不同语种学校全面铺开。英国剑桥大学考试委员会主管以英语作为考试语言的科目，以母语作为考试语言的科目则由新加坡教育部主管。两个机构采用统一的评分系统。1978 年《吴庆瑞报告》发布后，新加坡为那些无法获得普通水准证书的中学生建立了次一等的中学教育证书（Certificate of Secondary Education，CSE）。1983 年，中学教育证书更名为新加坡—剑桥普通教育初级水准证书，新加坡于次年举行首次考试。自此，新加坡—剑桥普通教育证书考试建立起了初级水准、普通水准、高级水准三个层次，并构成了新加坡的第二个国家教育考试系统。

随着新加坡的教育系统日益挣脱殖民时期建立起来的英国体系，带有明显英式痕迹的普通教育证书考试变得越来越不匹配新加坡本土的教育发展需要。为了使得国家教育考试能够更加"国家化"，新加坡政府在

2002 年和 2006 年相继宣布将高级水准考试和普通水准考试与英国本国对应的两项考试脱钩。尽管英方的剑桥考核（Cambridge Assessment）（即原来的英国剑桥大学考试委员会）继续承担部分科目的命题和判分工作，但新加坡教育部在制定考试大纲和格式、设定评分标准方面具有了更大的控制权，并且保证考试与新加坡学校的课程体系高度一致。另外，从 2008 年起，为了适应新加坡的中学分流制的需要，初级水准考试又进一步分为学术和工艺两种类型。

如今，新加坡三层、四种普通教育证书考试均每年举行一次，由剑桥考核、新加坡教育部以及新加坡考试与评鉴局三方共同组织。

初级水准工艺型考试是一种技术性质的考试。当前新加坡规定，在主流中学普通工艺班的四年级学生以及有资格报考的私立学校学生，可以报考该考试。考试科目包括三类：第一类是剑桥负责的科目，主要包括英语、数学、科学、艺术、音乐、计算机应用、食品研究、设计与技术、商业技能要义；第二部分为母语科目，包括汉语、马来语和泰米尔语；第三类为工艺教育学院科目，包括移动机器人、智能电气技术与零售运营，这类仅适用于所读学校获准开设这些科目的考生。[①] 学生需要从中选择 5—7 科参加考试，但英语、母语、数学和计算机应用为必选科目。[②] 每科成绩由高到低分为 A、B、C、D 和不合格五个等级。成绩合格的学生将获得证书和相应成绩单。

初级水准学术型考试与初级水准工艺型证书考试相对应，主要面向的是在主流中学普通学术班的四年级学生、有资格报考的私立学校学生。另外，普通工艺班的四年级学生如果有些科目成绩特别优异，也可以选

---

① Singapore Examinations and Assessment Board.N（T）-Level Syllabuses Examined in 2020. [2019-10-10]. 见 https：//www.seab.gov.sg/home/examinations/gce-n（t）-level/n（t）-level-syllabuses-examined-for-school-candidates-2020.

② Singapore Examinations and Assessment Board.2020 Singapore-Cambridge GCE N（T）-, N（A）- & O-Level Examinations Registration Information for SchoolCandidates. [2020-02-28]. 见 https：//www.seab.gov.sg/docs/default-source/schooregistrationinformation/2020_gce_n_and_o_level_examinations_registration_info_for_school_candidates.pdf.

择其中部分科目报考该考试。考试科目包括两类：第一类是剑桥负责的科目，主要包括英语、英美文学、数学、地理、历史、科学、食物和营养学、艺术、设计与技术等；第二类是母语科目，包括汉语、马来语和泰米尔语。[①] 学生需要从中选择5—8科参加考试，但英语、母语、数学、科学和人文为必选科目。[②] 每科成绩由高到低分为1—5和不合格六个等级。成绩合格的学生将获得证书和相应的成绩单。

普通水准考试当前最主要面向主流中学快捷班的四年级学生、普通学术班的五年级学生以及有资格报考的私立学校学生。[③] 另外，普通学术班的四年级学生如果有些科目成绩特别优异，也可以选择其中部分科目报考该考试。考试科目包括三类：第一类是剑桥负责的科目，当前有40多种选项，除了初级水准学术考试的那些科目，还有多种外语科目，如西班牙语、日语、法语、德语、阿拉伯语、印尼语等等，以及电子、商业研究、计算机运算、会计原理等；第二类是应用学科，如生物设计、设计研究；第三类是各种难度的母语科目。不同类型的考生需要报考的科目数量不一样，例如快捷班和在四年级未参加过该考试的五年级普通学术班学生参加6—9门，但必考科目都是英语、母语、数学、科学、人文。[④] 每科成绩由高到低分为1—9个等级。其中1、2级又同属A级，3、4级同属B级，5、6级同属C级，此为合格级别；7、8级又分别称D、E级，与

---

① Singapore Examinations and Assessment Board.N（A）-Level Syllabuses Examined in 2020. [2019-10-10]. 见 https：//www.seab.gov.sg/home/examinations/gce-n（a）-level/n（a）-level-syllabuses-examined-for-school-candidates-2020.

② Singapore Examinations and Assessment Board. 2020 Singapore-Cambridge GCE N（T）-, N（A）- & O-Level Examinations Registration Information for SchoolCandidates. [2020-02-28]. 见 https：//www.seab.gov.sg/docs/default-source/schooregistrationinformation/2020_gce_n_and_o_level_examinations_registration_info_for_school_candidates.pdf.

③ Singapore Examinations and Assessment Board.About GCE O-Level. [2019-09-22]. 见 https：//www.seab.gov.sg/home/examinations/gce-o-level/about-gce-o-level.

④ Singapore Examinations and Assessment Board. 2020 Singapore-Cambridge GCE N（T）-, N（A）- & O-Level Examinations Registration Information for SchoolCandidates. [2020-02-28]. 见 https：//www.seab.gov.sg/docs/default-source/schooregistrationinformation/2020_gce_n_and_o_level_examinations_registration_info_for_school_candidates.pdf.

9 级均为不合格级别。成绩合格的学生将获得证书和相应的成绩单。

高级水准考试主要面向的是初级学院或励仁高级中学修学高级水准考试课程的学生，以及有资格报考的私立学校学生。值得一提的是，新加坡的高级水准考试虽然已与英国的高级水准考试脱离关系，但同样受到国际认可，使得新加坡学生凭借这一考试获得的证书既可以用来申请本国的大学，也可以直接用来申请海外的高等教育机构。新加坡的高级水准考试由易到难分为 H1、H2 和 H3 三种等级，但并不是所有科目都设有三级。考试科目分为两大类。第一大类是知识技能（knowledge skills）类科目，包括综合英语测试（General Paper，GP）（H1）、知识与探索（Knowledge and Inquiry，KI）（H2）、专题作业（Project Work，PW）（H1）；第二大类是基于内容（content based）的科目，包括语言、人文与艺术、数学与科学三个子类。其中，知识技能与语言类为必考性质，但阅读与写作、知识与探索可二选一。此外，学生从人文与艺术、数学与科学中至少选择 3 门 H2 难度和 1 门 H1 难度的科目，而且两类均至少要选择 1 门，以保证全面发展。H1、H2 科目的成绩由高到低分为 A、B、C、D、E、S、U 七个等级，前五级表示通过。H3 科目的成绩由高到低分为优异（Distinction）、优等（Merit）、及格（Pass）、不及格（Ungraded）四个等级。[①] 考试每年举办一次，如成绩不理想，可以第二年再考一次，但每名学生最多可考两次，以最高的成绩组合申请。

二、小学招生制度

新加坡小学如今采取注册制。除了新加坡公民，永久居民和国际学生亦可申请。学龄儿童家长综合考虑居住地与学校的距离、学校开设的母语课程、孩子兴趣和学校特色四方面因素，分批次通过网络或到学校登记

---

① Singapore Examinations and Assessment Board. Examination Rules and Regulations For School Candidates. [2020-01-30]. 见 https://www.seab.gov.sg/docs/default-source/schoolexamrulesregulations/2019_gcenoa-level_school_candidates_rules_and_regulations_22022019.pdf.

希望孩子就读的学校。录取结果与报名次序无关，提前登记的申请人并无特别优先权。

第一阶段开放给已有一个孩子在所选学校就读的家庭，并保证获得入学资格。

第二阶段最多，又分 A（1）、A（2）、B、C、C（补充）5 批。

A（1）批次开放给两类家庭：一类是家长曾在所选学校就读，并已注册成为校友会会员；另一类是家长是所选学校的顾问或管理委员会成员。

A（2）批次开放给三类家庭：一是已有一个孩子曾在所选学校学习过；二是家长是所选学校工作人员；三是孩子目前在所选学校的教育部幼儿园上学。

B 批次也面向三类家庭：一是家长是学校的家长志愿者，并在指定日期前完成指定服务时间；二是家长是与学校有直接关系的教会或宗族所认可的成员；三是家长被认可为一个积极的社区领袖。

C 批次面向符合上小学一年级条件但尚未获得学位的学生。

C（补充）批次面向符合上小学一年级条件且经过前面所有批次依旧没有获得学位的学生。

第三阶段面向的是国际学生。

其中，第二阶段一旦报名人数超过学校学位数，优先录取次序由高到低依次为：居住地离学校 1 公里以内的新加坡公民，离学校 1—2 公里的新加坡公民，离学校 2 公里外的新加坡公民，离学校 1 公里以内的永久居民，离学校 1—2 公里的永久居民，离学校 2 公里外的永久居民。当录到最后一类时，教育部将通过电脑摇号进行派位，落选者可选择报名下一批次。举个例子，某校有 80 个学位但有 95 人报名，假设其中 75 人是新加坡公民，那么他们无论家住多远均可以被录取，剩下的 20 位永久居民中假如有 10 人家住学校 1 公里以内，那么余下的 5 个学位将通过摇号从这 10 人中选出录取者，而落选的 5 人以及家住学校 1 公里以外的其余 10 人均无法入读此校。为了确保所有学校在每个阶段都有开放的学位，每个学校要先为 B 批次和 C 批次各预留 20 个名额。A（2）批次结束如果还有名额剩余，则平均分给 B 批次和 C 批次。如果 B 批次结束时仍有空缺，则剩余的名额结转到 C 批次。如果有家庭到第二批次全部结束依旧没有获得学位，那就只能送孩子前往尚未招满的学校就读。①

三、中学招生制度

新加坡的中学如今主要通过"中一学校分配计划"（Secondary 1 Posting）和"中学直接招生计划"（Direct School Admission-Secondary）两种途径招生。前者类似于我国的"统招"，后者属于学校自主招生。

（一）中一学校分配计划

小学离校考试成绩是决定新加坡学生中学录取情况的最重要因素。小学离校考试计分方式改为成就水平后，现规定综合成绩在 30 分及以上的学生具有上中学的资格，综合成绩在 30 分以下的学生的具体分流去向如表 2–1 所示。

表 2–1　改革后的小学离校考试在两种分流制度中的运用

小学离校考试综合成绩	传统分流制	科目编班制
4—20	快捷班	G1
21—22	快捷班或普通学术班	G1/G2
23—24	普通学术班	G2
25	普通学术班或普通工艺班	G2/G3
26—30	普通工艺班	G3

资料来源：MoneySmart.PSLE Changes & Subject Based Banding in Secondary Schools：Will Singaporean Parents Become Less Kiasu？．[2019-08-15]．见 https：//blog.moneysmart.sg/ education/psle-sbb-moe-education-system-reform/.

新加坡每年 11 月下旬公布小学离校考试结果。② 教育部将在学生的

---

① Ministry of Education，Singapore. Primary 1（P1）registration. [2020-02-22]．见 https：// beta.moe.gov.sg/primary/p1-registration/.

② Singapore Examinations and Assessment Board. Result Slips and Examination Certificates. [2019-05-06]．见 https：//www.seab.gov.sg/home/examinations/result-slips-examination-certificates-for-psle-candidates.

小学离校考试成绩单上注明其适合的中学班型或课程类型。对于当前在过渡期依旧实行传统分流制的学校，教育部将按照表 2–1 列出的对应关系根据学生的小学离校考试成绩将他们相应分流至三种班型；在已实行科目编班制的学校，学生在一年级主要根据小学离校考试的综合成绩修学对应级别的课程，但特定学科可以根据该学科的表现选择更高级别课程。在2018—2019 学年，新加坡 98.4% 的小学毕业生通过小学离校考试获得了上中学的资格，66.6% 获得了上快捷班（G1 课程）的资格，20.6% 获得了上普通学术班（G2 课程）的资格，11.2% 获得了上普通工艺班（G3 课程）的资格。[①]

　　除了已经通过中学直接招生计划取得入学资格的学生之外，所有就读于主流小学，并且在参与小学离校考试后具备升上中学资格的学生都可以通过"中一学校分配计划"申请中学。在小学离校考试成绩公布日当天，他们除了收到成绩单，还将收到一个密封的信封，信封内有一份加入个人资料的中一选校表格。家长在帮助孩子选择中学方面起着重要作用。家长在收到孩子的小学离校考试成绩后与孩子讨论，在综合考虑孩子的成绩、兴趣特长，还有学校的课程计划、环境、校风文化、距离等诸多因素后，选择六所优先学校（按优先次序排列）报给教育部。各校不会在录取前预先设定分数线，但会公开前一年度的录取分数范围供学生家长填报志愿时参考。各校首先依据学生小学离校考试成绩由高到低录取。当超过一名分数相同的学生竞争一所中学的最后一个名额时，新加坡公民将被优先录取，其次是永久居民，最后是国际学生；如果学生具有相同的公民身份，则通过电脑摇号决定。另外，教育部宣布从 2021 年起，在多名成绩相同的学生竞争学校最后一个名额时，如果公民身份相同，将按学生志愿顺序录取，如果志愿顺序也相同再采取电脑摇号派位。学生按填报的志愿顺序录取学校，如果第一志愿录取失败，则按第二志愿录取，以此

---

① Singapore Examinations and Assessment Board. SEAB Annual Report 2018/19. [2020-02-27]. 见 https：//www.seab.gov.sg/docs/default-source/publiccommunications/annual-reports/seab_ar18-19_final.pdf.

类推。[①]

（二）中学直接招生计划

除了小学离校考试外，学生也可以根据自身的成就和才能在参加小学离校考试前，通过中学直接招生计划申请中学。通过该途径报考中学的学生仍需要小学离校考试成绩，但当学生通过直接招生计划后，必须承诺就读所选学校，不允许再通过中一学校分配计划进行二次选择学校或转学。一般具有以下特长的小六学生可以申请中学直接招生计划：体育和游戏、文学和表演艺术、辩论和公开演讲、科学和数学、语言和人文、领导力等。[②] 学校通常会在 4 月之前更新相关信息，学生在浏览相关学校和课程信息后，可以在 5—6 月登录中学直接招生计划官网进行免费申请。符合条件的学生在 7—8 月之间参加面试，合格者将在 8 月底收到学校的录取通知并需在 10 月底通过中学直接招生计划官网最多提交 3 个目标院校名单。需要注意的是，通过直接招生计划的学生也只是被有条件地录取，即他们依旧需要参加小学离校考试，而且考试成绩达标才能被相应学校正式录取。换言之，直接招生计划只是保证[③] 目前新加坡国立大学附属数理中学、新加坡科技中学和新加坡艺术学校只通过这一途径招生。[④]

四、中学后招生制度

与中学招生类似，新加坡的中学后教育机构也通过统招和学校自主招生两种途径招生。前者通过"联合招生计划"（Joint Admissions Exercise，JAE），后者主要通过三种提前招生计划。

---

① Ministry of Education，Singapore. Secondary One (S1) Posting. [2019-12-30]. 见 https：//www.moe.gov.sg/microsites/psle/SEC%201%20Posting/sec-1-posting.html.

② Ministry of Education，Singapore. Direct School Admission for secondary schools（DSA-Sec）. [2019-12-30]. 见 https：//beta.moe.gov.sg/secondary/dsa/.

③ Ministry of Education，Singapore. Direct School Admission（DSA-Sec）：Explore school choices. [2020-02-20]. 见 https：//beta.moe.gov.sg/secondary/dsa/explore/.

④ Ministry of Education，Singapore. Direct School Admission（DSA-Sec）：Explore school choices. [2020-02-20]. 见 https：//beta.moe.gov.sg/secondary/dsa/explore/choose-dsa-sec-school/.

（一）联合招生计划

新加坡教育部每年组织一次联合招生计划，以学生的普通水准考试成绩为依据为初级学院、励仁高中、理工学院以及工艺教育学院招生。新加坡公民或新加坡永久居民可凭借任意年份的有效普通水准考试成绩申请，且允许学生挑选任何两年成绩中的高分者拼凑申请；但在新加坡就读的国际学生只能凭借最近一年的普通水准考试成绩申请。

每次普通水准考试成绩公布后，有资格参加联合招生计划的考生将收到一张联合招生计划表。该表第一页将呈现考生在普通水准考试中的各科成绩，并换算出各类中学后教育机构录取时要查看的科目组合总分（见表2–2）。例如初级学院通过联合招生计划招生时，需要依据学生的L1R5成绩，即英语或高级母语成绩与5门相关学科成绩之和；理工学院需要依据学生的ELR2B2成绩，即英语、2门相关学科以及2门其他成绩最佳学科的总分。每种类型学校有最低报名资格要求，例如L1R4总分在20分①及以下才能填报励仁高中。联合招生计划表会注明考生有资格报考的所有学校及课程类型，但这只是代表有资格报考，并不代表一定能够录取。考生拿到联合招生计划表后，需要通过网络系统（JAE Internet System，JAE-IS）或前往教育部用户服务中心提交申请，每人最多可以填报12个志愿，教育部根据学生成绩、志愿顺序及学校学位数开展录取工作。

表 2–2　中学后教育机构录取学生所依据的科目组合

学校类型	初级学院	励仁高中	理工学院	工艺教育学院
科目组合	L1R5	L1R4	ELR2B2	ELB4、ELR1B3 或 ELR2B2
报名资格	20 分及以下	20 分及以下	护理专业文凭项目 28 分及以下，其他均要求 26 分及以下	两年内至少有 5 科合格

注释：EL：英语；L1：英语或高级母语；R：相关科目；B：其他成绩最佳科目（可以是选修性质）。
资料来源：Admission criteria to the institutions. [2020-03-21]. 见 https：//beta.moe.gov.sg/post-secondary/admissions/jae/admission-criteria/.

———————————

① 如前所述，普通水准考试每科成绩由高到低分为 9 级，分数即对应级别，所以分数越低代表成绩越好。

教育部首先依据学生成绩优劣开展录取工作。除了特定的学科组合成绩，学生符合一定条件可以额外"减分"（表 2–3）。比如课外辅助活动成绩为优秀（Excellent）或 A1、A2，学生可以在学科组合分数基础上减去 2 分参与录取。每个学生最多减 4 分，为语言特选课程（Language Elective Programmes，LEP）录取的可额外再减 2 分。① 当某校只剩下一个学位，而此时有 2 名及以上学生并列，则按照新加坡公民、新加坡永久居民、国际学生的优先次序录取。如果依旧不分胜负，则以学科组合成绩（即不考虑减分项目）决定录取。如果依旧相平，则采取电脑摇号抽签。落选者进入下一志愿的录取工作。如果有考生的 12 个志愿均录取失败，则教育部会将其调剂到与其第一志愿同类型且尚有学位的学校（课程）中去。例如某学生第一志愿填报的是某初级学院，如果他所有志愿均未被录取，就自动调剂到其他尚有学位的初级学院。但对于第一志愿填报理工学院课程或高级工教局证书课程的，还必须达到调剂课程的最低录取要求。②

表 2–3　"减分"项目

减分类型	分值
课外辅助活动成绩为优秀（Excellent）或 A1、A2	2
课外辅助活动成绩为良好（Good）或 B3—C6	1
英语和高级母语成绩为 A1—C6（仅适用于申请初级学院或励仁高中）	2
华文或马来文特别课程或印尼文成绩为 A1—C6（仅适用于申请初级学院或励仁高中）	2
初级学院附属学校学生如果将该初级学院作为第一或第一、二报考志愿	2

资料来源：Bonus points for admission. [2020-03-21]. 见 https：//beta.moe.gov.sg/post-secondary/admissions/jae/admission-criteria/.

---

① 这些减分项目主要是在录取时参考，只有理工学院在判定学生是否具有报名资格时会将学生的课外辅助活动减分计算在内，而其他类型学校在判定学生是否具有报名资格时只看特定的学科组合分数。

② Ministry of Education，Singapore. Joint Admissions Exercise 2020 Information Booklet. [2020-03-21]. 见 https：//www.moe.gov.sg/docs/default-source/document/education/admissions/jae/files/booklet.pdf.

（二）自主招生计划

新加坡的中学后教育机构主要有三类提前招生计划：一是"初级学院直接入学计划"（DSA-Junior Colleges），二是"理工学院提前录取计划"（Early Admissions Exercise-Polytechnics），三是"工艺教育学院提前录取计划"（Early Admissions Exercise-Institute of Technical Education）。与中学的招生一样，这些提前招生计划只是为申请者预留学位，属于有条件录取。

1. 初级学院直接入学计划

在体育、课程辅助活动和特定学术领域有特殊才能，但认为无法通过普通水准考试展现的中学生，如有意愿报考初级学院，可在联合招生计划之前，通过初级学院直接入学计划参加提前录取。由于属于学校自主招生，每所学校的招生规程与要求并不完全一样，所以需要学生报考相应学校前先通过学校官网和学校开放日充分了解该校特色及招生计划和具体方案。总体来讲，招生学校一般会要求学生提交展示自己才华和成就的作品集、中学成绩、课程辅助活动记录、个人陈述、推荐信，有些学校也可能还要举行面试、笔试或试验。通过选拔的学生将被有条件录取，接受录取的学生必须在特定时间范围向录取通知发出学校确认接受录取。学生普通水准考试成绩达到统招报考资格，即 L1R5 在 20 分及以下，学校将自动发出最终录取通知。被录取学生将不被允许再参加联合招生计划，除非按程序正式提交申请，放弃已通过直接入学计划获得的录取资格。①

2. 理工学院提前录取计划、联合招生计划、基础教育课程招生计划

理工学院提前录取计划是允许学生在取得普通水准考试成绩或更高的工教局证书平均学分绩点（GPA）之前，申请理工学院的有条件录取。目前新加坡 5 所理工学院均参加了提前录取计划，但每所学校都有自己的选拔标准，主要考查学生是否具有相应的才能和兴趣，考查方式包括提交

---

① Ministry of Education，Singapore. Direct School Admission for junior colleges（DSA-JC）. [2020-03-21]. 见 https：//beta.moe.gov.sg/post-secondary/admissions/dsa/.

作品集、接受面试、参加能力测验等。通过选拔的学生将被相应理工学院有条件录取，并要求在特定时间范围向该校确认接受录取。学生得到正式录取还需要满足以下两个条件之一：一是普通水准考试成绩达到统招报考资格，即 ELR2B2 扣除课外辅助活动减分项后不超过 26 分（护理专业的文凭项目不超过 28 分），并且满足所报课程的特定最低录取要求；二是持有高级工教局证书且平均学分绩点不低于 2.0，或持有工教局证书且平均学分绩点不低于 3.5（持护理专业的工教局证书报考护理专业的文凭项目，平均学分绩点要求不低于 3.0）。符合条件的学生将会自动收到最终录取通知，也意味着将不被允许再参加联合招生计划。按照规定，学生可以同时申请初级学院直接入学计划和理工学院提前录取计划，但只能向一所学校返回接受录取确认信，否则将被取消入学资格。①

另外，理工学院还专门面向中学普通工艺课程班四年级学生建立了"理工学院基础教育课程招生计划"（PFP Admissions Exercise），面向工艺教育学院毕业生建立了"理工学院联合招生计划"（Joint Polytechnic Admissions Exercise，JPAE），本书第六章将对此做进一步介绍。

3. 工艺教育学院提前录取计划

工艺教育学院提前录取计划用以为工艺教育学院的工教局证书课程或高级工教局证书课程招生。三类群体可通过此计划申请工教局证书课程：一是当年将参加初级水准考试或普通水准考试的新加坡公民、永久居民或在新加坡就读的国际学生；二是已持有初级水准证书或普通水准证书的新加坡公民或永久居民；三是有两年以上相关工作经验的新加坡公民或永久居民。② 五类群体可通过此计划申请高级工教局证书课程：一是当年将参加普通水准考试的新加坡公民、永久居民或在新加坡就读的国际学生；二是已持有普通水准证书的新加坡公民或永久居民；三是有两

---

① Ministry of Education，Singapore. EAE-Polytechnics Overview. [2019-11-28]. 见 https：// www.moe.gov.sg/admissions/direct-admissions/eae.

② ITE. What is ITE EAE. [2019-11-11]. 见 https：//www.ite.edu.sg/admissions/full-time-courses/nitec/eae.

年以上相关工作经验的新加坡公民或永久居民；四是当年将毕业的全日制工教局证书课程学生或培训生；五是持工教局证书从事两年以上相关工作的新加坡公民或永久居民。① 与理工学院提前录取计划类似，工艺教育学院提前录取计划也主要考查学生是否具有相应的才能和兴趣，考查方式包括提交作品集、接受面试、参加能力测验等，而且不同课程有不同的录取要求。通过者被有条件录取并需确认接受录取，但达到相应课程特定最低录取要求才能被正式录取，且不能参加之后的联合招生计划。②

另外，工艺教育学院对于申请工教局证书课程的学生，还建立了"联合入学计划"（Joint Intake Exercise，JIE），本书第六章将对此做进一步介绍。

五、大学招生制度

新加坡的大学实行申请入学制，且高校享有录取权。各大学招生办公室负责发布招生要求及申请程序，并组织入学选拔委员会（Admission Selection Committee），依据申请者的学业成绩、面试或能力测试表现及其他方面的特长，基于公开竞争原则确定录取结果。

对于新加坡公民或永久居民而言，他们主要凭借高级水准证书或五所理工学院颁发的文凭申请进入新加坡的大学接受高等教育。我国已有学者对这两种入学途径做了详尽的介绍③，本书不再赘述。此外，如上一节提到的，新加坡学生还可以凭借国际学士学位文凭或新加坡国立大学附属数理中学文凭申请上新加坡的大学。新加坡各大学对凭借国际学士学位文凭申请入学有着不同的录取要求，如新加坡国立大学鼓励申请人提交国际

① ITE. What is ITE EAE. [2019-11-11]. 见 https：//www.ite.edu.sg/admissions/full-time-courses/higher-nitec/eae.
② Ministry of Education，Singapore. ITE Early Admissions Exercise（ITE EAE）. [2019-11-19]. 见 https：//beta.moe.gov.sg/post-secondary/admissions/ite-eae/.
③ 郑若玲等著：《国外高校招生制度研究》，浙江教育出版社 2017 年版，第 323—363 页。

文凭成绩单，根据其学业成就、面试、考试的表现录取。① 新加坡国立大学附属数理中学文凭是该校毕业生进入大学的重要渠道。该文凭不仅为新加坡当地大学所认可，也是这些学生申请海外知名大学的重要依据。②

　　除了本国学生，新加坡的大学还招收大量国际留学生。新加坡不同大学在招收留学生时要求虽不尽相同，但均以申请人的公开竞争和择优挑选为原则，主要考查学生的学业成绩和英语水平两方面。在学业方面，如今有 20 多个国家或地区的大学入学考试成绩或证书资质能普遍得到新加坡各大学的认可。比如南洋理工大学允许中国学生凭高考成绩申请其本科项目，应届高三生则提交高一和高二成绩。③ 由于新加坡的大学以英语作为教学语言，所以对于来自非英语语言国家的申请者，还要求其提供英语语言成绩，如通常要求雅思 6 分以上、托福 90 分以上或其他指定的同等证明。此外，在各类竞赛中取得突出成绩对于留学生申请新加坡大学具有重要价值，如获得国际科学奥林匹克奖牌、国家级奖项等。

第三节　教育行政管理制度

　　新加坡是个城市国家，无省市之分，其教育管理也因此不存在明显的分级行政结构。新加坡的教育行政管理模式，没有照搬英国本土的模式，而是经历了从地方分权制到中央集权制的演变，而在中央集权制的实施过程中又朝着更能发挥其优势、克服其弱势的方向不断改革和发展，即中央集权制与扩大学校自主权相结合。④

---

① NUS. International Baccalaureate（IB）Diploma Admission Requirements. [2020-02-29]. 见 http：//www.nus.edu.sg/oam/apply-to-nus/international-baccalaureate-（ib）-diploma/admissions-requirements.

② NUShigh. NUS High School of Mathematics and Science Information Guide. 2020-02-29. 见 https：//www.nushigh.edu.sg/qql/slot/u90/file/School%20Infopamphlet%202018.pdf.

③ NTU. Undergraduate Intenational Admissions. [2020-02-29]. 见 https：//admissions.ntu.edu.sg/UndergraduateIntnlAdmissions/Pages/InternationalOthers.aspx.

④ 袁锐锷、李阳秀：《新加坡教育行政管理模式探讨》，《比较教育研究》1996 年第 5 期。

一、教育行政机构

新加坡教育部承担了其政府绝大多数的教育行政管理职能。教育部之下不存在地方行政组织。但新加坡政府近年在社会与家庭发展部（Ministry of Social and Family Development，MSF）[①] 之下设立了幼儿培育署，以负责掌管没有被纳入正规教育体系的学前教育。

（一）教育部

自治之初，人民行动党领导的政府面临的是一个内外交困、百废待兴的国家。为了调动全民的积极性，集中国家的人力、物力和财力发展教育，以培养国家建设急需人才，新加坡建立了高度集权的教育行政管理体制。为了改造殖民主义遗留下来的教育结构体系，新加坡政府于1956年在原教育局的基础上，改设教育部，负责教育发展计划和方针政策的制定，统筹各级各类学校的管理。新加坡教育部后来经过多次改组，以使组织机构日趋精干和高效。1981年，新加坡第一副总理兼教育部长宣称"新近改组后的教育部准备实行专业领导"，即大大提高教育部教育管理的专业水平，逐渐由外行领导走向内行领导。1981年2月教育部成立学校委员会，标志着新加坡教育行政管理由中央集权制朝着权力下放的方向迈出了重要的第一步。这个被教育部长称为"大众参与到教育部的管理决策过程的唯一活动"的学校委员会，可以使教育部的决策人员有机会同学校的基层领导进行经常的、自由的对话，基层领导可以更好地了解教育部制定政策的想法和依据，而横向信息和看法交流使学校之间的关系和联系得以加强。[②]

新加坡教育部如今要负责制定并实施教育结构、课程、教学和评估各方面的教育政策，并监督政府资助学校、工艺教育学院、理工学院和大学的管理和发展。[③] 此外，新加坡议会立法规定，全国所有私立学校也

[①] 前身为社区发展、青年与体育部（Ministry of Community Development，Youth and Sports，MCYS）。

[②] 王晓辉：《比较教育政策》，江苏教育出版社2009年版，第375—376页。

[③] Ministry of Education of Singapore. ABOUT US. [2020-01-08]. 见 https：//www.moe.gov.sg/about，

须向教育部注册。由于只存在一级行政，全国大大小小、方方面面的教育事务均需要新加坡教育部管理，所以其内部组织显得庞大和复杂。总体上，新加坡教育部从上至下主要分为政治领导（Political Heads）、高管及各职能部门三层。政治领导层级内部又分两层：上层当前包括两位内阁成员，即教育部长和第二教育部长；之下有一位高级政务部长和两位高级政务次长辅助工作。高管层也分两层：常任秘书长（Permanent Secretary）和第二常任秘书长领导工作；当前下设一位提学司（Director-General of Education）、三位分别分管服务、政策、技能创前程计划的副常任秘书长（Deputy Secretary）以及一位主管内部审计的副主任（Deputy Director），另外提学司还有三位副提学司（Deputy Director-General of Education）分别协助分管课程、学校和教师专业发展工作。①

经过多次改革，新加坡教育部如今有十多个职能部门及十个法定委员会。

1. 提学司管辖的部门

提学司管辖的部门最多、最大。归口课程工作的就有4个：课程规划与开发司（Curriculum Planning & Development）、学生发展课程司（Student Development Curriculum）、课程政策办公室（Curriculum Policy Office）以及教育技术司（Educational Technology）。课程规划与开发司负责学术学科的课程开发，职能包括：（1）设计、审查课程大纲，并监控其实施；（2）推广符合课程意图的教学方法，设计支持期望学习成果的评估模式；（3）设计并负责特殊课程计划，如人文奖学金计划（Humanities Scholarship Programme）、语言选修计划（Language Elective Programmes）、高才教育计划（Gifted Education Programme）和各种学习支持计划；（4）为学校人员开展课程提纲和计划实施培训，制作和审批教学材料；（5）监督学校图书馆，监督各语言中心，就课程相关事宜为学校、其他部处和私

---

① Ministry of Education，Singapore. Organisational Structure. [2020-01-08]. 见 https：//www.moe.gov.sg/about/org-structure.

人出版社提供专业建议。课程规划与开发司职能包括：（1）监督艺术、品格和公民教育、指导、体育、户外和运动教育领域的正式课程和课程辅助活动；（2）与学校、高校、合作伙伴和利益相关者合作设计、审查和修订课程大纲和教学材料；（3）领导学校有效实施整体课程，以增强学生在认知、情感、身体和审美领域的学习；（4）设计、组织和实施国家计划以补充和丰富课程；（5）进行教育研究以优化课程的设计和实施；（6）通过咨询、培训、监督和伙伴关系建设学校能力；（7）识别、发展和认可艺术、品格和公民教育、指导、体育、户外和运动教育领域的学生才能和学校最佳实践；（8）监督课程辅助活动政策的制定、实施和评估。课程政策办公室负责制定和审查国家课程政策，以及促进合理、平衡、方向明确和有效的课程、教学和评估实践，对前两个机构起到指导作用。教育技术司则负责教育信息化工作。

　　归口学校工作的有 2 个部门，即学校司（Schools）和特殊教育需求司（Special Educational Needs）。学校司属于教育部非常核心的部门，包括多个子部门。一是分管地区学校的分支机构。新加坡将全国划分为东、南、西、北四个区，学校司为每个区建立了一个对口部门（Schools Branch North，Schools Branch South，Schools Branch East，Schools Branch West），负责监督区内所有中小学校以及初级学院（励仁高级中学）的管理工作。每个区内的学校被组织成若干校群，每个群设立一名校群主管。如上一章提到的，校群主管由卸任的优秀校长担任。他们将负责发展、指导和监督所辖校群内的各校领导班子，以确保学校有效运行。他们还要确保校群内各校之间建立网络、共享和协作，以提高领导班子的能力和每所学校的质量。校群主管在人事和财务管理中也起着关键作用。他们根据培训需求在校群内培养人员，并负责挖掘具有职业发展潜力的人员。他们确保有效和最佳地利用校群财务资源，以帮助学校实现教育预期成果。二是学校运营政策处（School Operations Policy Branch），负责就各项措施的进度和优先次序、学校计划的协调和推行以及学校政策和治理的监察，提供意见。三是学校企业发展处（Schools Corporate Development Branch）。四是教育领导与卓越学校处（Educational Leadership and School Excellence Branch），分设教育领导中心（Centre for Educational Leadership）和卓越学校中心（Centre for School Excellence）。教育领导与卓越学校处是当前新加坡负责基础教育质量保障工作的重要组织，第四章将具体介绍。特殊教育需求司负责服务主流学校的特殊教育需求学生和特殊教育学校，包括心理服务处（Psychological Services Branch）和特殊教育处（Special Education Branch）。

此外，提学司还负责促进教师专业发展的新加坡教师学院。第七章将对此做具体介绍。

2. 副常任秘书长管辖的部门

归主管政策工作的副常任秘书长管辖的部门有：沟通与参与组（Communications and Engagement Group）、高等教育组（Higher Education Group）、规划司（Planning）以及研究与管理信息司（Research & Management Information）。另外，教育部近年新设立了一个主管技能创前程计划的副常任秘书长，参与高等教育组中的相关工作。归主管服务工作的副常任秘书长管辖的部门有：财务与采购司（Finance & Procurement）、人力资源组（Human Resource Group）、信息技术司（Information Technology）、基础设施与设备服务司（Infrastructure & Facility Services）、学生分配与服务处（Student Placement & Services Division）。

3. 内部审计处（Internal Audit Branch）

内部审计处是教育部内设立的独立分支机构，负责进行财务和运营审计和审查，以确保有效、高效地实施完善的内部控制系统。其职能包括：（1）进行学校审核，以审查和评估学校会计、财务和其他控制措施的健全性、充分性和适用性；（2）进行财务和运营审计，以确定会计和财务记录的完整性和可靠性，并确定内部控制系统在何种程度上确保政府政策、程序、法律和法规得到遵守；（3）按照审计委员会（Audit Committee）的指示进行特别审查；（4）对财务舞弊指控进行调查。

4.法定委员会

除了上述内部工作机构，新加坡教育部还下辖 10 个法定委员会，包括新加坡技能创前程（SkillsFuture Singapore）、新加坡科学中心（Science Centre Singapore）、新加坡考试和评鉴局、新加坡东南亚研究所（ISEAS-Yusof Ishak Institute）以及工艺教育学院和 5 所理工学院。

（二）幼儿培育署

2013 年，新加坡政府决定整合教育部和社会与家庭发展部（Ministry of Social and Family Development，MSF）的学前教育资源，于社会与家庭发展部之下设立幼儿培育署。幼儿培育署作为新的国家学前教育主管部门，由教育部和社会与家庭发展部共同监管但属于自治机构，负责统管新加坡所有面向 6 岁以下儿童的幼儿园、儿童和婴儿保育中心，并促进学前教育工作者的培训和发展，以及开展公众宣传活动。

概括而言，幼儿培育署主要职责包括：第一，对提高学前教育质量标准的各种措施作出监督，包括规章条例、质量保障和学前儿童发展资源供给；第二，促进学前教育专业人员的培训和持续专业发展；第三，就学前教育的基础设施和人力资源作出总体规划；第四，提供补贴和赠款，保障高质量学前教育项目的可负担性，特别是针对低收入和中等收入家庭；第五，进行公众教育和外联活动，提高家长对儿童发展的认识和支持；第六，通过战略伙伴关系和规划提高学前教育的形象和专业水平。① 幼儿培育署针对学前儿童的父母、教育机构运营方以及教育工作者均有相应的业务，如为父母提供有关学前儿童保育和全国幼儿园的全面资料，以及有关学前儿童发展的科学和实践资源；为学前教育机构运营方审批营业执照和提供外部监管，以及提供课程指南等资源；为学前教育专业人员提供培训和认证。②

---

① ECDA. About Us. [2020-02-16]. 见 https://www.ecda.gov.sg/pages/aboutus.aspx.

② ECDA. Our Services. [2020-02-16]. 见 https://www.ecda.gov.sg/pages/ourservices.aspx.

二、教育财政制度

新加坡政府重视对教育的投资，该国教育经费的主要来源是政府的财政拨款。同时，政府在新加坡教育经费的分配、管理与监督方面也扮演着至关重要的主导角色，负责财政预算拨款、教育经费的分配及管理监督。

(一) 教育经费的主要来源渠道

新加坡教育经费主要来源于中央财政拨款及学生缴纳的学费，其中政府的拨款占绝大部分，学费的占比其次，其他经费来源占比很小。就普通学校教育经费而言，新加坡政府投入的经费占所有教育经费总投入的95%，学校只负担5%；政府在高等教育领域投入的经费占比也有80%左右。[①] 新加坡政府承担了教育投入的绝大部分，同时教育投入在新加坡政府总投入中也占据重要地位。教育支出成为新加坡的第二大公共财政支出领域，仅次于国防。政府的教育支出在其财政总支出中占很高的比例，2010年以来，新加坡政府教育支出在财政支出中占比均在15%以上，政府教育支出占国内生产总值的比例也维持在2.5%—3.0%的水平(表2–4)。

表2–4　政府教育支出占财政支出和国内生产总值比例

	2010	2011	2012	2013	2014	2015	2016	2017	2018	2019
占财政支出比例	21.8%	23.1%	21.4%	22.5%	20.5%	17.7%	17.6%	17.3%	16.5%	16.4%
占国内生产总值比例	3.0%	3.0%	2.8%	3.0%	2.8%	2.8%	2.7%	2.6%	2.5%	2.6%

资料来源：根据新加坡政府网站逐年教育财政支出、财政总支出、国内生产总值计算得出。

学生缴纳的学费是新加坡教育经费的重要构成之一。在小学与中学阶段，学生学费因其国籍与就读学校类型而不同。新加坡公民的学费

---

① 曹惠容：《新加坡教育投资政策研究》，中国社会科学出版社2012年版，第48页。

最低，新加坡永久居民、来自东南亚国家联盟（Association of Southeast Asian Nations，以下简称东盟）的国际学生、来自非东盟国家的国际学生的学费依次升高。以公立中学为例，新加坡公民每月的学费为 15—43 新元，新加坡永久居民每月的学费为 270—418 新元，国际学生每月的学费为 670—1438 新元。① 就学校类型而言，公立学校的收费标准最低，私立学校的收费远高于公立学校，如新加坡公民就读于公立学校每月只需交纳 15—43 新元的学费，而就读于私立学校则须交纳 200—600 新元的学费。② 此外，特殊私立学校（specialised independent schools）、特殊学校（specialised schools）也都有各自的收费标准。在高等教育阶段，学费与学生类型、修读专业有直接联系。以南洋理工大学为例，学费由低到高的学生类型分别为新加坡公民、新加坡永久居民、国际学生，会计、商业与计算机等专业方向的学生，其学费也要高于其他专业方向的学生。③

除政府的财政拨款与学费收入外，新加坡教育经费的来源还包括社会群体、企业等其他主体提供的多种类型的资金。新加坡的学校一般设立学校董事会，董事会的成员除了学校的干部、家长外，也包括许多当地的企业家、名流等。学校董事会筹集了大量经费以供学校教育的进步与发展。④ 政府中小学不能从事经营性收费，但可以平衡支出和收入为原则收费举办必要的活动。除学费外，新加坡小学每月还收取杂费，用于学校的运营开支，该项费用的数额标准由教育部确定，且所有类型学生的收费标准一致。⑤ 高等学校可以从事与教育相关的经营性活动，但一般需要另设

---

① Ministry of Education，Singapore．[2020-09-11]．见 https：//beta.moe.gov.sg/secondary/schools/types/.

② Ministry of Education，Singapore．[2020-09-11]．见 https：//beta.moe.gov.sg/secondary/schools/types/.

③ NTU．Fees/ Tuition Grant．[2020-02-11]．见 https：//www.ntu.edu.sg/NSS/NSSFinance/FeesTuitionGrant/Pages/tf_20.aspx.

④ 罗建忠：《中新两国义务教育公用经费的比较》，《武汉市教育科学研究院学报》2007年第 2 期。

⑤ Ministry of Education，Singapore．[2020-09-11]．见 https：//beta.moe.gov.sg/fees-assistance-awards-scholarships/fees/？pt=2020.

机构，这些机构与一般的社会非营利性机构一样，收入归学校支配，享受免税待遇。① 除学费与政府拨款外，高等教育经费的来源还包括社会捐赠、为企业等提供服务而带来的收入、通过设立公积金和吸引外资等形式筹集的教育经费。②

（二）教育经费的分配与使用

每年，新加坡总统府将教育经费通过财政预算拨给教育部后，教育部再确定不同类型教育经费的比例，将发展性经费和经常性经费划拨到每个学校。经常性支出包括人力资源开支、其他经营开支、经营捐赠与转让等款项。③ 在教育领域，经常性支出主要指人员开支，包括教师薪资与对学生学费的补贴等。

表 2–5 所示为新加坡教育部 2014—2018 年共 5 年的政府教育经费支出。从支出类别来看，经常性支出占主要地位，每年的教育经常性支出均在 90% 以上，且 2014—2018 年经常性教育支出在教育经费总支出中所占的比例有逐年上升的趋势，从 2014 年的 92.4% 升至 2018 年的 96.6%。在不同教育阶段中，包括中学及预科教育在内的中等教育阶段和高等教育阶段获得的经常性教育支出最多，分别占据教育经费总支出的 25% 左右，且高等教育阶段的经常性支出在这 5 年呈现逐年递增的态势，在 2016 年和 2018 年甚至超过中等教育阶段的经常性支出投入。小学阶段的经常性支出在这几年同样呈现出上升趋势；其他教育机构这 5 年的经常性教育支出也呈现出明显的增长态势，这些机构包括教育部、特殊教育机构、南洋美术学院、新加坡考试和评估委员会等④；职业教育学院的经常性教育支

① 宋若云：《新加坡教育研究》，经济科学出版社 2013 年版，第 10—11 页。
② 曹惠容：《新加坡教育投资政策研究》，中国社会科学出版社 2012 年版，第 53—58 页。
③ Data.gov.sg. Government Budget and Fiscal Position，Annual. [2020-09-11]. 见 https：//data.gov.sg/dataset/government-fiscal-position-annual? view_id=9f927102-438c-4f30-b273-63c1d774d4f0&resource_id=7b4af397-3e8f-40de-9208-90d168afc810.
④ Department of Statistics Singapore. Government Expenditure on Education. [2020-09-11]. 见 https://www.tablebuilder.singstat.gov.sg/publicfacing/createDataTable.action?refId=15204.

出较为稳定，而在这其中，理工学院的经常性支出在这 5 年有小幅下降，工艺教育学院则有小幅上升。

表 2-5　2014—2018 年政府教育经费支出（万新元）

经费类型	2014	2015	2016	2017	2018
经常性支出	1071245	1123574	1181219	1207954	1264000
小学	226351	245790	256321	273177	289245
中学和初级学院 / 高中	300188	310696	317698	320595	328446
职业教育学院	173925	175084	181060	177669	175997
高等教育	283158	298430	321860	312145	336438
其他	87623	93575	104280	124367	133874
发展性支出	88601	69922	65666	61109	45000

资料来源：Government Expenditure on Education. [2020-09-11]. 见 https：//www.tablebuilder. singstat.gov.sg/publicfacing/createDataTable.action? refId=15204.

　　由于不同教育阶段的学生数量存在很大差异，因此各教育阶段的经费支出总量不能全面反映教育经费的投入与分配重点，需同时结合生均教育经费来看。表 2-6 所示为 2014—2018 年公立教育各阶段生均教育经常性支出。小学阶段的生均教育经常性支出最低，高校学生的生均教育经常性支出最高。2014—2018 年，小学、中学、初级学院 / 高中、工艺教育学院学生的生均经常性支出呈现上升态势，理工学院学生的生均经常性支出具有小幅下降，高校学生的生均经常性支出具有小幅波动，但整体较为稳定。

表 2-6　2014—2018 年公立教育各教育阶段生均教育经常性支出（新元）

生均经常性支出	2014	2015	2016	2017	2018
小学学生	9123	10081	10596	11338	12020
中学学生	12261	13213	13869	14527	15518
初级学院 / 高中学生	14379	15326	16602	17440	17702

续表

生均经常性支出	2014	2015	2016	2017	2018
理工学院学生	15681	16118	13968	14582	14743
工艺教育学院学生	12650	13619	15934	16561	16408
高校学生	22181	21988	21757	21624	22192

资料来源：Government Recurrent Expenditure on Education Per Student. [2020-09-11]. 见 https：// www.tablebuilder.singstat.gov.sg/publicfacing/createDataTable.action？refId=11200.

（三）教育经费管理与监督

在大学前阶段，新加坡教育部负责监管所有由政府资助的小学、中学、初级学院、理工学院、工艺教育学院，并集中管理与调配其教育经费。每年由新加坡教育部提出公立学校经费的核算，并向国会提出当年教育预算的建议。新加坡总理府根据提供的需求情况将教育经费通过财政预算拨给教育部，教育部下属的财政部根据学校需求再将经费划拨给各个学校，学校对该笔费用有自主使用权。[1] 大学阶段的经费划拨方式与大学前阶段相似，同样由大学机构将教育预算提交给教育部，在教育部获得新加坡总统府的教育经费后，依据大学提交的预算向少数几所公立大学划拨经费，大学对获得的经费具有自主使用权，可根据自身需要对经费进行合理配置。而在高校内部，经费分配与使用的依据是各院系提交的预算开支计划。各个院系在每年 3 月份填写下一年度的预算开支计划，交给财务处审批，高校的预算委员会经过讨论批准经费的支出计划，列出下一年度的初步预算，包括人员经常性费用支出、各种项目的收入以及政府资助的项目等具体预算方案，最后由常务校长审批后上交教育部，获得批准后方能执行。[2]

为确保教育经费有效且合理地分配和使用，新加坡设有严格的教育经费管理与监督制度。不仅各级教育机构都配有专门的机构负责，教育部

---

[1]　曹惠容：《新加坡教育投资政策研究》，中国社会科学出版社 2012 年版，第 33—34 页。

[2]　曹惠容、王兵：《新加坡防止贪污高教经费的具体措施及其启示》，《教育财会研究》 2016 年第 1 期。

也下设专门的财政部以及内部审计部负责教育经费的管理与监督。在学校与政府之间也建立起金融体系，即"整体账务和管理系统"（Integrated Financial Accounting and Administrative System）以方便政府与学校之间在学校经费的管理和配置方面进行有效沟通。[①] 同时还采取外部审计和内部审计相结合、第三方机构严格监督等方式，有效地杜绝了挪用教育经费或贪污受贿等不良财政行为。[②]

1. 教育部门内部管理与监督

为确保教育经费的合理分配与使用，教育部内开设专门的财务部和内部审计处进行教育经费的管理和监督。首先是财务部，财务部门主要有以下几个职责：监督与学校、高等教育机构等有关的所有教育部资助政策；制定有关费用、学生资助和财务资助计划的政策；管理教育部年度预算；管理教育部资金、慈善机构和筹款事宜；在教育储蓄计划、学校基金和学生财务服务方面为学校提供优质有效的系统和运营支持；履行教育部的公共资金收集者职能。[③] 内部审计处是教育部内设立的一个独立部门，负责进行财务和业务审计和审查，以确保有效和高效地实施健全的内部控制系统。其主要职责包括：进行学校审计，以审查和评估学校会计、财务和其他控制措施的稳健性、充分性和适用性；进行财务及营运审计，以确定会计及财务纪录的完整性及可靠性，以及确定内部监控制度在多大程度上确保政府的政策、程序、法律及规例得到遵守；按照审计委员会的指示进行特别审查；对有关财务舞弊的指控进行调查。[④]

---

① 曹惠容：《试论新加坡教育投资政策从宏观到微观层面的特点》，《教育财会研究》2008年第2期。

② 熊才平：《区域教育信息化均衡发展的财政投资政策思考》，《中国电化教育》2004年第2期。

③ Ministry of Education，Singapore. Finance and Procurement Division. [2020-09-11]. 见 https://www.moe.gov.sg/about/org-structure/fdd.

④ Ministry of Education，Singapore. Internal Audit Branch. [2020-09-11]. 见 https://www.moe.gov.sg/about/org-structure/iab.

2. 高校内部管理与监督

新加坡高校内部建立的财务管理和监督制度，也有一整套内审与外审相结合的制度和机制，由大学董事会每年请社会机构进行一次外部审计，大学内的审计委员会则自行或委托社会机构进行内部审计，且内外审计的机构不同。① 此外，高校必须定期向财政部、教育部以及每位国会议员提交财务报告，每年必须出版一册年度财务报告以向社会公开财务情况，充分体现其透明度。如新加坡国立大学设有专门的财务处，负责与各部门合作管理财务交易以及学生的费用收取和配置、经济援助支出、提供管理报告等。② 学生财务的使用会经过严格的政策管理，学生在使用资金时需保证使用的透明度及使用价值。学校的财务部门会审查前期活动记录，考虑先前预算与实际使用的对比结果。对于每个项目活动，学生需要设计好预算，并确定如何分配与使用。③ 南洋理工大学实行财务集中管理，学校只设一个财务处，所有经费纳入学校财务管理范围，各院系、部门负责人只有签字才能获得使用权。财务方面的决策和监督机构是财务委员会与审计委员会，分别掌握学校经费开支和经费使用过程中的监督权。两者均由大学董事会批准，邀请专家学者组成，实行人、财、物的决策与执行的分离，而校内的科研管理委员会则对科研经费进行统一分配和管理。在采购方面，南洋理工大学所属各学院有自主决定权，但学校财务处有比较完善的监管制度。

3. 行政管理与监督

教育经费的使用采用透明化管理，政府定期或不定期地对教育经费的分配和使用情况公布于众，以接受社会各界的监督。教育行政机关不仅要对本级政府教育投资的合理分配与有效利用负责，而且还要采用督导的

---

① 孔艳静：《新加坡教育投资政策特点及其启示》，《经济研究导刊》2009 年第 36 期。

② NUS. Student Finance Matters. [2020-09-11]. 见 http：//www.nus.edu.sg/finance/students/student-finance-matters.html.

③ NUS. Guidelines on Budget Management and Budgetary Financial Control. [2020-09-11]. 见 http：//www.nus.edu.sg/finance/doc/students/Guidelines_on_Budget_Management_and_Budgetary_Financial_Control.pdf.

形式对下级政府教育机构教育投资的分配与使用情况进行督查，一旦发现问题需及时处理，以保证经费的有效使用。① 新加坡政府设立干部监督机构，在总理府② 专设一个反贪局，专门查访和处理官员的贪污受贿案。对于教育经费的使用进行严格的管理与监督，一旦犯错将会受到严厉的惩罚，不仅需要离开教育界，对于今后的职业生涯都具有严重的影响。③ 新加坡教育经费的法制化管理切实保证了经费的落实，廉政制度监督贯穿于教育经费使用的各个环节，最大限度地发挥教育经费的最大效用，从而使教育经费的每次使用都可以有效地促进教育的进步与发展。

三、人事制度

新加坡的教师地位高，教师是备受尊崇的职业。所有公立中小学与初级学院的教职工均属于国家公务员，领取政府工资和津贴，并享受与公职人员同等的包括住房在内的所有福利。而且，任何想在教育领域中从事工作的人，都必须进入学校从事教育工作，沿着系主任、副校长和校长这样的阶梯逐步提升。④ 即便是教育部官员也必须从学校的教师队伍中提拔。所以，从学校的教育教学和行政人员至教育部的教育官员，都必须受过专业训练和教育，在教育领域具有丰富的经验。公立中小学与初级学院教师的选拔、考核与晋升制度在第四章基础教育中有详尽介绍，在此不作赘述。

---

① 孔艳静：《新加坡教育投资政策特点及其启示》，《经济研究导刊》2009 年第 36 期。
② Prime Minister's Office，原文译作"总理公署"。
③ 曹惠容、王兵：《新加坡防止贪污高教经费的具体措施及其启示》，《教育财会研究》2016 年第 1 期。
④ 张凤莲：《亚洲四小龙教育制度与管理体制研究》，福建教育出版社 1996 年版，第 138 页。

第三章　新加坡的学前教育

新加坡尽管没有将学前教育纳入正规教育体系，也不算作义务教育，但随着越来越多的研究确证早期儿童发展的重要性，学前教育在新加坡教育、社会和家庭政策议程中占据了越来越重要的地位。本章将从发展历程、教育目标、课程与教学、保障制度四个方面剖析新加坡的学前教育体系。

第一节　发展历程

一、起步阶段

在殖民地时期和国家独立初期，新加坡全社会都不够重视早期儿童教育，学前教育发展缓慢，相关组织的职能主要在于保育与看管儿童。1921年，新加坡中华基督教会郑聘庭、陈令典两位牧师创办了新加坡第一家幼儿园——星洲幼稚园。[①] 接着，崇福幼稚园、南洋幼稚园、建国幼稚园分别在1932年、1934年、1938年相继成立。[②] 在20世纪四五十年代，教会、非营利性组织和私人机构建立了少量幼儿园，但主要是面向中高收入家庭。后来，政党也举办幼儿园，作为服务社区和招募人员的一种手

---

① 杨丽：《新加坡学前幼儿课程体系研究》，硕士学位论文，暨南大学，2011年，第1页。
② 周采：《比较学前教育》，人民教育出版社2010年版，第237页。

段。① 新加坡人民行动党在 20 世纪 60 年代建立了 3 所幼儿园。② 但在 80 年代中期以前，新加坡的幼儿园数量一直很有限。

相比之下，托儿机构在新加坡早年的集体性早期儿童服务中扮演着更主要的角色，尤其是对于中低收入家庭而言。这些机构最初称作 "crèches"，后称作 "Day Care Centres" 或 "Child Care Centres"。③ 新加坡还是英国殖民地的时候，早期儿童服务在很大程度上由英国人决定和影响。第二次世界大战期间，新加坡民间设有收容失散儿童的服务中心，1942 年成立的儿童福利协会（Child Welfare Society）创建了一些托儿机构，但随着日本占领新加坡而遭到破坏。这些机构旨在为贫困和营养不良的儿童供餐，后演变成主要面向 2—7 岁营养不良儿童的儿童救济中心，之后还接收贫困儿童和 14 岁以下的未上学儿童。1945 年，随着日本的无条件投降，英国恢复对新加坡的殖民统治。次年，英国政府成立社会福利部（Social Welfare Department）负责处理安置、营养不良和贫困等战后问题，并接管了由儿童福利协会和市议会运营的少数几个儿童保育中心，以为低收入家庭的孩子提供监护服务，使母亲可以工作以补充父亲的收入。费用得到了高额补贴，父母每天只需支付 10 美分。④1949 年，社会福利部成立了新加坡第一个公立儿童保育中心。⑤1955 年，社会福利部管理了 6 个儿童保育中心，到 1964 年增加到 10 个，到 1971 年底增加到 11

① Swee Eng Audrey Lim. "Preschools in Singapore：A Historical Overview". *Early Child Development and Care*，1998，114，p.7.

② Khoo Kim Choo. "The Shaping of Childcare and Preschool Education in Singapore：From Separatism to Collaboration". *International Journal of Child Care and Education Policy*，2010，p.24.

③ UNESCO. *Partnership with non-public actors：Singapore's early childhood policy*. Paris：UNESCO Policy Brief on Early Childhood，2007，p.1.

④ Khoo Kim Choo. "The Shaping of Childcare and Preschool Education in Singapore：From Separatism to Collaboration". *International Journal of Child Care and Education Policy*，2010，pp.24-25.

⑤ UNESCO. *Partnership with non-public actors：Singapore's early childhood policy*. Paris：UNESCO Policy Brief on Early Childhood，2007，p.1.

个。① 新加坡独立后，国家急需大量的劳动力，儿童保育中心在促进妇女加入劳动大军以满足 20 世纪六七十年代劳动密集型产业发展需要方面起到了重要作用。1979 年，新加坡为了节约公共开支，加之秉持"小政府"治理理念，将儿童保育中心的管理工作移交给了非政府组织全国职工总会（National Trades Union Congress，NTUC），儿童保育中心从此在新加坡成为非政府机构。②

二、规范化和普及化阶段

20 世纪 80 年代中后期，新加坡通过两部教育法案结束了长期以来散乱无章的学前教育供给状态。1985 年，新加坡修订《教育法》（*Education Act*），规定所有幼儿园都必须在教育部注册为私立学校。1988 年，新加坡颁布《儿童保育中心法》（*The Child Care Centres Act*），1992 年予以修订，规定由当时的社区发展部（Ministry of Community Development）负责颁发儿童保育中心营业执照，③ 新加坡由此确立了幼儿园与儿童保育中心由两个部门分治的学前教育管理体制。教育部在学前教育方面的责任集中在满足儿童的教育需求上，重点是提高课堂教学质量；而社区发展部的工作重点是提高儿童保育服务的可负担性和可及性。

在加强规范管理的同时，新加坡政府在这一阶段还致力于推动学前教育的普及化和惠民化。1978 年，为了促进说方言的儿童使用英语和汉语交流，以为接受学校教育做好准备，在李光耀总理的提议下，新加坡部分小学试点增设一年学前教育（Pre-Primary Programme）。这一计划因收费低于私立机构且保证学位而广受人民欢迎。1989 年，新加坡政府出

① Swee Eng Audrey Lim. "Preschools in Singapore：A Historical Overview". *Early Child Development and Care*，1998，114，pp.6-7.

② UNESCO. *Partnership with non-public actors：Singapore's early childhood policy*. Paris：UNESCO Policy Brief on Early Childhood，2007，pp.1-2.

③ Sirene May-Yin Lim. Early Childhood Education and Developmentin Singapore//M. Fleer, B. van Oers. International Handbook of Early Childhood Education，Springer International Handbooks of Education. Dordrecht：Springer，2018，p.655.

于控制公共支出的考虑，终止了这一项目。但教育部随后提出将小学教育向下延伸一年，即为 5 岁儿童提供一年的预科课程（Preparatory Year Programme）。① 此外，人民行动党在1986年成立"人民行动党社区基金会"（PAP Community Foundation，PCF），并将普及学前教育作为其重要使命。该基金会迅速成为新加坡最大的幼儿园举办方，在所有选区建立了收费低廉的幼儿园，使得上幼儿园不再是少数人的特权。②1984 年，新加坡全国设有 39 个儿童保育中心，学位 2310 个；到 1994 年，儿童保育中心数量增长到 338 个中心，学位达到 25274 个。③

　　随着学前教育的普及，学前教师教育也开始得到发展。虽然新加坡的学前教育在 20 世纪 60 年代就得到了一定的发展，但直到 1969 年才有公共机构为学前教师提供基本的在职培训。④ 在 70 年代，学前教师接受在职培训时间从 60 小时到 120 小时不等。⑤80 年代中后期出台的《教育法》和《儿童保育法》除了对学前教育机构的注册和管理从法律层面作出严格要求，还规定所有学前教育机构必须有经过充分培训的执照教师，对建立成体系的学前教师教育体系提出了诉求。到 1998 年，全国建立了三级学前教师培训课程，分别是 120 小时的基础课程、210 小时的学前教学中级证书课程和 120 小时的学前管理与行政高级课程。然而，由于培训机构每年只招收有限的学员，许多学前教师仍然得不到培训。为此，义安理工学

---

① Ching Ting Tan. "Enhancing the quality of kindergarten education in Singapore：policies and strategies in the 21st century". *International Journal of Child Care and Education Policy*，2017，11（7），p.4.

② Khoo Kim Choo. "The Shaping of Childcare and Preschool Education in Singapore：From Separatism to Collaboration". *International Journal of Child Care and Education Policy*，2010，p.24.

③ Khoo Kim Choo. *Inter-ministerial collaboration in early childhood training in Singapore*. UNESCO Policy Brief on Early Childhood，2004，p.1.

④ Pamela J. "Sharpe. Aspects of preschool education in Singapore". *Early Child Development and Care*，1998，144（1），p.132.

⑤ Khoo Kim Choo. *Inter-ministerial collaboration in early childhood training in Singapore*. UNESCO Policy Brief on Early Childhood，2004，p.1.

院在 1999 年开设了为期 3 年的全日制学前教育与护理文凭课程。①

三、蓬勃发展阶段

1999 年，为了更好地协调教育部和社区发展部的学前教育政策和措施，新加坡教育部牵头、两部共同参与成立了一个学前指导委员会（Pre-school Education Steering Committee），研究如何在保留私营部门提供学前教育服务的同时，政府通过有步骤地参与"高杠杆领域"（high-leverage areas）来提高新加坡学前教育的质量。在指导委员会的建议下，新加坡政府先后采取了一系列措施，尤其是在师资队伍建设、课程教学改革和治理模式改革方面，新加坡的学前教育也因此迈入了一个新的历史阶段。

（一）推动课程教学改革

2000 年，经咨询学前教育与护理方面的专业人士、一线实践工作者人员以及决策者，新加坡教育部提出了八项"学前教育期望成果"（Desired Outcomes of Pre-school Education，详见本章第二节），突出学前教育在终身学习中的奠基作用，扭转学前教育"小学化"倾向，揭开了新加坡一场史无前例的学前教育课程改革序幕。2003 年，教育部发布《培养幼儿：新加坡幼儿园课程框架》（*Nurturing Early Learners：A Curriculum Framework for Kindergarten in Singapore*，NEL，下文简称《幼儿园课程框架》）。② 《幼儿园课程框架》虽并不是强制性的，但它是新加坡第一个全国认可的学前教育课程框架，首次提出了国家关于优质学前教育和学前教育重点的官方表述，③ 成为新加坡此后所有学前教育机构课程建设的重要

① Ching Ting Tan. "Enhancing the quality of kindergarten education in Singapore：policies and strategies in the 21st century". *International Journal of Child Care and Education Policy*, 2017，11（7），p.6.

② Pre-School Education Unit，Ministry of Education，Singapore. *Nurturing Early Learners：A Curriculum Framework for Kindergartens in Singapore*. Pre-School Education Unit, Ministry of Education，Singapore，2003.

③ Ang，L. Y. L. "Steering debate and initiating dialogue：a review of the Singapore preschool curriculum". *Contemporary Issues in Early Childhood*，2006，7（3），p.205.

纲领。为了更好地支持学前教育从业人员将这一框架付诸操作，教育部在
2008 年面向全国学前教师制定了教学指南，更详细地说明了课程规划过
程，并提供了一些具体的教学案例和建议。①

2012 年，新加坡政府根据新近教育和研究发展，以及学前工作者的
反馈和相关顾问、专家的意见，对《幼儿园课程框架》作出修订，并随后
配套出版了七卷本的教学指南。值得一提的是，此次还增发了一套《培育
幼儿：学前母语课程框架》②（*NEL Framework for Mother Tongue Languages*，
以下简称《母语课程框架》），阐明了学龄前母语教学的愿景、宗旨、学习
目标及指导原则，并分别配套了华文、马来语、泰米尔语三种语言相应的
教学指南，以支持新加坡的双语教育政策。此外，教育部还专门为《幼
儿园课程框架》建立了官网（https：//www.nel.sg/），上传修订后的所有框
架、教学指南电子版以及各种配套教学资源供所有人免费下载。③

在教育部修订《幼儿园课程框架》的同时，社区发展、青年与
体育部④在 2010 年发布《婴幼儿培育框架》（*Early Years Development
Framework*，EYDF），为 3 岁及以下幼儿提出坚实且全面的培育指导。
2017 年，配套的《婴幼儿培育框架教育工作者指南》（*EYDF Educarers'
Guide*）出版。《婴幼儿培育框架》是对面向 4—6 岁儿童的《幼儿园课程
框架》的补充，二者为新加坡从婴儿到幼儿园直至上小学前的整个学前阶
段的教育工作提供了连续的标准和质量指标。⑤（详见本章第三节）

（二）加强师资队伍建设

2001 年，两部联合发布《学前教师培训与认证框架》（*Pre-school*

---

① Ching Ting Tan. "Enhancing the quality of kindergarten education in Singapore：policies and
strategies in the 21st century". *International Journal of Child Care and Education Policy*，
2017，11（7），p.12.

② 新加坡官方译法。

③ NEL. Frameworks and Guidelines. [2020-02-18]. 见 https：//www.nel.sg/resources/
frameworks-and-guidelines.

④ 前身为社区发展部。

⑤ [新加坡] 幼儿培育署：《婴幼儿培育框架》，幼儿培育署 2013 年版，第 5 页。

Education Teacher-Training and Accreditation Framework），规定学前教师的最低职业资格是学前教学证书（需要经过 470 小时的培训），所有校长必须于 2006 年 1 月前完成 1200 小时的双重文凭训练，以取得学前教育教学文凭（700 小时）及学前教育领导文凭（500 小时）。此外，教育部还宣布，到 2008 年 1 月，四分之一的教师必须拥有学前教育教学文凭，所有其他教师必须至少接受过认证培训。两部还联合成立了学前资格认证委员会（Preschool Qualifications Accreditation Committee，PQAC），负责评估和审批学前教育证书和文凭的课程内容、评估方式、培训师资质、培训设施和资源。同时，教育部宣布政府将通过提供年度经常性补贴，协助符合资格的非营利性幼儿园达到规定的教师和校长资格要求。[①] 在出台新的教师培训和资格要求之后，新加坡受过证书和文凭培训的学前教师比例从 2000 年的 31% 增长到 2007 年 3 月的 82%，受过文凭培训的校长比例从 14% 增加到 70%，而私人学前教师培训机构也从 1994 年的 4 家增加到 2000 年的 8 家，2004 年达到 23 家。[②]

2008 年，新加坡进一步提高学前教师准入标准，对新入职者的最低要求由通过 3 门中学毕业考试提高到 5 门，教学资格由证书等级提高至文凭等级。而且，每个机构至少要有 75% 的教师达到新的学术和专业资格要求。[③] 据统计，在 2006 年至 2010 年期间，新加坡幼儿园受过文凭培训或正在接受文凭培训的教师比例从 58% 增至 85.5%，儿童保育中心由 46% 增至 70%。2006 年，新加坡全国不到 20% 的学前机构能达到教师学

① Tan Ching Ting. "Policy Developments in Pre-School Education in Singapore：A Focus on the Key Reforms of Kindergarten Education". *International Journal of Child Care and Education Policy*，2007，1（1），p.40.

② Zulkifli，M. *FY 2007 Committee of supply debate：8th reply by Senior Parliamentary Secretary Mr Masagos Zulkifli on pre-school education.* Singapore：Ministry of Education，2007.

③ Ching Ting Tan. "Enhancing the quality of kindergarten education in Singapore：policies and strategies in the 21st century". *International Journal of Child Care and Education Policy*，2017，11（7），p.7.

术和专业资格方面的新要求，而 2010 年有 77.4% 的幼儿园和 69.6% 的儿童保育中心达标。[1] 到 2012 年 3 月，受过文凭培训或正在接受文凭培训的学前教师比例已经达到 90% 左右。[2]

（三）改革治理模式

一是建立学前教育机构评估制度和框架，鼓励学前教育机构加强自我监察，从而不断改善服务质量。2003 年，教育部开发并推出了一套名为"幼儿园追求卓越"（Pursuing Excellence at Kindergartens，PEAK）的自我评估工具。2011 年，新加坡教育部建立"新加坡学前教育认证框架"（Singapore Pre-school Accreditation Framework，SPARK，以下简称"认证框架"），以"幼儿园追求卓越"为基础开发了"质量评定量表"（Quality Rating Scale，QRS），以用于学前教育机构的自评和认证。（详见本章第四节）

二是成立新的国家学前教育主管机构，重构学前教育管理体制。如本书第二章提到的，新加坡政府在 2013 年于社会与家庭发展部之下设立幼儿培育署，作为新的国家学前教育主管部门。2017 年，新加坡议会通过《幼儿发展中心法》，同时废止《儿童保育中心法》，并对其他相关法令做出相应修正。新法将所有提供或将要提供早期儿童发展服务的场所统称"早期儿童发展中心"，并规定今后所有早期儿童发展中心均须由幼儿培育署据该法颁发执照方可营业，[3] 从法律层面将此前分散于两部的学前教育机构管理权统一收归幼儿培育署。幼儿培育署的成立和《幼儿发展中心

---

[1] Zulkifli, M. *FY 2011 Committee of supply debate*：*4th reply by Mr Masagos Zulkifli BMM, Minister of State for Education and Home Affairs, on strengthening education for all*. Singapore：Ministry of Education，2011.

[2] Wong, L. *FY2012 Committee of supply debate*：*speech by Mr Lawrence Wong, Minister of State for Education, on better pre-schools, stronger tertiary institutions, more education opportunities for all*. Singapore：Ministry of Education，2012.

[3] Singapore Statutes Online. Early Childhood Development Centres Act 2017. [2020-02-16]. 见 https：//sso.agc.gov.sg/Acts-Supp/19-2017/Published/20170511？DocDate=20170511#pr2-.

法》的颁布，带来的不仅是新加坡学前教育管理体制的重构，也意味着新加坡在儿童早期发展方面的理念走向了教育和护理的一体化。

　　三是开办教育部幼儿园。新加坡政府为了集中资源办学校教育，在1993 年停止了从 20 世纪 70 年代末开始试点的小学一年学前课程计划。此后，新加坡政府只负责监管和资助学前教育，而不直接参与办学。① 但无论考虑到费用还是质量，新加坡许多家长都呼吁政府能将学前教育国有化。2013 年，时任教育部长的王瑞杰宣布将在未来三年在政府组屋②核心地带开办 15 所政府幼儿园，即教育部幼儿园（MOE Kindergarten，MK）。③ 政府对于这些幼儿园的办学标准要求与其他民办幼儿园一致，但不需要在幼儿培育署申领执照，而是由教育部直接监督、问责以及雇佣、安排工作人员。④ 教育部幼儿园质量有保障且费用低廉，并最优先录取家住周边 1 公里以内的低收入新加坡籍家庭子女，在促进教育公平方面发挥了作用。此外，教育部幼儿园还通过与其他学前教育机构合作开发教学资源，提炼最佳实践并与其他学前教育机构分享，致力于促进整个学前教育行业的质量提升。由于广受欢迎，教育部幼儿园数量近年来逐步增加，计划到 2022 年要累计开办 43 家，提供约 5800 个学位。⑤

　　除了上面提到的这些举措，新加坡政府还通过为学前教育机构和儿童家庭提供各种形式的财政补助，支持低收入家庭子女接受学前教育。此外，新加坡还建立了一些专项计划，保障有特殊需求的儿童能在学前阶段为接受下一阶段的教育做好准备。例如通过"学习支持项目"（Learning

---

① 人民行动党社区基金会虽由政党设立，但其开办的学前教育机构并不为政府所有。

② 由新加坡建屋发展局承担建筑的公共房屋，多提供给中下阶层及贫穷家庭居住。

③ Heng, S. K. *FY 2013 Committee of supply debate：1st reply by Mr. Heng Swee Keat, Minister for Education：hope-opportunities for all*. Singapore：Ministry of Education，2013.

④ Rebecca Bull，Alfredo Bautista，Hairon Salleh，and Nirmala Karuppiah. *A Case Study of the Singapore Early Childhood Education and Care*. Teachers College Press，2018，p.144.

⑤ Straitstimes. Eight new MOE kindergartens to open in 2022 inside primary schools. [2019-11-19]. 见 https://www.straitstimes.com/singapore/education/eight-new-moe-kindergartens-to-open-in-2022-inside-primary-schools.

Support Programme，LSP）、"阅读语言援助计划"（Focused Language Assistance in Reading，FLAiR）为学前阶段存在英语学习障碍的儿童提供有针对性的帮助。①

总之，进入 21 世纪后，新加坡政府越来越重视学前教育。这不仅仅体现在不断加大对学前教育的监管力度，还表现在对课程开发、教师培训、质量评估等多个领域日益深入的参与，将新加坡的学前教育带向了一个蓬勃发展的阶段。

第二节　教育目标

自 1965 年成为独立国家以来，任人唯贤一直是新加坡的核心治国原则。新加坡的许多家长因此对他们的孩子有很高的学业期望，并努力确保他们的孩子在学业方面能赢在起跑线上。多年来，这种心态导致了一个高度竞争和压力的教育系统，新加坡许多学前教育机构也因此为了小学教育的预备机构，注重训练儿童的读写算技能。但在经历 1999 年的学前教育指导委员会审查后，新加坡教育部在 2000 年提出要重新定位学前教育的目标，认为在学前教育阶段要更着重于培养孩子的求知欲和好奇心，要在传授核心知识和培养创造力之间取得平衡，并且强调学前教育应该为孩子的终身学习做准备，而不仅仅为小学一年级做准备。时任新加坡贸工部政务部长兼教育部政务部长的尚达曼在 2003 年发布《幼儿园课程框架》时言道："我们不应该通过预测和预习小学课程来让孩子们在学前准备上小学。学前教育本身就很重要。"②

---

① Ministry of Education，Singapore. Reading Abilities of Primary One Students. [2020-09-11]. 见 https：//www.moe.gov.sg/news/parliamentary-replies/reading-abilities-of-primary-one-students.

② NAS. Speech by Mr Tharman Shanmugaratnam Senior Minister of State for Trade and Industry & Education for the official launch cum seminar of MOE's pre-school curriculum framework. [2020-02-17]. 见 https：//www.nas.gov.sg/archivesonline/data/pdfdoc/2003012001.htm.

一、学前教育预期成果

2003 年版的《幼儿园课程框架》强调学前教育要为终身学习奠基，基于此就幼儿园的教育目标提出了三个关键点：一是从小培养孩子学会思考（learn to think）和思考学习（think to learn）；二是为孩子的语言技能打下坚实的基础；三是塑造孩子的价值观，让孩子学会与他人互动，了解自己和他人的感受和需要，能对参与新的学习体验感到自信和舒适。这些目标进一步反映为新加坡教育部在 2000 年提出的八项学前教育预期成果，即儿童在完成学前教育后能够：第一，辨别是非对错；第二，愿意与他人分享和轮替；第三，能够与他人进行相处；第四，具有好奇心和探索能力；第五，聆听和表达想法；第六，对自己感到舒适和快乐；第七，发展肢体协调能力，养成健康的生活习惯；第八，爱家人、朋友、老师和学校。①

八项预期成果有意淡化了学前教育在学业方面的要求，强调让儿童在学前阶段建立自信和社交技能，同时具备成为终身学习者所必要的技能、知识和性情。尚达曼就这一价值取向，在演讲中做了如下解释："基本的学术技能，如阅读、写作和数字或数学技能很重要，在学前教育中不可忽视。但它们不应取代幼儿更广泛认知技能的发展，比如提问、开始独立思考、探索和解决谜题的能力。而追求这些目标也不能耽搁儿童在道德、社会、情感和身体发展方面其他同等重要领域的早期发展。"面对家长关心的"幼小衔接"问题，尚达曼认为学前教育需要为小学教育做准备，但这种准备不是通过揠苗助长让儿童在学前阶段提前学习小学课程，而是让儿童在学前阶段培养出好奇心和求知欲，让他们对自己有信心，愿意坚持下去，能够很容易地与老师和同学交流和交朋友，知道什么是等待，懂得与人分享，所以达成八项预期成果才是为学校学习所做的最好

---

① Pre-School Education Unit，Ministry of Education，Singapore. *Nurturing Early Learners：A Curriculum Framework for Kindergartens in Singapore*. Pre-School Education Unit，Ministry of Education，Singapore，2003，p.12.

准备。①

教育部在 2012 年修订《幼儿园课程框架》时将第七项预期成果补充为"发展肢体协调能力，养成健康的生活习惯，参与并享受各类艺术体验"，并将这八项预期成果列为学前阶段的关键阶段成果（The Key Stage Outcomes），与教育部为小学、中学和中学后三个阶段制定的关键阶段成果共同构成一个层层递进的连贯体系，最终指向的都是培养自信的人、自觉的学习者、积极的贡献者以及爱国的公民这一总体目标。② 同期新推出的《婴幼儿培育框架》将 3 岁以下婴幼儿培育的预期成果确立为"让孩子具有安全感和自信"，具体包括三个方面：一是让孩子感受到安全和获得情感连接；二是让孩子变得越来越自信和独立；三是让孩子与培育师的交流能体现尊重、回应和互动。③

为了达到这些期望的成果，2012 年版的《幼儿园课程框架》提出要让儿童通过六大学习领域获得知识和技能，并培养学生六方面的学习品质（learning disposition）。

二、六大领域的学习目标

为了达成八项预期成果，2003 年版的《幼儿园课程框架》为幼儿园教育划定了 6 个学习领域，即：美学与创意表达（Aesthetics and Creative Expression）、发现世界（Environmental Awareness）、语言与读写（Language and literacy）、运动技能发展（Motor Skills Development）、算术

① NAS. Speech by Mr Tharman Shanmugaratnam Senior Minister of State for Trade and Industry & Education for the official launch cum seminar of MOE's pre-school curriculum framework. [2020-02-17]. 见 https://www.nas.gov.sg/archivesonline/data/pdfdoc/2003012001.htm.

② Pre-School Education Unit，Ministry of Education，Singapore. *Nurturing Early Learners：A Curriculum Framework for Kindergartens in Singapore*. Pre-School Education Unit，Ministry of Education，Singapore，2003，p.16.

③ Early Childhood Development Agency. *Early Years Development Framework*. Early Childhood Development Agency，2013，p.18.

(Numeracy）以及自我与社会意识（Self and Social Awareness）。①2012 年版的《幼儿园课程框架》将"环境意识"修订为"发现世界"（Discovery of the World），将"自我与社会意识"修订为"社会与情感发展"（Social and Emotional Development），并为每一个领域设定了学习目标。

（一）美学与创意表达

这一领域的目标侧重于引导幼儿通过美术、音乐和运动来探索、即兴发挥以及表达他们的想象力和思想。《幼儿园课程框架》就这一领域提出了四项具体学习目标：第一，能够享受美术、音乐和运动活动；第二，能够通过美术、音乐和运动来表达思想和情感；第三，能够利用实验和想象创造美术、音乐和运动；第四，分享有关美术、音乐和运动的想法和感受。②

（二）发现世界

这一领域的目标侧重于引导幼儿保持和发展他们的好奇心，使之能基于已有的认知和理解去探索发现，提出自己的解决方案和解释理由，以及培养关心和欣赏环境的意识。《幼儿园课程框架》就这一领域提出了三项具体学习目标：第一，能够对他们生活的世界表现出兴趣；第二，能够通过简单的调查，找出事情发生的原因和原理；第三，能够对周围的世界保持积极的态度。③

（三）语言与读写

这一领域强调培养幼儿的口语和识字能力，以为今后的学习打下坚

---

① Pre-School Education Unit，Ministry of Education，Singapore. *Nurturing Early Learners：A Curriculum Framework for Kindergartens in Singapore*. Pre-School Education Unit，Ministry of Education，Singapore，2003，p.15.

② Ministry of Education，Singapore. *Nurturing Early Learners：A Curriculum for Kindergartens in Singapore：Aesthetics and Creative Expression*. Ministry of Education，Singapore，2013，pp.19-38.

③ Ministry of Education，Singapore. *Nurturing Early Learners：A Curriculum for Kindergartens in Singapore：Discovery of the World*. Ministry of Education，Singapore，2013，pp.19-26.

实的基础。目标侧重于引导幼儿在日常生活中运用语言与他人沟通交流，以及理解印刷材料的意义与表达。《幼儿园课程框架》就这一领域提出了四项具体学习目标：第一，能够聆听信息并享受其乐趣；第二，能够通过讲话表达含义并与他人交流；第三，能够带着理解和享受阅读；第四，能够使用绘图、标记、符号和文字（包括传统拼写和发明拼写）来表达思想和信息。① 另外，《母语课程框架》还专门针对母语学习提出了三项具体目标：第一，对母语学习感兴趣；第二，掌握基础语言能力；第三，对本地文化有初步认识。②

（四）运动技能发展

这一领域的目标侧重于帮助儿童发展影响其身体健康、敏捷性和身体协调性的精细和大肌肉运动技能，并开始了解各种健康和安全措施。《幼儿园课程框架》就这一领域提出了四项具体学习目标：第一，喜欢参加各种体育活动；第二，能够在大肌肉运动任务中表现出控制、协调和平衡；第三，能够在精细运动任务中表现出控制和协调；第四，能够在家庭、学校和公共场所养成健康的习惯和安全意识。③

（五）算术

这一领域的目标侧重于引导幼儿学会匹配相同事物并对不同事物分类，对事物进行配对、排序以及创建简单的重复模型，按顺序数数、识别数字和计算事物数量，识别基本形状并意识到它们与周围人/物之间的空间关系。《幼儿园课程框架》就这一领域提出了三项具体学习目标：第一，能够识别简单的数字模型和关系以便使用，如匹配和排序；第二，能够在日常生活中使用数字；第三，能够在日常生活中识别并使用基本形状和空

---

① Ministry of Education，Singapore. *Nurturing Early Learners*：*A Curriculum for Kindergartens in Singapore*：*Discovery of the World.* Ministry of Education，Singapore，2013，pp.17-30.

② 新加坡教育部：《学前母语课程框架》，新加坡教育部 2014 年版，第 27—33 页。

③ Ministry of Education，Singapore. *Nurturing Early Learners*：*A Curriculum for Kindergartens in Singapore*：*Motor Skills Development.* Ministry of Education，Singapore，2013，pp.23-32.

间概念。①

（六）自我与社会意识

这一领域的目标侧重于引导幼儿以适当的方式管理和表达他们的情绪，与他人建立积极的关系，认识到每个人都是独一无二的并尊重与他们交往的人，在做决定时反思他们的选择。《幼儿园课程框架》就这一领域提出了五项具体学习目标：第一，具有个人身份意识；第二，能够管理自己的情绪和行为；第三，能够尊重多样性；第四，能够与他人沟通、互动并建立关系；第五，能够对他们的行为负责。②

三、培养成为终身学习者所需的学习品质

2012 年版的《幼儿园课程框架》还提出要培养儿童六方面的学习品质，以支持他们成为终身学习者。所谓学习品质指的是儿童面对学习时的态度、行为、习惯等与学习密切相关的基本素质。学习品质并不能孤立存在，教师需要在各学习领域的具体活动、生活和游戏中培养幼儿的学习品质。6 种学习品质英文的开头字母拼在一起是"PRAISE"，分别指的是：坚持（Perseverance）、反思（Reflectiveness）、鉴赏（Appreciation）、创造性（Inventiveness）、好奇心（Sense of Wonder & Curiosity）、专注（Engagement）。③

---

① Ministry of Education, Singapore. *Nurturing Early Learners*: *A Curriculum for Kindergartens in Singapore*: *Numeracy*. Ministry of Education, Singapore, 2013, pp.15-28.

② Ministry of Education, Singapore. *Nurturing Early Learners*: *A Curriculum for Kindergartens in Singapore*: *Social and Emotional Development*. Ministry of Education, Singapore, 2013, pp.11-28.

③ Ministry of Education, Singapore. *Nurturing Early Learners*: *A Curriculum for Kindergartens in Singapore*: *Social and Emotional Development*. Ministry of Education, Singapore, 2013, p.19.

第三节　课程与教学

与中小学不同，新加坡的学前教育长期以来都没有统一的官方课程或标准化的教学大纲。因此，各类学前教育机构可以自由地采用和实施最符合本机构教育理念的课程和教学法，以满足家长的不同偏好和孩子的不同需求，但这也导致整个行业的课程内容和教学标准参差不齐。所以，新加坡进入 21 世纪后，不仅提出了官方的学前教育目标，还先后制定了《幼儿园课程框架》和《婴幼儿培育框架》，鼓励全国各类学前教育机构以之为指引，制定切合学生需要的课程和培育方案，在改善学前教育课程和教学方面奠定了重要的基础。尽管各类学前教育机构依旧可以自主选择自己的课程方案和教学方法来满足儿童及家庭的多样化需要，但幼儿培育署规定，不采用国家课程框架和指南来计划和制定课程和评估的，应出具适当的文档证明其所使用的替代课程框架的适切性。①

一、基本理念

如前所述，新加坡的学前教育在很长一段时间内被认为是为小学教育做准备。因此，许多教育机构倾向于使用说教式的教学方法，让儿童通过重复练习的方法学习学术技能。② 教育部颁布《幼儿园课程框架》，明确反对这一做法，强调学前教育要让儿童在支持性环境中实现整体发展，鼓励通过游戏和互动进行探索和发现。2003 年版的《幼儿园课程框架》提出优质的幼儿园课程应秉持六项基本原则，即：全面的发展和学习方式；综合学习；将儿童视为主动学习者；成人是对儿童学习兴趣的支持者；

---

① Rebecca Bull，Alfredo Bautista，Hairon Salleh，and Nirmala Karuppiah. *A Case Study of the Singapore Early Childhood Education and Care*. Teachers College Press，2018，p. 146.

② Tan Ching Ting. "Policy Developments in Pre-School Education in Singapore：A Focus on the Key Reforms of Kindergarten Education". *International Journal of Child Care and Education Policy*，2007，1（1），p.40.

互动式学习；将游戏作为学习的媒介。① 教育部不要求对学前教育课程进行标准化，但认为这些原则是儿童在年幼时学习和获得自信的关键，而且并不与其他流行的学前课程相抵触，所以依旧能为教育机构设计自己的教育项目和活动提供空间。

2012 年修订后的《幼儿园课程框架》以儿童是活跃的、好奇的和有能力的学习者为核心信念，主要体现了三位心理学家的观点：一是皮亚杰，认为儿童是积极的、有上进心的，而且能够学习；二是维果茨基，重视与同伴和更有知识的引导者的社会交往在儿童学习和发展中的作用；三是杜威，强调需要通过真实的经验来主动学习。基于此，新框架倡导以"iTeach"教学原则指导课程实施：

i 是指综合学习方式（integrated approach to learning）。教师应通过跨学科综合性的教学活动，使儿童获得完整的知识和经验。儿童的学习不分科目，他们需要在一个具有教育意义的学习环境中去发现、观察、询问、探索和亲身体验并从中学习。

T 是指教师是儿童学习的引导者（teachers as facilitators of learning）。教师需要通过了解儿童的兴趣、需要与能力，掌握儿童学习和发展的特点，提供丰富的学习情境和多样化的教学策略，引导和支持儿童学习。

e 是指让儿童在有意义的游戏中学习（engaging children in learning through purposeful play）。游戏能激发儿童积极认识自我和周围的环境。教师应设计有意义的游戏，让儿童在游戏中学习，并不断观察儿童在游戏中的行为表现，引导儿童达成学习目标。

a 是指通过有效互动在真实情境中学习（authentic learning through quality interactions）。儿童需要大量与周围的人（包括朋友、教师、家人和社区成员等）和环境互动的机会。教师需为儿童提供充足的时间和机会与他人交流，并在儿童学习和探索的过程中，与儿童展开对话，让儿童进

① Pre-School Education Unit，Ministry of Education，Singapore. *Nurturing Early Learners*：*A Curriculum Framework for Kindergartens in Singapore*. Pre-School Education Unit，Ministry of Education，Singapore，2003，p.14.

行分享。

c 是指儿童是知识的建构者（children as constructors of knowledge）。儿童通过与学习环境、朋友、教师等的互动认识自己，建构对周围环境的知识。教师需要充分利用"学习周期"的原理，帮助儿童在察觉、探索、掌握、应用这四个学习期中自主建构知识，并继续朝理解和运用知识的目标迈进。

h 是指全面发展（holistic development）。教师需要关注儿童学习与发展的整体性，理解六个学习领域之间的内在关系，帮助儿童综合掌握各领域的知识、技能，并且培养儿童的学习品质。[①]

《婴幼儿培育框架》提出了构建优质婴幼儿培育的三条愿景：婴幼儿充满安全感、自信和健康；婴幼儿参与其中并积极探究；托儿中心、家庭和社区紧密连接。孩子们被视为具有内在动机并且能自我指导，而且有能力通过与社会和物理环境的互动来构建自己知识的个体。这与《幼儿园课程框架》所持的理念是高度一致的。《婴幼儿培育框架》也相应提出了五项指导原则：第一，婴幼儿应与培育师建立安全依恋并发展自信；第二，在安全、健康的环境中，为婴幼儿的全面发展和学习提供文化适宜的发展机会；第三，在与幼儿、家庭合作及个人专业发展中，确保专业标准及道德原则；第四，家庭成为幼儿保育、发展和教育过程中的伙伴；第五，把社区当作家庭和托儿中心的重要支持和资源。[②]

二、课程设计与教学实践

新加坡教育部提出的学前教育预期成果把重点放在培养儿童的积极性格方面，强调让儿童通过接受教育，融入一个强调公民要守法、讲秩序、懂得尊重和体贴他人且勤恳的社会。[③] 为了达到这些期望的成果，

---

① NEL. iTeach Principles. [2020-01-22]. https：//www.nel.moe.edu.sg/teaching-and-learning/iteach-principles.

② 幼儿培育署：《婴幼儿培育框架》，幼儿培育署 2013 年版，第 13—17 页。

③ Rebecca Bull，Alfredo Bautista，Hairon Salleh，and Nirmala Karuppiah. *A Case Study of the Singapore Early Childhood Education and Care*. Teachers College Press，2018，p.108.

2012 年版的《幼儿园课程框架》提倡采用主题教学法，让儿童通过综合的方式学习六大领域课程来获得知识和技能，并培养积极的学习行为和态度。教育部在《幼儿园课程框架》中针对不同学习目标，列出了每个领域儿童应掌握的知识、技能和学习品质，并且为教师提出了观察儿童学习进度的方式方法。此外，各领域的《幼儿园课程框架》教学指南还提供了对应具体教学内容的教学策略建议和实施活动案例，并就如何组织儿童学习环境以及观察和评价儿童的学习进度提出了建议。

以美学与创意表达为例，教育部认为这一领域的学习有利于丰富儿童的表现力、创造力和想象力，帮助他们表达对自己和周围世界的想法和感受，倡导这一领域应关注的是儿童的学习过程和积极的学习体验，而不是最终的学习结果。比如为了实现儿童能够利用实验和想象创造美术、音乐和运动这一学习目标，《幼儿园课程框架》在美术方面列出的课程内容包括让儿童使用多种材料创作美术作品、创建二维和三维的美术作品以及尝试各种各样的印刷工具、技术和媒体设计样式和图案。《幼儿园课程框架》对应列举了一些可以让教师观察儿童学习进度的例子，比如用西米种子、瓶盖、报纸、纸板、塑料等材料构造三维结构，试着用面团、湿淀粉、黏土和沙子等可塑性材料创造美术作品，使用可塑性材料、废弃材料和美术材料来表现观察、想法和想象力，根据刺激创作美术作品（例如，画一幅画来反映情绪，或想象和绘制新场景、人物并唱一首歌）。而在音乐与运动方面，《幼儿园课程框架》列出的课程内容包括：让儿童用打击乐器即兴创作简单节奏来为歌曲伴奏，为歌曲设计动作和歌词，运用想象力以及针对刺激（如音乐、故事）创作声音效果和动作。对应列举的让教师观察儿童学习进度的例子包括：尝试使用嗓音、物体（如撕纸、轻敲锡罐侧面）、身体不同部位（如拍手、咂嘴唇）和打击乐器来创造声音，使用环境中的材料（如积木、勺子、锅碗瓢盆、牛奶罐、水瓶）制作乐器，使用嗓音、物体、身体部位和打击乐器创造不同的音效来伴奏歌曲、故事和韵律，创造行为、动作、节奏来为歌曲或戏剧化故事伴奏，通过更改熟悉的童谣和歌曲的词来创作新歌曲。《幼儿园课程框架》提醒教师，这些例子既不限于年龄，也不详尽，教师可以灵活地根据孩子的能力、兴趣和发展需要提供适当的学习机会。①

关于教学策略，《幼儿园课程框架》对应的教学指南建议教师在美术活动中利用主题、刺激或者为儿童提供各种各样的美术作品和美术材料，让他们集中注意力，并激发他们的美术创造力。以刺激策略为例，教学指南中列举的几个教学案例中，有一个称作"音乐气球美术"。具体活动方案是先让孩子们听一段音乐，让他们谈谈自己的感受和听完这段音乐能想到什么；然后教师给孩子们分发一张画纸和蛋彩画，再次播放音乐并让孩子们在充满水的气球上作画；最后教师通过不同类型的音乐来激发孩子们的想象力并让他们创作艺术作品。对于音乐与运动，教学指南建议的关键策略包括：使用各种音乐、舞蹈和声源，使用韵律、圣歌和歌曲，使用动作和音乐游戏，使用肢体打击和乐器，使用道具，以及让音乐成为日常生活不可或缺的一部分。以使用肢体打击和乐器为例，教学指南中列举的几个教学案例中，有一个称作"肢体打击伴奏"，目的是让儿童对节奏稳定性有一定的理解。具体活动方案是先帮助儿童意识到自己的身体是声源，包括打击身体部位，如拍手、掰手指、拍腿、舌响、跺脚，以及利用嗓音，如哼唱、咆哮和吹口哨；然后教师唱一首熟悉的歌，让儿童想起歌曲的节奏，再由教师指导儿童用肢体打击乐来伴奏，如孩子们可以跟着拍手或者在唱这首歌的时候重复身体发出的一系列声音；最后教师可以把孩子们分成两组来表演这首歌——一组先拍手，另一组在第一组表演完这首歌的第一段后开始拍手，以双方合作的方式加强对节奏和肢体伴奏的认识。②

教学指南还提醒教师，美学与创意表达领域的课程不局限于固定的

---

① 　Ministry of Education，Singapore. *Nurturing Early Learners A Curriculum for Kindergartens in Singapore*. Ministry of Education，Singapore，2012，p.70.

② 　Ministry of Education Singapore. Nurturing Early Learners，A Curriculum for Kindergartens in Singapore：AESTHETICS AND CREATIVE EXPRESSION. [2019-11-20]. 见 https：// www.nel.sg/qql/slot/u143/Resources/Downloadable/pdf/nel-guide/nel-edu-guide-aesthetics-creative-expression.pdf.2013.

活动空间，教师不仅要安排好适当的课程内容，也可以利用课堂内外的资源和空间为儿童创造一个有创造力的环境。教室应该以一种灵活的方式组织起来，可以在孩子的视线范围内展示插图书、艺术印刷品和有趣的手工制品，提供更多熟悉、新颖的材料来激发儿童的兴趣，同时也需注意为一些创造性的活动或集体活动提供开放的空间。教师可以为儿童提供桌子，让他们在小组或个人活动中舒适地进行艺术活动，也可以在户外开展活动，让孩子可以在那里观察和创作与自然环境有关的美术作品，给儿童充足的环境进行探索。此外，教学指南还强调，教师需要对儿童的学习有所观察以评估和反思自己的教学活动。只有观察到儿童的美术、音乐和运动经验，了解儿童的知识、技能、学习品质和对艺术的兴趣，才能确定儿童在艺术方面的学习需求，教师才能够调整教学活动，以为儿童提供合适的学习经验。

再比如 2012 年版《幼儿园课程框架》着重突出的是母语学习，《母语课程框架》提出，教师应注意考虑儿童的兴趣、需要和能力。与家长进行交流，了解儿童的兴趣、需要、能力、生活经历和学习进展，为儿童创造适合其发展的学习活动。其次，教师要设定知识、技能和学习品质的目标。不同年龄有其自己应达到的学习效果，教师可以参考母语课程的三个总目标，再结合儿童的不同学习经历来设定各年级的课程目标。最后，教师也要为儿童营造适宜的学习环境，可以在学前教育中心和教室里儿童触手可及的地方摆放一些与母语相关的材料、信息和资源，也可以注意与儿童进行互动，营造正面和充满关爱的互动环境，同时教师在设计教学活动时要适当地运用常规活动和过渡性活动，充分利用时间和空间，把握教学机会。

在设计母语课程时，《母语课程框架》指出教师应注意三点。首先是要考虑幼儿的兴趣、需要和能力。考虑到家长了解自己的孩子，能提供有关孩子的有用信息，教师可与家长进行交流，了解幼儿的兴趣、需要、能力、生活经历和学习进展。教师可利用这些信息，与家长合作，让家庭活动与课堂教学紧密联系，以促进幼儿的母语学习。

其次是设定知识、技能和学习品质的目标。比如为了实现儿童对本地文化有初步的认知这一学习目标,《母语课程框架》提出的课程内容包括让儿童初步认识传统和习俗,以及与朋友、家人和社区成员进行交流。对于第一部分内容,对应列举的让教师观察儿童学习进度的例子包括:复述、涂画或扮演传统故事中的情节与人物;对故事或儿歌所体现的道德价值观提出看法;询问关于节日的庆祝方式、传统糕点的制作方法等;通过积极参与文化活动和参观本地艺术馆或博物馆,通过传统艺术、音乐和食品了解本地文化;说出本地传统和习俗的一些细节(如庆祝新年的方式)。对于第一部分内容,对应列举的让教师观察儿童学习进度的例子包括:有礼貌地称呼和问候别人;说出自己的日常活动,包括参加家庭聚会、与家人用餐以及郊游的经历;通过简单提问了解家人的背景和兴趣爱好;使用简单词语与他人分享自己的经历(如在幼儿园学到的一首歌或一次参加郊游的经历);把学到的和喜欢的内容告诉家人和朋友;参与由推广本地文化的社区和组织(如民众俱乐部、国家图书馆管理局、国家文物局等)主办的母语活动(如节庆活动、文化演出等)。

最后是要营造适宜的学习环境。《母语课程框架》建议在营造学习环境时应考虑以下三个方面:一是环境因素,教师可在学前教育中心和教室里显眼的位置摆放一些与母语有关的材料、信息和资源,以引起幼儿的兴趣。教师可把配合母语学习需要的语文游戏、图画书及数码资源放置在幼儿触手可及的地方。教师应展示幼儿作品,并及时更新,让幼儿就自己的作品进行思考,并以自己取得的成绩为傲。教师也可在教室里设置"学习区",营造理想的环境让幼儿练习和巩固所学。二是互动因素,幼儿在课堂上会关注教师的一言一行。在一个正面和充满关爱的互动环境中,幼儿会勇于尝试、大胆探索并做出决定。营造这样的母语学习环境能帮助幼儿有信心地用母语和他人沟通。三是时空因素,教师在设计教学活动时应包括常规活动和过渡性活动。当母语学习机会不期而至时,教师应充分利用时间与空间,把握这些教学机会。

就教学评价问题。《母语课程框架》建议教师可以通过以下三步来了解儿童的学习情况。第一步，收集和记录资料。教师可以收集儿童家庭语言背景的资料，并向家长了解儿童在家中使用母语的情况，也可以通过观察课堂活动以及与家长的例常对话获得相关信息。第二步，分析资料以改进教学设计。第三步，编辑和整理资料。教师需将收集到儿童的资料进行整理，并以学习档案的形式呈现儿童的学习和成长情况。第四步，教师要与家长分享信息，这样做便于家长为儿童在家中的学习提供支持。

此外，为了确保母语课程产生积极而深远的影响，《母语课程框架》还倡导建构一个母语学习社群。一方面，要为学前母语教师组织一个专业学习的社群。教师可通过多种途径进行专业学习。除了参加工作坊和讲座外，教师还可通过专业分享、工作实习、同事之间的交流和辅导来学习。学前教育机构可各自营造这样的专业学习氛围，也可携手合作，共同培养教师的专业学习精神。学前教育机构也能利用资讯科技平台促进教师之间的相互学习，并形成良好的学习氛围。此外，教师也可从社区中发掘更多热衷于开发学前母语教学资源的人士，与他们一起开发制作适于幼儿学习与需要的母语教学资源。教学资源共享也能提高母语教师的教学能力，促进其专业发展。另一方面，学前教育机构可通过以下方式加强与家庭和社区的合作：为家长提供如何选择合适的母语书籍和学习资源的信息；举办活动和提供书籍；让课堂母语教学与家庭活动紧密联系；邀请家长分享他们的母族文化或让他们协助简单的课堂活动（如讲故事）；参加与本地文化有关的社区活动；与家长分享鼓励孩子在家使用母语的好处。[①]

2010 年发布《婴幼儿培育框架》也强调通过玩耍和探索来学习，重点是建立积极的互动关系和温暖的培养关系。例如，日常的照料时光被用来培养愉快和充满乐趣的关系，但也被看作是培养孩子语言、认知和社会情感发展的重要机会。除了通过日常护理活动提供学习和发展的机会外，游戏还被视为主要的学习方法，例如感觉游戏和物体游戏、社交游戏和戏

---

① Ministry of Education Singapore. FRAMEWORK FOR MOTHER TONGE LANGUAGE. [2019-11-23]. 见 https：//www.nel.moe.edu.sg/qql/slot/u143/Resources/Downloadable/pdf/nel-framework/nel-framework-for-mtls.pdf.2014.

剧游戏。与《幼儿园课程框架》相比，《婴幼儿培育框架》中的游戏更多是儿童主导的，而受教育者是负责根据儿童的年龄和发展水平提供适当的资源和环境。《婴幼儿培育框架》也更注重安全依恋关系的发展，而不是在特定的学习领域儿童的发展。

最后需要指出的是，由于《幼儿园课程框架》和《婴幼儿培育框架》只是政府的建议，所以蒙台梭利、雷吉欧·艾米利亚和沃尔多夫等其他学前教育方法在新加坡同样流行。① 在此不予赘述。

三、教育部幼儿园课程

新加坡近年来成立的所有教育部幼儿园具有相同的课程体系，但每个幼儿园会根据孩子的需要定制学习活动、教学资源和方法以及教室空间。② 这些课程是由《幼儿园课程框架》的专家组严格按照该框架开发的，因此相当于是该框架的实施典范。③

教育部幼儿园的课程包括两个旗舰项目，分别是"海莱项目"（HI-Light Programme）和针对英语和母语学习的"星光读写项目"（Starlight Literacy Programme）。海莱项目旨在通过一种综合的学习方式，将六大领域的课程进行整合，同时结合各园自己的特点为儿童提供探索、发现和了解周围世界的机会，促进儿童的全面发展。"了解自然"是一个经典的海莱项目活动案例。教师首先在课堂中向儿童展示一些动植物照片，并让孩子们讨论自己之前与自然有关的经历，激起学生的兴趣；接下来，教师引导儿童寻找关于自然保护区的信息（例如关于保护区的海报），并提出有关野外旅行的问题，激发儿童对于话题的好奇心；然后，教师带领儿童去

① Rebecca Bull, Alfredo Bautista, Hairon Salleh, and Nirmala Karuppiah. *A Case Study of the Singapore Early Childhood Education and Care*. Teachers College Press，2018，p.110.
② Ministry of Education，Singapore. Curriculum and programmes. [2020-09-11]. 见 https：// beta.moe.gov.sg/preschool/moe-kindergarten/curriculum/.
③ Youngparents. SPONSORED：ON TO A STRONG START AT MOE KINDERGARTEN. [2019-11-18]. 见 https://www.youngparents.com.sg/sponsored-strong-start-moe-kindergarten/.

自然保护区，让儿童在教师的指导下记录自己对动植物的观察结果，创造互动学习体验；最后，教师引导儿童讨论自己在自然保护区的所看所学，并结合自己记录的结果、照片和视频，构建有关考察自然保护区的"班级故事"，让儿童拓展和反思活动所学。[①]

星光读写项目则使用大图书（big book）、歌曲、韵律和游戏来帮助儿童培养听力、口语和早期识字能力，使其享受英语及其母语，并能够充满信心地沟通，以及了解自己国家和民族的习俗和传统。教育部幼儿园提供三种官方母语的课程，即华文、马来语和泰米尔语，并鼓励华裔、马来裔和印度裔的儿童选择自己的母语。其中，由新加坡教育部编写的大图书是《幼儿园课程框架》的教学资源之一。这套教学资源除了可支持幼儿的双语发展，也体现了非常浓厚的本土特色。目前，教育部幼儿园都在课堂内使用这套教学资源。使用大图书进行教学通常包括五步：第一步导入。教师提问，让幼儿根据自己的生活经验讨论和大图书主题相关的内容。教师也可带领幼儿一边做动作，一边唱一首和大图书主题有关的儿歌。这些活动让幼儿做好准备，同时也接触一些和主题相关的词语或句式。第二步介绍大图书。教师向幼儿介绍大图书的书名、作者和绘图者，利用图画和提问引导幼儿猜测故事，进行互动。第三步讲故事。教师根据大图书的情节发展给儿童讲故事。每一次讲故事，教师应选择着重于故事的不同层面，再从故事中带出当天所要学习的词语或句式。第四步跟读大图书。教师滑读大图书上的文字。教师可先朗读全部或部分故事内容，再让儿童以自己的方式和节奏跟读。第五步开展和大图书有关的活动。教师根据大图书的内容设计一些活动，例如玩游戏、唱儿歌、做手工或角色扮演。[②]

除了海莱项目和星光读写项目，教育部幼儿园的每个学期都是在"奇迹周"（Weeks of Wonder，WoW）项目中结束。一年内，儿童分别用

---

① Ministry of Education，Singapore. HI-Light Programme. [2020-01-07]. 见 https：//beta. moe.gov.sg/preschool/moe-kindergarten/curriculum/hi-light/.

② NEL. 大图书共享阅读 . [2019-11-19]. 见 https：//www.nel.sg/qql/slot/u143/Resources/ BigBooks/Chi/NEL-Big-Book-Chinese-Teaching-Steps.pdf.

英语和母语各完成两个奇迹周项目。在奇迹周项目中，儿童选择自己感兴趣的主题并与小伙伴合作完成项目。奇迹周项目旨在让儿童学习如何自己做决定，培养解决问题、处理问题和调查的能力，学会相互协作，以及学会用英语和他们的母语进行有效的交流。通过参与这些项目，儿童将体验自主学习的乐趣，建立自信，并培养良好的学习品质或积极的学习行为和学习态度。以教育部大众幼儿园（MK@Dazhong）为例，孩子们想知道是否可以在水上盖房子，于是在奇迹周设计了一个"漂浮屋"（Floating houses）项目。教师首先让儿童通过观看视频或书籍、开展课后活动和简单实验等多种渠道，获得有关漂浮屋的各类信息；当儿童发现物体为何漂浮后，教师让他们画出自己心中的漂浮屋；然后，鼓励父母和孩子共同探索利用回收材料建造漂浮屋的简单 3D 模型；模型完成后，教师让儿童测试自己的漂浮屋是否能够漂浮起来，并让他们将观察到的结果进行分享。[①]

第四节　保障制度

从 20 世纪末开始，新加坡政府在学前教育领域，由直接参与办学开始转向强化质量监管。尽管近年来应人民的呼声，政府重新参与学前教育办学，但目前依旧是以民间组织和私人机构为主要办学力量，而政府主要还是着力于加强规范管理和监督。此外，如本章第一节提到的，民办学前教育机构虽然不能普遍得到财政拨款，但新加坡政府日益重视通过财政措施促进入学和提高质量。

一、学前教育机构的质量保障

新加坡政府在 2011 年建立新加坡学前教育认证框架，促进了新加坡

---

① Ministry of Education，Singapore. Weeks of Wonder projects. [2020-09-11]. 见 https：// beta.moe.gov.sg/preschool/moe-kindergarten/curriculum/weeks-of-wonder/.

学前教育质量保障体系的系统化。（图 3-1）认证框架共分成四个层级，第一层级是注册与监管（许可）。这是全国所有提供学前教育服务的机构都必须参加的，旨在确保所有学前教育机构都能够达到起码的办学标准。第二层是自我评估。教育部鼓励学前教育机构每年利用评估框架开展自我评估。第三层是质量评级，学前教育机构可以邀请外部评估专家对自己开展评估。第四层是认证。教育部根据评估结果评定学前教育机构的质量水准，对已经达到高质量标准的机构予以认证。① 后面这三个层级均为自愿性质。

图 3-1　新加坡学前教育认证框架的层级

资料来源：SPARK Framework. [2020-01-07]. 见 https：//www.ecda.gov.sg/sparkinfo/Pages/Framework.aspx.

（一）核心价值观

新加坡学前教育认证框架的核心价值观包括五点，即儿童是关注的焦点（Child our Focus）、有远见的领导力（Leadership with Vision）、有影响力的专业精神（Professionalism with Impact）、目的明确的创新（Innovation with Purpose）以及为了成长的伙伴关系（Partnership for Growth），反映的是这个框架的出发点和目标。②

儿童是关注的焦点：儿童在一个安全的、培养性的环境中发展得最

---

① Early Childhood Development Agency. SPARK Framework. [2020-01-07]. 见 https：//www.ecda.gov.sg/sparkinfo/Pages/Framework.aspx.

② 吴玉剑：《新加坡学前教育认证框架述评》，《世界教育信息》2013 年第 18 期。

好。在这种环境中，学习是经验性的，适合他们的年龄。每个儿童都有不同的能力、学习需求和兴趣。教师具有很强的教学能力和技巧，可以培养每个孩子的全部潜能，为他们提供良好的教育开端。

有远见的领导力：学前教育机构的领导者为他们的机构设定方向和基调。为了应对来自教育部门的挑战，优秀的领导者需要在不断变化的教育环境中保持与时俱进，跟上新的教育趋势和教学方法，并超越眼前的关注和问题。他们的目标应该是激励和引导员工实现他们机构的愿景。

有影响力的专业精神：教师塑造孩子的性格和生活，发现他们的潜力，并在他们成长的过程中培养他们。学前教育机构需要有强烈使命感和优秀教学能力的敬业教师，让儿童有目的地学习。他们应该不断地让儿童参与反思实践，并积极寻求专业成长机会。

目的明确的创新：培养早期学习者需要学前教育机构进行创新和接受变化。改变和改进应该与机构的愿景相一致。保持学前教育项目的适切性，采用创新的教学方法，帮助儿童获得未来所需的知识、技能和品质。

为了成长的伙伴关系：儿童的学习和发展深受家庭成员和社区关系的影响。学前教育机构需要与家长和社会建立紧密的伙伴关系，以促进儿童的全面发展。①

（二）学前教育机构营业执照制度

20世纪80年代末期，新加坡通过两部法律规定全国所有学前教育机构均要在政府部门注册或获得营业执照。后来《幼儿发展中心法》将二权合一，全部交给了新成立的幼儿培育署。所以，第一层次的认证对于教育部幼儿园以外的全国所有学前教育机构而言，都是具有法律强制性的。

《幼儿发展中心法》规定了学前教育机构的最低办学标准，为新加坡学前教育的发展和规范提供了法律保障，也为第一层认证提供了法律依据。根据该法规定，没有记录或记录不佳的学前教育服务提供商在申领办

---

① ECDA. Core Valus. [2020-01-07]. 见 https://www.ecda.gov.sg/sparkinfo/Pages/CoreValues. aspx.

学执照时需缴纳保证金，如果营业过程中违反相关法律法规或达不到办学标准，幼儿培育署有权责罚办学机构，甚至吊销营业执照并收缴保证金。

幼儿培育署发布的《幼儿发展中心设立指南与申请》（*Guide and Application to Set Up an Early Childhood Development Centre*）规定，该署颁发三类学前教育机构营业执照（见表 3–1），营办商必须根据其希望提供的服务类别，列明所申请的执照类别。除了表中列出的服务类型和营业时间，《幼儿发展中心设立指南与申请》对于学前教育机构的每日课程计划表、餐食营养、人员资质和数量（详见本节第三目）、设施设备、行政管理等方方面面均做了细致的规定。①

表 3–1　幼儿培育署颁发的学前教育机构营业执照类型

类型	A 类	B 类	C 类
营业期限	·周一至周五（上午 7 点至晚上 7 点） ·周六（上午 7 点至下午 2 点） 全年每周工作 5½ 天，星期天和公共假期除外	·周一至周五（上午 7 点至晚上 7 点） ·周六（上午 7 点至下午 2 点） 全年每周工作 5½ 天，星期天和公共假期除外	周一到周五根据教育部的学历安排运营，但遵循国际课程和学年的中心除外
营业时间	12 小时及以上	12 小时及以上	6 小时及以下
招收儿童年龄	2—18 个月	18 个月至 7 岁以下	18 个月至 7 岁以下
项目类型	·全日 ·半日 ·可以提供灵活选择（每周至少 12—24 小时，每次 3 小时）	·全日 ·可以提供半日和 / 或灵活选择（每周至少 12 至 24 个小时，每次 3 小时）	半日
大肌肉运动活动空间	不适用	总空间的 1/6（每个孩子 4m²）或 40m²，以较高者为准）	总空间的 1/10（每个孩子 4m²）或 40m²，以较高者为准）

---

① ECDA. *Guide and Application to Set Up an Early Childhood Development Centre* (*Updated on 29 April 2019*). Early Childhood Development Agency，2019，pp.6-30.

续表

类型	A 类	B 类	C 类
项目时间	营业时间	通常是 9 ： 00 到 17 ： 00 ·各中心可根据幼儿培育署的批准，视情况决定项目时间 ·中心需要展示每日计划时间表	除另有说明外（须经总发牌主任批准），项目时间一般与营业时间一致
非项目时间	不适用	到达、离开和休息	不适用

资料来源：Early Childhood Development Agency. Guide and Application to Set Up an Early Childhood Development Centre（Updated on 29 April 2019）. Early Childhood Development Agency，2019，p.4.

在《幼儿发展中心法》颁布之前，儿童保育中心的执照有效期为 6—24 个月，期限结束需申请更新，但幼儿园只需在教育部注册一次。而《幼儿发展中心法》出台后，全国所有学前教育机构的营业执照最长有效期均不超过 36 个月。[1] 当学前教育机构申请换领执照时，幼儿保育署将审查其法规遵守情况、员工资格、持续专业发展、中心管理、儿童身体健康和课程计划等。因此，新加坡政府通过营业执照制度，可以对全国学前教育机构定期开展质量评估与督导，并及时整改甚至关闭不达标的办学机构。

（三）学前教育机构的内外评估与认证

除了强制性的营业执照制度，认证框架还包括自愿性质的内部自我评估和外部评估，以及随后申请幼儿培育署认证。

学前教育机构每年有四次机会可以申请参与认证框架的评估和认证。在正式参评之前，幼儿培育署通过开设工作坊，为参评机构负责人和教师提供免费培训，指导他们先根据"质量评定量表"（Quality Rating Scale，

---

[1]　Singapore Statutes Online. Early Childhood Development Centres Act 2017. [2020-02-16]. 见 https：//sso.agc.gov.sg/Acts-Supp/19-2017/Published/20170511 ？ DocDate=20170511#pr2-.

QRS）开展机构内部自我评估。参评机构还可以通过幼儿培育署的质量保证辅导（Quality Assurance Coaching，QAC）计划，聘请学前领域的专家来指导他们提高质量，以达到认证框架的标准。①

　　质量评定量表是幼儿培育署开发的一套学前教育机构质量评估工具和标准，是认证框架第二层次和第三层次评估的关键部分。该量表最初是由新加坡教育部制定的，面向的是为4—6岁儿童提供学前教育服务的机构。2015年和2017年，幼儿培育署先后两次对量表作出评议和修订，尤其是使之更加关注教学实践。2018年，为了进一步提高整个学前教育的质量，幼儿培育署将量表适用范围扩大到涵盖2个月至3岁儿童的早期学前教育项目。②

　　质量评定量表是以认证框架的"质量评定模型"（Quality Rating Model）为基础开发的。该模型体现了认证框架的基本理念，也是质量评定量表的设计逻辑。模型将机构管理人员的领导力视作质量的驱动力，认为它将带来有效的规划和行政，提高人力和物力资源管理的效率。而这些措施可以营造一个安全的环境，并以有效的教学方法实施引人入胜的课程，进而促成机构实现三大成果，即促进儿童整体发展、培养学生好学品质、提升儿童幸福感。③相应地，领导力、规划和行政、员工管理、幼儿学习环境、幼儿学习和发展、资源、课程和教学法也就成为质量评定量表的重点考察内容。④（见图3-2）

　　第三层次的外部评估由曾在学前教育机构担任过中层管理人员、校长或学校领导的经验丰富的学前教育实践工作者和教育家组建的评议组实

① ECDA. Quality Assurance Coaching. [2020-02-22]. 见 https：//www.ecda.gov.sg/sparkinfo/Pages/Quality-Assurance-Coaching-（QAC）.aspx？group=PreschoolsGroup.

② ECDA. Quality Rating Scale. [2020-01-07]. 见 https：//www.ecda.gov.sg/sparkinfo/Pages/QualityRatingScale.aspx.

③ ECDA. Quality rating model. [2020-01-07]. 见 https：//www.ecda.gov.sg/sparkinfo/Pages/QualityRatingModel.aspx.

④ ECDA. Quality Rating Scale. [2020-01-07]. 见 https：//www.ecda.gov.sg/sparkinfo/Pages/QualityRatingScale.aspx.

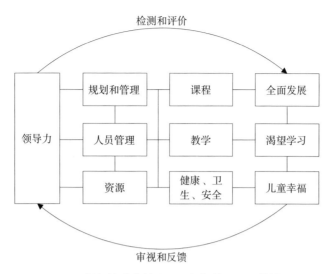

图 3-2　新加坡学前教育认证框架的质量评估模型

资料来源：Quality rating model. [2020-01-07]. 见 https：//www.ecda.gov.sg/sparkinfo/Pages/Quality
RatingModel.aspx.

施。在幼儿培育署的监督下，评估小组根据质量评定对机构作出全面审查，并向机构提供一份报告，说明其优势和需要改进之处。幼儿培育署对于各方面均达到基本标准的教育机构予以认证。最初，认证有效期为3年，自2016年起延长至6年，但幼儿培育署在机构获得认证的第3或第4年将开展中期检查。幼儿培育署随机抽选5%—10%的机构开展全面评估，对于其余的机构则作出半天的发展性回访（Developmental Visits）以作为中期检查，包括参观机构、听课、与机构领导和员工座谈。[①]

　　除了达标性认证，对于有着设计完善和整合的课程以及有效的教学方法，能支持儿童在一个有利于学习的环境中全面发展的优秀机构，幼儿培育署还将为其颁发嘉许状（Commendation）。幼儿培育署鼓励经过认证的中心按照评议组反馈的建议不断改进自我，争取获得嘉许状。[②] 截至2020年2月11日，新加坡全国有914家学前教育机构获得了认证，73家

---

① EDCA. Developmental Visit. [2020-02-22]. 见 https：//www.ecda.gov.sg/sparkinfo/Pages/
DevelopmentalVisit.aspx.

② EDCA. Working towards Commendation. [2019-11-20]. 见 https：//www.ecda.gov.sg/
sparkinfo/Pages/WorkingTowardsCommendation.aspx.

获得了嘉许状。[①]

认证框架的目的是为学前教育机构提供质量基准，以指导他们自己的质量改进工作。但是，该框架也具有一定的问责作用。最典型的例子就是入选主要运营方计划和伙伴运营方计划的机构被要求在给定时间内达到认证标准。对于其他教育机构而言，它们虽然没有义务必须参加认证，但获得认证具有明显的品牌效应，从而影响到招生。[②]

二、教师的培养、资质要求与专业发展

（一）学前教师的培养

新加坡的学前教师培养工作主要由私人培训机构和一些理工学院或政府高等教育机构承担。教育部和社区发展、青年与体育部联合成立的学前资格认证委员会负责监管幼儿中心和幼儿园专业人员培训的标准和质量，并规定了学前教师培养课程的内容。幼儿培育署成立后，取代学前资格认证委员会，负责审批全国所有的学前教师培训课程。从 2014 年 10 月起，所有由私人培训机构开设的学前教师培养课程必须通过新加坡劳动力发展局（Workforce Development Authority，WDA）的劳动力技能资格体系（Workforce Skills Qualifications，WSQ）[③] 的认证。各类学前教师培训机构提供从最基本水平（基础证书）到文凭水平的课程。新加坡理工学院与新跃社科大学开设了学前教育学士学位项目。从 2019 年 1 月起，新加坡教育部设立了国家幼儿培育研究院（National Institute of Early Childhood Development，NIEC），作为全国性的学前教师培训机构，旨在为新加坡幼儿教育工作者提供高质量的培训，并深化他们的专业发展。

学前资格认证委员会和幼儿教育认证委员会（Early Years Accredi-

---

① EDCA. Centres in Numbers. [2019-11-20]. 见 https：//www.ecda.gov.sg/sparkinfo/Pages/IamSPARKCertified.aspx.

② Rebecca Bull，Alfredo Bautista，Hairon Salleh，and Nirmala Karuppiah. *A Case Study of the Singapore Early Childhood Education and Care*. Teachers College Press，2018，p.151.

③ 这是一个国家认证系统，负责培训、开发、评估和认证包括学前教育在内的众多行业的国家劳动力的技能和能力。

tation Committee，EYQAC）为学前教师培训的招生要求和实践、课程管理、课程内容、评估和监管教学实践的模式、师资质量、设施和资源制定了标准。按规定，所有培训机构都必须聘任一名全职学术负责人、一名全职课程协调员，每门课程至少有一名全职核心培训师。学术带头人必须具备教授最高水平课程的资格和经验。培训师和实习主管必须在学前教育领域受过专业培训、有经验和有资格。证书课程的培训师必须具有学前教育或相关领域或其他学科的学士学位，必须具有学前教育文凭级别的专业资格，并且还必须有至少两年的教育经验。实习主管必须至少有一个文凭和至少三年的学前教育经验。对于文凭级别的教学，培训师必须具有硕士或更高学位和两年的学前教育经验。实习主管必须持有学士学位，并有三年的学前教育经验。面向婴幼儿保育工作者的特定课程（如安全、健康、卫生和营养）的培训师还必须具有相关专业知识（如医疗、护理）。

　　幼儿培育署为全日制学生提供各种奖学金，包括全日制课程资助、与学习有关的费用补助、学习津贴和专业发展资金。根据课程的时长和水平，奖项的价值从 11400 新元到 53500 新元（总计）不等。例如，幼儿培育署培训奖（ECDA Training Award）是一项为期三年的大约 29100 新元的补助金，为学生提供全课程赞助，765 新元的学习资源补助金，每月 580 新元的学习津贴，以及每学年 730 新元的 PD 补助金。受资助者每获得一年资助，需要为任意幼教机构提供一年服务。幼儿培育署还为那些有兴趣兼职攻读文凭课程的人提供赞助。学生还可以通过提供给中心的补助金，参加为期 22 周的强化实习计划。此外，政府补贴实习生一半的实习津贴。除了幼儿培育署，教育部也为教师培训提供奖励和在教育部幼儿园实习的机会。学生在参加适当的培训项目时可获得月薪，课程费用由教育部资助，而且学生还可获得与学习相关的费用补助。但培训结束后，这些学生必须在教育部幼儿园服务两年。

　　（二）学前教师的资质要求

　　为了保障高质量的学前教育，幼儿培育署对幼儿园教师的资格做出了具体要求，教师应持有不同职位相应的文凭和教师资格证书才能够上岗或申请更高的职位。学前教师的职业发展路径如图 3–3 所示。

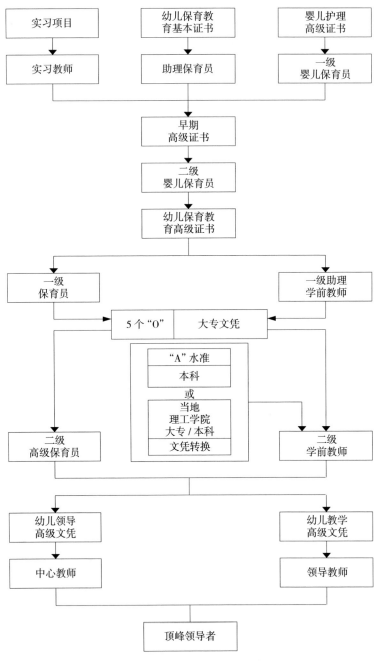

图 3–3　新加坡学前教师职业发展图

资料来源：Early Childhood Development Agency. How to be an educatior. [2020-01-07]. 见 https：// www.ecda.gov.sg/shapeourtomorrow/Pages/HowPage.aspx.

拥有实习项目（Relief Staff Program，RSP）证书的人员可以成为实习教师，负责帮助在职教师日常管理班级。助理保育员必须持有儿童保育教育基础证书（Fundamentals Certificate in Early Childhood Care and Education，FECCE），帮助主要保育员照顾2—18个月的婴幼儿。一级婴儿保育员需要持有婴儿护理高级证书（Higher Certificate in infant Care，HCIC），负责照顾2—18个月的婴幼儿。当这三类人员达到替换准入条件时，即获得早期高级证书（Advanced Certificate in Early Years，ACEY），就有资格成为二级婴儿保育员，负责照顾2个月至3岁的幼儿。当取得3个"O"水准的考试学分和儿童保育教育高级证书（Advanced Certificate in Early Childhood Care and Education，简称ACECCE）时，即可申请成为一级保育员，负责保育18个月至4岁的婴儿童或者申请一级助理学前教师，帮助主班教学管理5—6岁的儿童。新加坡规定只有取得5个"O"水准的考试学分和大专文凭证书才可以成为二级高级保育员，在此基础上如果有大专以上文凭达到"A"水准或当地理工学院的大专或本科的文凭也可以通过文凭转换成为二级学前教师，也就是可以教18个月到6岁的儿童，即所有年级的孩子。之后若持有儿童领导高级文凭（Advanced Diploma in Early Childhood Leadership，简称ADECL）即可成为中心教师，负责行政方面事务，持有儿童教学高级文凭（Advanced Diploma in Early Childhood Teaching& Learning，简称ADECT）即可成为领导教师，负责课程和教学实践方面的组织和安排，达到二者最后可以发展成为顶峰领导者，领导幼儿园各部门的工作。①

（三）学前教师的专业发展

目前，幼儿培育署强烈鼓励所有学前教育专业人员每年至少参加20小时的专业发展，正式和非正式的专业发展活动都得到认可，但参与专业发展并不是新加坡对学前教育专业人员的强制性要求。

---

① ECDA. How to be an educatior. [2020-01-07]. 见 https：//www.ecda.gov.sg/shapeourtomorrow/Pages/HowPage.aspx.

  幼儿培育署自成立以来，与私人培训机构和组织以及特定领域的个别专家培训师进行合作，促进和监督了各种专业发展计划。幼儿培育署通过招标程序任命培训师和培训机构。国家教育学院也为学前教育专业人士提供课程和计划。专业发展的其他提供者包括幼儿教育工作者协会（Association for Early Childhood Educators Singapore，AECES）等专业组织和全国职工总会（National Trade Unions Congress，NTUC）等工会。

  目前，新加坡通过会议、研讨会、课程、讲习班和以中心为基础的专业发展活动等多种措施促进学前教师的在职学习。《幼儿培育署章程》（*ECDA's Prospectus*）中描述的所有专业发展计划都侧重于深化知识和提高教学技能。所有课程都至少与幼儿保育和教育技能框架中的一个技能类别相一致，其中包括全面发展儿童、与家庭和社区合作、建设专业能力以及建设部门和 / 或组织能力。各种在职发展活动内容重点是发展幼儿教师在《幼儿园课程框架》指定的六大学习领域方面的知识和技能。针对一些有经验的在职老师，新加坡也推行了儿童教师的专业发展计划。2015年，新加坡幼儿培育署颁布了《专业发展计划》（*Professional Development Program*，*PDP*），利用幼儿园、学前教师和幼儿培育署之间三方合作的伙伴关系，在 3 年里为教师提供专业发展的机会，提供一些有利于提高专业能力的必修课程、模块化课程、持续专业发展课程和项目，以满足儿童教师专业发展的需求。[①]

  幼儿培育署也非常重视非正式的学前教师发展活动，如专业学习社区、网络学习、非正式讨论、创新教学分享，认为这些模式既能提高教师的学科知识和教学知识，又能为学前教师带来归属感、友情，使之团结。然而，与主流学校不同的是，学前教育机构没有固定时间让老师们聚在一起进行课程或评估问题的计划与讨论，因此这些机会在不同的机构会有很大的不同。

---

① ECDA. PROFESSIONAL DEVELOPMENT PROGRAMME FOR TEACHERS / PDP（T）. [2020-01-08]. 见 https：//www.ecda.gov.sg/Pages/ECDA-PDP（T）.aspx.

　　幼儿培育署作为管理机构，规定了在职专业发展的最低质量标准。为了获得幼儿培育署的资助，高需求的课程需要得到新加坡劳动力发展局的支持和幼儿培育署的批准，估计每年约有 10000 个在职培训机会提供给学前教师。

　　与职前教育一样，新加坡政府也为学前教师的在职专业发展提供大量支持性资助。一般来讲，新加坡学前教师通常只需要为在职培训课程支付不到 20% 的费用。此外，允许其员工参加专业发展培训的学前教育机构可根据新加坡税务局（Inland Revenue Authority of Singapore，IRAS）的生产力和创新信贷计划（Productivity and Innovation Credit Scheme）享受税收减免、现金奖励等优待。此外，新加坡还有许多方式用以促进领导者的发展。例如，技能创前程学习奖（SkillsFuture Study Award）在政府课程费用补贴的基础上额外提供 3500 新元，用于支付学前教师在理工学院学习学前教育领导力课程的费用。

三、财政资助

　　虽然新加坡政府多年来一直将学前教育置于公共教育系统之外，但也一直努力为其提供各种财政资助以提升质量和促进公平。在 2019 年的国庆大会上，李显龙总理宣布，自 2020 年起将进一步加大学前教育补贴力度。①

（一）学前教育机构资助项目

　　2009 年起，新加坡政府建立"主要运营方计划"（Anchor Operator Scheme，AOP），为选定的优质学前教育机构提供资金支持，以增加国民，特别是来自低收入或弱势背景的儿童获得高质量和负担得起的学前护理和教育的机会。入选"主要运营方计划"的学前教育机构需承诺：第一，全日制儿童保育中心月收费不能超过 720 新元②，全日制婴儿保育中心不能

---

①　ECDA. Enhanced Subsidies from January 2020. [2020-04-08]. 见 https：//www.ecda.gov.sg/Pages/Subsidies-and-Financial-Assistance.aspx.

②　不包括商品及服务税，下同。

超过 1275 新元，幼儿园不能超过 160 新元，并确保任何费用的上涨都必须保证家长能负担得起；第二，为改善学前护理和教育质量投资；第三，为学前专业人员提供持续的专业发展和职业发展机会。①

2016 年起，新加坡政府仿照"主要运营方计划"建立了"伙伴运营方计划"（Partner Operator Scheme，POP），入选的学前教育机构需承诺：第一，为新加坡公民而设的全日制儿童保育项目每月收费不超过 800 新元，婴儿保育项目不超过 1400 新元，并确保任何费用的上涨都必须保证家长能负担得起；第二，通过新加坡学前教育认证框架和总部能力投资提高质量；第三，为学前专业人员提供持续的专业发展和职业发展机会。②

新加坡政府 2019 年宣布，到 2025 年，保证全国 80% 的学龄前儿童能够在教育部幼儿园或入选"主要运营方计划""伙伴运营方计划"的学前教育机构就读。③

（二）家庭资助项目

在通过补贴学前教育机构以降低学费的同时，新加坡政府还根据家庭收入为新加坡公民的子女接受学前教育提供不同额度的资助以促进入学。

首先，凡是有子女就读全日制儿童保育项目的新加坡公民家庭每月均可获得 300 新元的基本补助，就读全日制婴儿保育项目的每月可获得 600 新元的基本补助。家庭月总收入不超过 7500 新元或人均收入不超过 1875 新元的双职工家庭，还可根据家庭收入情况获得不同额度的额外补助。（见表 3–2、表 3–3）

---

① ECDA. Anchor Operator Scheme. [2020-04-08]. 见 https：//www.ecda.gov.sg/Parents/Pages/AOP.aspx.

② ECDA. Partner Operator Scheme. [2020-04-08]. 见 https：//www.ecda.gov.sg/Parents/Pages/POP.aspx.

③ ECDA. Enhanced Subsidies from January 2020. [2020-04-08]. 见 https：//www.ecda.gov.sg/Pages/Subsidies-and-Financial-Assistance.aspx.

表 3-2 全日制儿童保育项目补贴（新元）

月家庭总收入	月人均收入	基础补助	额外补助	月最高补助
2500 及以下	625 及以下		440	740
2501—3000	626—750		400	700
3001—3500	751—875		370	670
3501—4000	876—1000	300	310	610
4001—4500	1001—1125		220	520
4501—7500	1126—1875		100	400
7500 以上	1875 以上		0	300

资料来源：Child Care/Infant Care Subsidies/KiFAS. [2020-03-09]. 见 https：//www.msf.gov.sg/
assistance/Pages/Child-Care-Infant-Care-Subsidy.aspx.

表 3-3 全日制婴儿保育项目补贴（新元）

月家庭总收入	月人均收入	基础津贴	额外津贴	月最高补助
2500 及以下	625 及以下		540	1140
2501—3000	626—750		500	1140
3001—3500	751—875		470	1070
3501—4000	876—1000	600	410	1010
4001—4500	1001—1125		320	920
4501—7500	1126—1875		200	800
7500 以上	1875 以上		0	600

资料来源：Child Care/Infant Care Subsidies/KiFAS. [2020-03-09]. 见 https：//www.msf.gov.sg/
assistance/Pages/Child-Care-Infant-Care-Subsidy.aspx.

其次，如果子女就读的是教育部幼儿园或入选主要运营方计划的其他学前教育机构，若家庭月总收入不超过 6000 新元，还可获得幼儿园学费援助计划（Kindergarten Fee Assistance Scheme，KiFAS）的资助。（见表 3-4）

表 3-4　不同家庭收入所获补助百分比（新元）

月家庭总收入	月人均收入	补助费用最高百分比
2500 及以下	625 及以下	99%
2501—3000	626—750	98%
3001—3500	751—875	90%
3501—4000	876—1000	75%
4001—4500	1001—1125	50%
4501—5000	1126—1250	35%
5001—6000	1251—1500	20%

资料来源：KiFAS brochure. [2020-03-11]. 见 https：//www.ecda.gov.sg/Documents/CCLS/Parents/ECDA_KiFAS_brochure.pdf.

从 2020 年 1 月起，政府将增加补贴和 KiFAS 的每月家庭总收入上限提高到 1.2 万新元。据估计，这将使另外 3 万户家庭受益，而目前接受经济状况调查补贴的家庭为 4.1 万户。有三名或三名以上受抚养人的较大家庭可以继续按人均收入来评估其收入，这可能使他们有资格获得较高的经济状况调查津贴。

在学前教育阶段，主要包括幼儿园学费资助计划（Kindergarten Fee Assistance Scheme，KiFAS）、启动补助金（Start Up Grant，SUG）、学生 / 儿童保育服务（Student/Child Care Services）等资助。

月家庭总收入不超过 1900 新元且家中具有在公立幼儿园就读的新加坡公民儿童可获得启动补助金，家长可以申请最高 240 新元的启动补助金。

以下情况有资格获得学生看护补贴：父母每月工作至少 56 个小时（须有文件证明）；月家庭总收入低于 4000 新元（或月人均收入低于 1000 新元）；孩子为 7—14 岁的新加坡公民或永久居民（至少一名直系家庭成员必须是新加坡公民）；孩子正在注册学生托管中心。一旦获得资格，父母将获得每个孩子 400 新元的一次性启动补助金，并根据下表的月家庭总收入或月人均收入获得每月的学生看护补贴。（见表 3-5）

表 3–5　学生看护补贴（新元）

家庭成员少于 4 人	家庭成员有 5 人及以上	月学生看护费用 < $290	月学生看护费用 ≥ $290
月家庭总收入	月人均收入	补助（%）	最多补助（$）
≤ 1500	≤ 375	98	285
1501—2000	376—500	95	275
2001—2200	501—550	90	261
2201—2400	551—600	80	232
2401—2600	601—650	70	203
2601—2800	651—700	60	174
2801—3000	701—750	50	145
3001—3200	751—800	40	116
3201—3400	801—850	30	87
3401—3500	851—875	20	58
3501—4000	876—1000	10	29

资料来源：Student Care Fee Assistance（SCFA）.［2020-03-09］. 见 https：//www.msf.gov.sg/Comcare/Pages/ComCare-Student-Care-Subsidies.aspx.

第四章 新加坡的基础教育

基础教育是一个国家教育体系的基石，是提高国民素质的关键，也是一个民族、一个国家走向强盛的必由之路。新加坡政府高度重视本国的基础教育，政府包揽了所有的基础教育投入，明确了基础教育的决策与规划等，其分流制度、德育教育制度、双语教育制度等，成为新加坡教育的发展特色，也成为新加坡基础教育迅速发展的抓手。

第一节 发展历程

本书第一章已梳理了新加坡教育改革发展的整体历史脉络，其中大部分涉及的都是基础教育，尤其是在殖民地时期。为了避免重复，本节主要勾勒新加坡在获得自治之后，基础教育发展进程中最具历史阶段性的几个时代特征，而不过多涉及同一时期的其他历史细节。

一、从"标准化"到"去标准化"

如第一章提到的，在整个殖民统治时期，新加坡的基础教育都处于非常落后的状态。这导致大量国民既不识字也无一技之长。因此在新加坡于1959年获得自治权后，人民行动党领导的政府立刻将普及基础教育提上日程，以为国家的工业化输送合格劳动力，同时也为民族统一和建立国家认同服务。主要措施包括：一是整合各民族或宗教团体建立的不同学校，建立起统一的学校教育系统，并由政府统一管理和提供资助；二是建造新学校，加大中小学基础设施建设，例如在 1959—1965 年间共建成了 83 座新教学楼；三是实行免费义务教育，并将中学分成两个阶段，前两年为义务教育，进行普通教育，后两年为职业教育，分别进行职业教育、商业教育和技术教育[①]；四是全面推行以英语为主、母语为辅的双语教育政策。

为了普及基础教育，新加坡政府投入大量公共资源。在 1959—1967 年间，新加坡政府每年投在教育方面的财政经费普遍占到国家总财政支出的 20% 以上，最高的时候超过了 30%（见表 4–1），而这其中又过半投向了基础教育阶段。在多方面措施的齐力推动下，新加坡中小学入学规模在这一时期得到迅速增长（见表 4–2）。随着学生人数的上升，得到专业培训的中小学教师人数也大幅增长，从 1959 年的 10590 名增加到 1965 年的 16986 名。[②]

表 4–1　1959—1967 年间新加坡年度教育经费一览表

年份	教育经费（新元）	占国家总财政支出百分比
1959	60008000	23.6%
1960	57100000	23.5%
1961	65841000	17.1%
1962	82307000	23.4%
1963	94644000	15.8%
1964	103358000	31.7%
1965	112806000	28.8%
1966	124076000	23.4%
1967	135051000	22.8%

资料来源：Goh Chor Boon & S. Gopinathan. The Development of Education in Singapore since 1965 [J]. *Asia Education Study Tour*，2006，p.13.

---

① 王小梅：《新加坡基础教育在多元与整合中走向平衡》，硕士学位论文，陕西师范大学，2008 年，第 12—13 页。

② Goh Chor Boon & S. Gopinathan. "The Development of Education in Singapore since 1965". *Asia Education Study Tour*，2006，p.12.

表4–2　1959—1968 年新加坡中小学注册人数表

年份	小学	中学
1959	272254	48723
1960	290576	59314
1961	307.981	67857
1962	324697	72308
1963	341620	84425
1964	353622	99592
1965	362672	114736
1966	370899	132088
1967	373437	144448
1968	379828	150251

资料来源：Goh Chor Boon & S. Gopinathan. "The Development of Education in Singapore since 1965". *Asia Education Study Tour*，2006，p.12.

　　总之，经过十来年以"标准化"为主旋律的多方位基础教育改革，新加坡的基础教育在规模上有了空前的发展，并建立了完整的国民教育系统，适应了 20 世纪六七十年代新加坡的社会经济发展。[1] 但是，这一阶段"以生存为导向"的教育改革模式将教学进度与普通学生的学习水平挂钩，不适合那些高智力学生或学困生的教学需求，因此新建立的高度统一的教育体制，造成了严重的教育浪费，也不利于每个孩子潜能的发展。一项调查显示，当时小学一年级入学 1000 名学生，九年后平均有 206 名学生没有获得任何资质或技能就辍学了；十年后，只有 440 名学生升入中学四年级。[2] 与此同时，新加坡在七八十年代的经济转型对基础教育改革和人才培养方向也提出了新要求。因此，在完成普及工作之后，以 1978 年

[1]　王小梅：《新加坡基础教育在多元与整合中走向平衡》，硕士学位论文，陕西师范大学，2008 年，第 14 页。
[2]　Goh Chor Boon & S. Gopinathan. "The Development of Education in Singapore since 1965". *Asia Education Study Tour*，2006，p.13.

《吴庆瑞报告》为起点，新加坡政府开始了以教育体制改革为重点、教育质量和办学效益的提高为目标的新加坡第二次教育改革。[①] 1979 年，李光耀代表政府，首次就新加坡教育的培养目标作了精辟的阐述——"教育孩子，使他们的潜能最大限度地得到发挥，使他们成为一代优秀的人和有用的公民"，"衡量教育质量的优劣，关键是要看能否培养善于生活、工作、竞争与合作的一代文明公民。"[②]

与第一阶段正好相反的是，第二轮基础教育改革的主旋律是"去标准化"，主要改革涉及以下几个方面：一是教育体制转型，将基础教育由淘汰型向强制型转变，包括废除小学自动升级制度以及在中小学实行分阶段分流制等举措。二是进行课程改革，一方面在继续强调双语教育、道德教育和公民教育的基础上，加强科学、数学和技术教育的国家课程建设，另一方面为天赋异禀的儿童开设精英教育计划。1980 年，教育部还成立新加坡课程开发所（Curriculum Development Institute of Singapore，CDIS），主要负责中小学课程开发和教材编写。三是加强教育监测。各中小学必须接受教育部研究与测试处（Ministry of Education's Research and Testing Division）开展的常规学生测评。教育部还引进了新的学校评估制度，包括自我评估和外部评估两部分。自我评估是由校长和主要教师负责，外部评估由督学执行，并吸收有关的专家参与。外部评估小组的结果及推荐意见以报告的形式传递给学校，学校在此基础上采取相应的对策，并制定行动计划。

在这一阶段，新加坡政府用于基础教育阶段的经常性经费支出稳定增长，1991 年，每名小学生的经常性经费为 2013 新元，中学生为 2843 新元；到 2005 年，每名小学生的经常性经费达到 3541 新元，中学生为 5390 新元。[③] 此外，如第一章提到的，新加坡政府还从 20 世纪 90 年代开

---

① 　刘雪莲：《新加坡基础教育改革概况》，《文教资料》2007 年第 16 期。

② 　张姗源：《新加坡教育改革发展历程与经验》，《教育管理研究》1995 年第 5 期。

③ 　MoE Singapore. *Education Statistics Digest 2005*，Ministry of Education，Singapore，2004，p.49.

始实施"教育储蓄计划",为新加坡基础教育建立了更加稳定的经费保障。

这一阶段的改革取得了很大成绩,也是新加坡基础教育迈向成熟期的关键阶段。虽然分流制在引入时并不受欢迎,但新加坡学生的辍学率和流失率的确随之显著下降:到 1986 年,只有 6% 的学生受教育年限不足 10 年。提高标准的努力也产生了结果:到 1984 年,小学离校考试的英语和第二语言的总通过率已分别能达到 85.5% 和 98.7%,普通水准会考的英语成绩从之前 60% 的不及格率提高到 90% 的及格率;到 1995 年,新加坡学生的数学和科学成绩在"国际数学与科学趋势研究"(TIMSS)中已居世界领先地位。[1]

二、以培养 21 世纪胜任力为导向的持续改进

作为一个小城市国家,由于自然资源的缺乏,新加坡政府意识到国家未来的可持续发展以及财富的积累,取决于其人民的学习能力,特别是终身学习的能力。同时,亚洲金融危机过后,信息技术全球化的发展迅速,新加坡经济亟待复兴。因此,1997 年,新加坡政府以教育为抓手,提出了建设"思考型学校,学习型国家"(Thinking Schools, Learning Nation, TSLN)的愿景。[2] 自此,新加坡基础教育又开始了新一轮改革,即从"效率驱动"转向"能力驱动"的模式。

这一时期,新加坡政府提高了教育投资的力度,教育部每年用于国家的教育经费占国内生产总值的 5%,特别是中学教育和终身教育是投资的重点。同时,为了加快以能力为导向的教育转型,新加坡政府强调,激励新加坡人不断学习新知识,学习新技能,提高技术素养,培养创新精神、进取心和冒险精神,且又不失道德操守和对社区、国家的承诺。[3] 与

---

[1]　OECD. *Strong Performers and Successful Reformers in Education: Lessons from PISA for the United States*. Paris: OECD Publishing, 2010, p.162.

[2]　Leslie Sharpe & S. Gopinathan. "After Effectiveness: New Directions in the Singapore School System". *Journal of Education Policy*, 2010 (10), pp.151-166.

[3]　S. Gopinathan. "Preparing for the Next Rung: Economic Restructuring and Educational Reform in Singapore". *Journal of Education and Work*, 1999 (12), pp.296-297.

此同时，采取了几项重大举措：其一，强调国民（或公民）教育；其二，改革教师的职业道路；其三，引入协作学习策略，培养学生创造性思维；其四，更多地利用新教学技术，并给予学校更多资源和更大的自主权。本质上讲，以能力为导向的教育具有两个关键特征：第一，人才与其能力的最大发展。以能力为导向的教育的前提是，每个孩子的才能和能力都能完美地结合起来。第二，最大限度地利用人才。其中强调，新加坡的教育中，必须强化民族价值观，让更多的年轻人为国家的发展做出积极的贡献。

其次，1998 年，新加坡教育部制定了《理想的教育成果》教育纲领。在基础教育方面，首先，为了加强中小学的课程改革，新加坡教育部宣布开放教材编印市场，允许私人出版社参与教材的编写，以扩大教材的来源。其次，为了让学生有更多的时间进行协作式的学习，1999 年，时任教育部部长张志贤宣布中小学课程削减 10%—30% 的内容，同时开展各种形式的文体活动。① 值得注意的是，这一时期，新加坡中小学在课程和课外活动开设方面，拥有较高的自主权。为了满足学生技能培养的个性化需求，学校能够制定个性化专业课程，这些专业课程包括音乐和艺术选修课程、高才（Gifted）教育课程以及专项体育课和汉语课等。2000 年以后新加坡的中小学课程，呈现出多样化发展的特点。

此外，培养优秀师资一直是新加坡基础教育建设的重点之一。为了留住教师并保持高素质教学队伍，新加坡政府除了给予较高的工资外，所有教师每年均享有 100 个小时的全额专业培训补贴。其次，在教师职业发展规划方面，新加坡政府引入了一项"联系计划"（Connect Plan），为那些工作一定年限后继续从事教学工作的教师提供奖金。此外，本着终身教育的理念，新加坡政府鼓励校领导和教师在休假期间学习新的知识和技能。值得注意的是，这种新知识和新技能的获得不一定是在教育机构中，可以是在其他行业，如酒店行业等。此外，在互联网环境下，教师也使用

① 王小梅：《新加坡基础教育在多元和整合中走向平衡》，硕士学位论文，陕西师范大学，2008 年，第 17 页。

信息技术手段进行教育教学，并通过多媒体等媒介加强与学生之间的交流，激发和引导学生个体的发展。从整体上看，电子媒体的介入助推了新加坡基础教育的信息化水平。①

值得注意的是，新加坡政府清楚地认识到，教育质量是新世纪（21世纪）国家生存、发展与繁荣的关键因素，因此，新加坡领导人向外看世界，从美、英、日等发达国家的教育发展中学习新的经验。通过国际比较发现，本国年轻人的平均识字率（包括技术素养）和计算能力水平低，这对进入信息化时代的新加坡发展颇为不利。因此，1997年之后，新加坡的第一个总体规划中提出，将信息与通信技术（Information and Communication Technology，ICT）整合到"思维课程"（Thinking Curriculum）中，让学生花费30%的课程时间加强计算机学习，以激励学生成为独立且具有创造力的学习者。同时，在1997—2002年间，新加坡政府拨出20亿新元，将ICT引入校园，为学校、学生和教师配备必要的ICT基础设施，并设计相关的培训计划。第二个总体规划依旧延续了ICT的教育理念，推动了以学生为中心的教育改进，以及以能力为导向的教育改革，以期实现新加坡"思考型学校，学习型国家"的愿景。在这一过程中，新加坡教育系统整合了所有重要组成部分，即课程、评估、教学法、专业培训和国民文化等，巩固并提升了第一个总体规划的教育发展成效。

新加坡初级教育审核和实施（Primaiy Education Review and Implementation，PERI）委员会提出了两条关键建议：一是通过引入更多的参与、有效的教学方法、全面的评估标准，以及强调课程的非学术方面，平衡学生的知识学习和技能、价值观发展；二是在人力、资金、基础设施方面提供更多的资源来支持这些改革。② 新加坡从2010年1月起在12所小学引入艺体陶冶计划，并于2010年3月扩展至所有小学，通过为小学一、二年级学生提供多元化的发展途径，陶冶学生品格以及发展他们新的兴趣和技能。

---

① 孙倩：《21世纪新加坡基础教育课程改革及其启示》，《基础教育研究》2017年第13期。

② Fu，Grace. *Report of the Primary Education Review and Implementation Committee.* Singapore：Ministry of Education，2009，p.3，10-14.

第二节　教育目标

新加坡政府为基础教育设定的目标集中体现在两个文件中：一是 1997 年发布、2009 年修订的《教育期望成果》；二是 2010 年建立的《21 世纪胜任力框架》。

一、教育期望成果

"教育期望成果"被定义为"教育工作者希望每个新加坡人完成其正规教育时能具有的特质（attributes）"，为新加坡教育工作者确立了一个共同的目标，即希望新加坡的学校教育能启发学生的自我意识，灌输正确的道德标准和必要的做人态度、技能和知识，让学生能面对未来的挑战，负起对国家、社区和家庭的责任，学会珍惜身边的人和物，具有健全的思想和体魄，并对生活充满热忱。

为此，《教育期望成果》为新加坡的基础教育提出了四大教育目标：

第一，让学生成为充满自信的人，使之能够明辨是非、适应能力强、坚韧不屈、了解自己、有判断能力、具有独立思考与批判的能力，并能有效地与人沟通。

第二，让学生成为能自主学习的人，使之在学习过程中积极主动、不断提问、反思、坚持不懈。

第三，让学生成为能积极作出贡献的人，使之在团队中能有效地工作，行为主动，也能审时度势，具有冒险和创新精神，并致力追求卓越水平。

第四，让学生成为心系祖国的公民，使之具有强烈的公民意识，关注新加坡的发展局势，并积极参与改善他人的生活。[1]

新加坡在 2009 年修订《教育期望成果》的同时，进一步基于这些总

---

[1] Ministry of Education，Singapore. What are the Desired Outcomes of Education？［2020-3-8］. 见 https：//www.moe.gov.sg/education/education-system/desired-outcomes-of-education.

目标，为新加坡的小学教育、中学教育和大学预备教育（初级学院和励仁高中）各设立了关键阶段成果。（见表4–3）每个阶段的关键阶段成果相当于相应阶段的人才培养目标。每一个阶段都以前一阶段为基础，同时也为后一阶段打下基础。三个阶段的关键成果循序渐进，构成一个完整系统。例如，小学阶段让学生了解并热爱新加坡，以增强他们对新加坡的信任，然后在中学阶段还需要进一步了解什么对新加坡是重要的，而到了中学后阶段则要为新加坡而骄傲，并能从全球范围去理解新加坡。

表4–3 基础教育各阶段的关键阶段教育成果

阶段	小学毕业	中学毕业	初级学院或励仁高中毕业
关键成果	能分辨是非	刚正不阿	有道德勇气去捍卫正义
	了解自己的强项和需要改进之处	相信自己的能力且能够适应变化	面对逆境能坚毅不屈
	能与人合作、分享和关心他人	能在团队中工作，并能与他人共情	能够跨文化合作，且有社会责任感
	对于事物有强烈好奇心	具有创新性且进取心强	有创造力和企业家精神
	能独立思考，且能自信地表达自我	能够接纳多样观点并能有效沟通	具有批判性思维和说服他人的能力
	为自己所为而自豪	为自己的学习负责	精益求精
	培养健康习惯和艺术意识	享受体育活动且能欣赏艺术	追求健康的生活方式，能够进行美学鉴赏
	了解并热爱新加坡	信任新加坡，且理解什么对新加坡是重要的	为新加坡而骄傲，且理解新加坡与世界的关系

资料来源：The Key Stage Outcomes of Education. [2020-3-8]. 见 https://www.moe.gov.sg/education/education-system/desired-outcomes-of-education.

二、21世纪胜任力框架

在修订《教育预期成果》和制定《关键阶段成果》之后，新加坡教育部又于2010年提出了《21世纪胜任力框架》。该框架扩大了新加坡政府早期对思维技能的关注，将21世纪胜任力框架扩展到包括价值观、情感、人际交往能力以及新兴的 21 世纪胜任力形式。

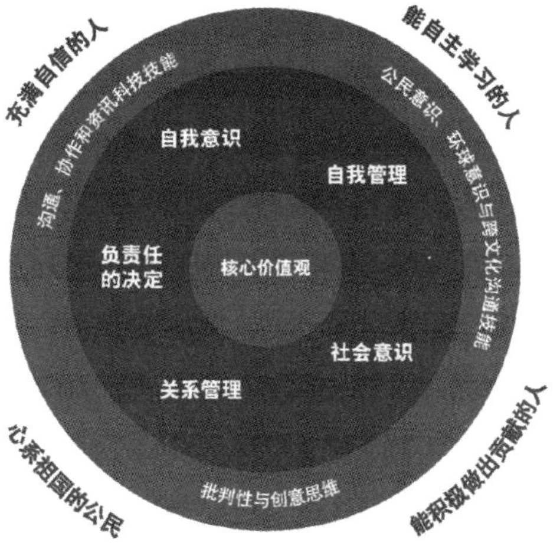

图 4-1　21 世纪胜任力框架

资料来源：Framework for 21st Century Competencies and Student Outcomes. [2020-3-29]. 见 https：//www.moe.gov.sg/education/education-system/21st-century-competencies.

21 世纪胜任力框架被描绘为三个同心层，最外层是 21 世纪胜任力的三个新兴领域被称为"新兴 21 世纪胜任力"（见图 4-1）。之所以使用"新兴 21 世纪胜任力"一词，是因为这些能力对于帮助新加坡年轻人在 21 世纪蓬勃发展日益重要。① 首先，考虑到社会正变得越来越国际化，越来越多的新加坡人在国外生活和工作，年轻人需要更广阔的世界观，以及与来自不同文化背景、持有不同观点和立场的人一起工作的能力，但与此同时也应该了解国家大事，以身为新加坡人为荣，并积极为社区做贡献。所以，该框架提出新加坡学生应有公民意识、环球意识和跨文化沟通技能（Civic Literacy，Global Awareness & Cross-cultural Skills）（见图 4-2）。其次，为了对未来做好准备，年轻人需要能够批判性地思考，评估选择，做出正确的决定，还应有学习、探索的欲望，并准备好跳出思维定

---

① Jennifer Pei-Ling Tan，Elizabeth Koh，Melvin Chan，Pamela Costes-Onishi，and David Hung. *Advancing 21st Century Competencies in Singapore*，2017，p.7.

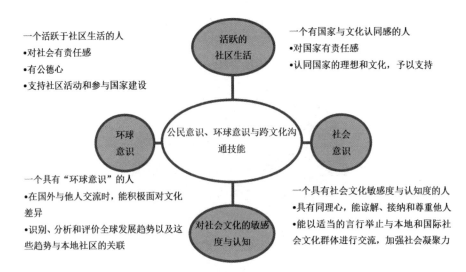

一个活跃于社区生活的人
- 对社会有责任感
- 有公德心
- 支持社区活动和参与国家建设

一个有国家与文化认同感的人
- 对国家有责任感
- 认同国家的理想和文化，予以支持

活跃的
社区生活

环球
意识

公民意识、环球意识与跨文化沟
通技能

社会
意识

对社会文化的敏感
度与认知

一个具有"环球意识"的人
- 在国外与他人交流时，能积极面对文化
差异
- 识别、分析和评价全球发展趋势以及这
些趋势与本地社区的关联

一个具有社会文化敏感度与认知度的人
- 具有同理心，能谅解、接纳和尊重他人
- 能以适当的言行举止与本地和国际社
会文化群体进行交流，加强社会凝聚力

图 4–2　公民意识、环球意识与跨文化沟通技能的元素

资料来源：MOE Singapore. *Character and Citizenship Education Syllabus-Primary*. Student
Development Curriculum Division，MOE，2014，p.4.

式，且不害怕犯错误和面对那些乍一看令人生畏的挑战。所以，该框架
提出新加坡学生应有批判性和创意思维（Critical and Inventive Thinking）。
此外，随着互联网革命的发展，人们通常只需"单击"即可获得信息，而
重要的是年轻人知道要问什么问题，如何筛选信息并提取相关且有用的信
息。他们必须具有洞察力，以便可以在采用网络空间道德实践的同时保护
自己免受伤害。21 世纪的工作场所要求年轻人能够以相互尊重的方式合
作，共同承担责任并相互决策，以实现团体目标。重要的是，他们还应
该能够清晰有效地传达自己的想法。所以，该框架提出新加坡学生还应
有沟通、协作和信息技能（Communication，Collaboration and Information
Skills）。①

　　中间层是社交和情感能力，帮助学生学会如何控制情绪、关怀他人、
做出负责任的决定、建立良好的人际关系以及有效地应对生活中的挑战，

---

① Ministry of Education，Singapore. 21st Century Competencies Annexes A to C. [2020-03-
29]. 见 https：//www.moe.gov.sg/docs/default-source/document/education/21cc/files/annex-
21cc-framework.pdf.

被认为是让学生获得上述这些新兴21世纪胜任力的动力（enablers）①，包括自我意识（Self-Awareness）、自我管理（Self-Management）、社会意识（Social Awareness）、关系管理（Relationship Management）和负责任的决定（Responsible Decision-Making）。该框架将自我意识定义为了解自己情绪、优缺点和个人取向的人能建立正面的自我意识和自信心；自我管理即能有效地掌控自己的情绪，体现一定的自律能力，具有明确的人生目标，并且具备组织能力；社会意识即能准确地辨识不同观点，并了解和接纳社会中存在的差异，同时在与他人沟通时表示尊重及体现同理心；关系管理即人能通过有效的沟通与他人建立和维持良好的关系，也能够有效地与他人合作，并妥善地处理矛盾与纠纷；负责任的决定即有能力识别和分析状况，能以道德伦理为依据，辨识、分析及衡量各项决定所带来的结果和影响。② 五者相互关联，自我意识和自我管理的技能旨在加强学生对自我的认识，从而帮助他们更有效地管理自己的情绪和行为。社会意识和关系管理则和人与人之间的相处之道有关。要做出负责任的决定，则必须以道德伦理为依据，这与个人如何管理自己的情绪与行为、如何与他人沟通以及如何面对生活中的挑战息息相关。③

被置于框架中心的是表现为尊重（respect）、责任（responsibility）、正直（integrity）、关怀（care）、坚毅不屈（resilience）以及和谐（harmony）六个方面的核心价值观，这被视作学生发展21世纪胜任力的支点（anchor）④。该框架将尊重定义为能够肯定自我和肯定他人；责任感即了解

① Jennifer Pei-Ling Tan，Elizabeth Koh，Melvin Chan，Pamela Costes-Onishi，and David Hung. *Advancing 21st Century Competencies in Singapore*，2017，p.7.

② Ministry of Education，Singapore. 21st Century Competencies Annexes A to C. [2020-3-29]. 见 https://www.moe.gov.sg/docs/default-source/document/education/21cc/files/annex-21cc-framework.pdf.

③ Ministry of Education，Singapore. *Character and Citizenship Education Syllabus-Primary*. Student Development Curriculum Division，Ministry of Education，Singapore，2012，p.3.

④ Jennifer Pei-Ling Tan，Elizabeth Koh，Melvin Chan，Pamela Costes-Onishi，and David Hung. *Advancing 21st Century Competencies in Singapore*，2017，p.7.

他对自己、家庭、社区、国家和世界应尽的责任，并满怀爱心，尽全力履行职责；正直即坚持自己的道德原则，并有道德勇气为正义挺身而出；关怀即待人处世表现出爱心与同情心，并为改善社会与世界做出贡献；坚毅不屈即拥有坚强的意志，面对挑战时不屈不挠，并具备勇气、乐观的态度和应变能力；和谐即寻求内在的快乐，提倡社会团结，并重视多元文化社会中求同存异的精神。这些核心价值观与过去提出的新加坡共同价值观（Shared Values）、新加坡家庭价值观（Singapore Family Values）、新加坡 21 愿景（Singapore 21 Vision）以及国民教育信息（National Education Messages）一脉相承。（见表 4–4）

表 4–4　核心价值观与新加坡共同价值观、新加坡家庭价值观、新加坡 21 愿景以及国民教育信息的关系

	新加坡共同价值观	新加坡家庭价值观	新加坡 21 愿景	国民教育信息
尊重	社区支持和尊重个人	相互尊重	每个新加坡人都很重要；为所有人提供机会	新加坡是我们的家园，是我们的归宿
责任感	国家重于社区，社会重于自我	孝顺的责任；承诺	新加坡情感（Heartbeat）	我们必须保卫新加坡
坚毅不屈	—	承诺	新加坡情感；强大的家庭：我们的基础和未来	没有人该对新加坡的生计负责（No one owes Singapore a living）①；我们对未来充满信心
正直	—	承诺	—	我们必须坚持唯才是举、清正廉洁
关怀	家庭是社会的基本单元	爱、关怀和关心；沟通	新加坡情感；强大的家庭：我们的基础和未来	新加坡是我们的家园，是我们的归宿

① 意指新加坡不能再像独立前那样相信其他国家可以保护自己，求生计只能靠自力更生。

	新加坡共同价值观	新加坡家庭价值观	新加坡 21 愿景	国民教育信息
关爱	种族及宗教和谐；共识而不是冲突	沟通	新加坡情感；强大的家庭：我们的基础和未来	我们必须保持种族和宗教的和谐

资料来源：Ministry of Education，Singapore. Character and Citizenship Education Syllabus-Secondary. Student Development Curriculum Division，Ministry of Education，Singapore，2012，p.31.

新加坡教育部认为，发展这些 21 世纪胜任力将有助于学生体现出前文所述的那些教育期望成果。这一框架自提出之后，也成为新加坡基础教育改革的统一方向标。

第三节　课程、教学与教材

因材施教和充分发挥每一位学生的潜能是新加坡的基本教育理念。为此，新加坡基础教育阶段兼用班级授课、小组教学、个别辅导等多种教学组织形式，而且如今正在尝试全面实行基于科目编班的走班制。新加坡中小学整体班级规模偏小，而且学段越高，班级规模越小。据统计，2018年新加坡小学平均班额为 33.1 人，中学 33.8 人，初级学院和励仁高中 23人。近年来，小学平均生师比约 15.7，中学 12.2。[①]（见表 4–5）

表 4–5　新加坡中小学生师比（2018 年）

	2013	2014	2015	2016	2017	2018	平均
小学	16.5	16.5	16.0	15.1	15.2	14.8	15.7
中学	13.2	12.5	12.2	11.9	11.6	11.6	12.2

资料来源：Ministry of Education，Singapore. *Education Statistics Digest 2019*. Ministry of Education，Singapore，2019，pp.xvi，4.

---

① Ministry of Education，Singapore. *Education Statistics Digest 2019*. Ministry of Education，Singapore，2019，pp.xvi，4.

　　新加坡在基础教育阶段注重为学生提供广泛的学习体验，帮助学生树立学习信心和激发学习热情，发掘自己的才能与兴趣，并为终身学习打下坚实的基础。课程包括生活技能、知识技能和学术三大类型，涉及语言、人文与艺术、数学与科学三大领域，分为学科课程和活动课程两种形式。新加坡的基础教育关注学生的自我发展，强调培养学生的批判性思维、智力分析能力和人际交往能力，注重让学生通过学科学习和参与各种活动掌握知识技能并运用所学，此外还重视通过日常互动和学校安排的各类学习体验促进学生的品格发展。

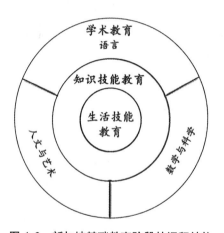

图 4-3　新加坡基础教育阶段的课程结构

一、生活技能教育

　　新加坡在基础教育阶段将培养学生的生活技能（Life Skills）置于最核心位置。这里的生活技能实际上不只是"技能"，而是包括知识、技能以及情感、态度、价值观的全方位教育，主要以活动课程的形式展开。

　　（一）艺体陶冶计划和课程辅助活动

　　大多数公立小学已在 2016 年转为单班制，这意味着学校将可以抽出更多的时间和空间来进行非学术活动，如领导能力的培养和品格发展。实行单班制后，学校将不会全天上课，而是在规定的几天抽出 1—2 个小时开展非学术活动。各所学校可根据具体情况灵活安排这些活动。① 新加坡教育部规定所有小学要为一、二年级学生开设艺体陶冶计划课程，旨在鼓励学生走出教室、主动学习，使之有机会激发新兴趣，学习新技能，促进学生在认知、道德、社会、美学及体能五个学习范畴内的全面发展，并培养学生的社会情绪能力。各校根据教育部的指南，学校每周安排两小时，用于学校在体育和户外教育、表演和视觉艺术领域自主设计的模块化活动。为了保证活动的有质量实施，教育部为学校配备乐队室、舞蹈室和户外跑道等设施，并为学校购买相关设备和聘请教练及其他相关服务提供者供资。每所小学一年至少要开展 2—3 个模块，每个模块持续 7—10 周。到小学二年级结束，学生应该已经完成了 6 个模块的课程学习。三年级后，学生可以选择继续参与艺体陶冶计划，也可以选择参与课程辅助活动，以专注于一个特定的兴趣领域。②

从小学三年级开始，直至中学和初级学院（励仁高中），教育部要求每校均开设一系列精彩有趣的课程辅助活动供学生选择，包括体育活动、制服团体、视觉和表演艺术、学会和社团等类型。学生如果对学校提供的活动不感兴趣，还可向学校申请自行开展活动，这使学生有机会追求自己的特定兴趣或想法，也扩大了学校活动的范围。课程辅助活动是新加坡学校实施全人教育的重要环节。新加坡教育部认为，学校开展形形色色的课程辅助活动有助于培养孩子坚毅的个性、自信心、跨文化意识及创意，而且能增进来自不同背景的学生之间的交往与友谊，以促进社会融合，加深学生对学校、社区和国家的归属感、使命感和责任感。新加坡教育部建议小学每个课程辅助活动每周 2—3 小时，中学和初级学院（励仁高中）每个课程辅助活动每周 5—6 小时。学生可以自主选择参加何种课程辅助活

①　Ministry of Education，Singapore. Primary School Education：Preparing Your Child for Tomorrow. [2020-3-10]. 见 https：//www.moe.gov.sg/docs/default-source/document/education/primary/files/primary-school-education-booklet.

②　Singapore infopedia. Programme for Active Learning（PAL）. [2020-02-10]. https：//eresources.nlb.gov.sg/infopedia/articles/SIP_2019-01-28_140734.html.

动，但必须参加，而且表现将纳入评价体系，以作为其他学校及机构甄别和选择人才的标准之一。尤其是在中学后教育机构招生录取时，如本书第二章第二节提到的，学生在课程辅助活动中的表现将折合成分数直接计入总成绩。

（二）品格与公民教育

品格与公民教育（Character and Citizenship Education，CCE）是新加坡教育体系的核心，其目标是传递价值观和培养技能。通过品格与公民教育，学生能够学会承担家庭以及社会责任，成为一个具有良好品德的公民，并为社会做出贡献。自 1959 年起，新加坡教育部就推出了各种传递价值观、培养良好习惯和相关技能的措施。这些措施包括推行公民与道德教育（1992）、国民教育（1997）、社交与情绪管理技能的学习（2005）以及体验式的学习活动（例如课程辅助活动）。如今的 21 世纪胜任力框架和教育期望成果则将品格与公民教育置于中心，且强调核心价值观、社交与情绪管理技能、公民意识、环球意识与跨文化沟通技能的内在联系。

1. 品格与公民教育的学习目标

围绕 21 世纪胜任力中的六大核心价值观，新加坡教育部为基础教育阶段的品格与公民教育设置了八方面的学习目标（见表 4-6）。其中，1—4 列明不同层面的品格塑造，并结合了社交与情绪管理技能；5—8 遵循 21 世纪公民教育的重要原则，并根据公民的属性进行编排。这些属性包括身份认知、文化觉识以及参与社区活动的积极性等。

表 4-6　品格与公民教育学习目标

	应达成的学习目标
1	具有自我意识，并运用自我管理技能实现个人身心健康和效益；
2	为人正直，并以道德伦理为依据做出负责任的决定；
3	具有社会意识，并运用人际沟通技巧建立和维持相互尊重的良好关系；
4	具有坚毅不屈的精神，并有能力把挑战转化为机遇；
5	以身为新加坡人为傲，对新加坡充满归属感，并致力于国家的建设；

续表

	应达成的学习目标
6	珍惜新加坡多元文化社会的特性,并促进社会凝聚力与和谐;
7	关怀他人,并积极为社区和国家的繁荣发展作出贡献;
8	身为一名有见识和负责任的公民,及时对社区、国家和全球性课题进行反思并作出回应。

资料来源:MOE Singapore. *Character and Citizenship Education Syllabus-Primary*. Student Development Curriculum Division,MoE.,2012,p.5.

2. 品格与公民教育的三大概念

身份、人际关系和抉择是新加坡品格与公民教育的三大概念,学生将在教师的引导下掌握这三大概念的重点。(见表4-7)

表4-7 三大概念的重点和首要关键性问题

	身份	人际关系	抉择
简介	身份、人际关系与抉择紧密联系,相互影响。 学生必须对自己的身份有所认识,才能以积极的态度与人交往。 学生所建立的人际关系有助于他们塑造自己的身份,并影响他们的抉择。 具备做出正确抉择的能力,将对学生的身份认知与所建立的人际关系产生影响。 三大概念需以价值观为基础,帮助学生培养好品格,在放眼世界之际能够心系祖国。		
重点	·身份具复杂性 ·身份影响观点与人际关系	·人际关系是生活的根本 ·人际关系随着时间改变	·抉择塑造品格 ·抉择影响个人与他人
首要关键性问题	·我是谁? ·我和别人有什么不同? ·我怎么看待周围的人与世界?	·我对人际关系的定义是什么? ·为什么要建立人际关系? ·我与他人的关系如何影响别人和自己?	·我的潜能与志向是什么? ·我能做出什么抉择? ·我该如何做出抉择?

资料来源:Ministry of Education,Singapore. *Character and Citizenship Education Syllabus-Primary*. Student Development Curriculum Division,Ministry of Education,Singapore,2012:11.

身份：身份认同感与个人的价值观和信念有关，并能让人清楚了解自己的长处、短处以及独特性。自我认知的发展在童年的中期和后期特别重要，尤其在 8—11 岁之间。儿童需要先建立自信心与进取心，才能在青春时期建立身份认同感。这能使学生更认识自己、对自己的行为负责，并与其他人友好地相处。

人际关系：人际关系能帮助儿童确立他们在社群中的身份与志向，并让他们明白自己对周围人的重要性。社会建构主义主张认知能力的发展源于与他人的互动。此外，社会环境对儿童的发展也起着深远的影响。在儿童的眼里，世界是由各种不同的关系组成的，而这些关系将影响他们在各方面的发展，包括智、群、情、体、德。在童年的中期和后期，儿童为他人设想的能力提高，并形成同理心，这成为他们与他人互动的基础。

抉择：一个人所做的抉择反映了他的品格及价值观，也直接影响着他的行为。学生需要有一套价值观帮助他们做出抉择，并了解为什么有些抉择是对的，有些是错的。抉择能帮助学生把价值观付诸行动，即使是在面对压力和考验时，都能做出他们认为是正确的事。在抉择的过程中，学生将能厘清本身的价值观，并加以实践。

三大概念各有重点，教师可通过首要关键性问题引导学生进行讨论，帮助学生理解三大概念。除了首要关键性问题，每一个层面也设有不同的关键性问题，以便教师进一步引导学生，帮助他们在处理生活中各种问题时进行思考，并正视本身的习惯、价值观、态度和技能。（见表 4-8）

表 4-8　三大概念在各层面的关键性问题

层面		关键性问题		
		身份	人际关系	抉择
个人	自我肯定与提升	我和别人有什么相同之处？我和别人有什么不同之处？	我的自我概念和自我管理方式如何影响我与他人的关系？	我的抉择如何让自己和他人受益？

层面		关键性问题		
		身份	人际关系	抉择
家庭	加强家庭凝聚力	我在家中的身份是什么？	我要如何与家人建立和保持良好的关系？	我的言行举止如何影响家人和自己？
学校	建立正面良好的友谊和培养团队精神	在别人的心目中，我是一个怎样的朋友？我在团队工作中的角色是什么？	谁是我的朋友？我们要如何融洽地相处？	我希望从友谊中得到什么？我们要如何善用自己的长处共同建立一个团队？
社区	了解我们的社区，建设一个具包容性的社会	具包容性的社会对我们的意义是什么？	在一个具包容性的社会里，我们如何互相了解与沟通？	在建设具包容性的社会的过程中，我们的角色是什么？
国家	建立国家认同感，重视国家建设	新加坡人有什么特质？	我与他人的关系对国家的建设有什么助益？	我们如何体现奉献精神，为新加坡的安定与繁荣尽一份力？
世界 *	心系祖国，放眼世界	我们要如何在全球化的世界里做一个积极的公民？	我们要如何在一个全球化的世界里与他人进行交流？	我们应该如何善用自己的长处和能力来应对全球化世界的需求？

注：* 世界层面只适用于小学五年级以上

资料来源：Ministry of Education，Singapore. *Character and Citizenship Education Syllabus-Primary.* Student Development Curriculum Division，Ministry of Education，Singapore，2012，p.12.

3. 课程设置

新加坡的品德与公民教育内涵极为丰富，性教育、网络健康教育乃至职业教育均被纳入此范畴，课程形式也非常多样，绝不只是开设说教性的"品德课"。

以小学阶段为例，品格与公民教育包括品格与公民教育课堂课程（CCE Lessons）、级任老师辅导课（Form Teacher Guidance Period，FTGP）、品格与公民教育校本课程（School-based CCE）和品格与公民教育指导模块（CCE Guidance Module）。小学阶段的品格与公民教育课堂是以母语传授品格与公民教育的价值观、知识和技能，对于选修非泰米尔语（即孟加拉语、旁遮普语和乌尔都语）以及免修母语的学生，则以英语为教学媒介语。级任老师辅导课强调社交与情绪管理技能的学习。级任老师也会通过有意义的游戏活动与学生培养感情。此外，有关网络健康、教育与职业辅导和自我防卫（小学一至四年级）的内容也已纳入级任老师辅导课里，帮助学生在现实生活的具体情境中实践核心价值观以及社交与情绪管理技能。另外，学校具有一定的自主性和灵活性制定适宜的品格与公民教育校本课程，校方可以学校价值观为重点，开展各类活动，如周会（assembly programmes）和课堂教学。最后是品格与公民教育指导模块，在小学阶段是在五、六年级开设必修性质的性教育课程，目标和内容针对儿童和青少年身心发展所面对的问题而设计。到了中学，尤其是中学后阶段，品格与公民教育就更加丰富了。[①]（见表4–9）

表4–9　各学段的品格与公民教育课程设置

学段	课程	内容	年课时
小学	课堂课程	以母语传授品格与公民教育的价值观、知识和技能	30小时（一至三年级）、45小时（四至六年级）
	级任老师辅导课	教导社交与情绪管理技能（包括网络健康、教育与生涯辅导），并建立良好的师生关系	15小时
	校本课程	·利用周会进行相关的教学 ·根据学校价值观开展相关的课程	15小时（一至四年级） 11小时（五至六年级）
	指导模块	性教育课程	4小时（五至六年级）
中学	课堂课程	以母语传授品格与公民教育的价值观、知识和技能	20小时
	校本课程	·利用周会进行相关的教学 ·根据学校价值观开展相关的课程	27小时

① MOE Singapore. *Character and Citizenship Education Syllabus-Primary*. Student Development Curriculum Division，MoE.，2012，pp.6-7.

续表

学段	课程	内容	年课时	
中学	指导模块	教育与生涯指导	4 小时	13 小时
		性教育课程	5 小时	
		网络健康	4 小时	
中学后	课堂课程	深入探讨教学大纲所列主题	全学段 9 小时	全学段 40 小时
		教育和职业指导	全学段 9 小时	
		4 个全国教育纪念日课	全学段 8 小时	
		计划与反思"德育在于行动"	全学段 6 小时	
		性教育课程	全学段 6 小时	
		网络健康	全学段 2 小时	
	群体层面的教育	性教育（eTeens）	全学段 2 小时	全学段 40 小时
		与办公室工作人员和高级公务员开展两次对话活动	全学段 3 小时	
		提供国家对社会融合看法的体验式学习	全学段 1 小时	
		学校组织的其他群体学习经历，如周会、根据学校价值观开展相关的课程，群体层面的领导力发展计划，职业和继续教育博览会，讨论与网络健康相关的问题	全学段 34 小时	
	个性学习体验	为学生提供机会，让他们把所学付诸实践，并按特定需要和兴趣加深学习，包括：执行"德育在于行动"；参与课程辅助活动；开展其他学习体验和项目，如学生干部领导力培训、工作实习、网络健康学生大使计划（Cyber Wellness Student Ambassador Programme）以及学术学科中的品格与公民教育渗透	因人而异	

资料来源：根据三个学段的《品格与公民教育课程标准》（*Character and Citizenship Education Syllabus*）整理而成。

4. 课程标准规划的指导原则

新加坡教育部提出了四大品格与公民教育课程标准规划指导原则。

第一，以学生为本，以价值观为导向。在规划品格与公民教育课程标准时，适龄性原则是重要的考量，因此参考了各种儿童发展理论，从中探讨不同年龄阶段的学生如何思考、发展和学习。教师将为学生提供以下学习环境：通过与他人的日常互动，建构新的理解；通过体验式学习，与不同能力的同侪交流。

第二，品格教育与公民教育并重。要成为好公民，必须具备好品格。为了培养学生成为好公民，教师将鼓励学生：根据道德原则做出负责任的抉择；展现道德勇气，伸张正义；以坚强的意志、乐观的态度和灵活的应变能力克服国家所面对的各种局限，争取成功的机会；关心他人，在家庭、学校、社会、国家和世界的各个层面顾及他人的利益；为社区服务付出时间和精力。

第三，从个人延伸至世界。儿童和青少年身心发展的关键在于人际关系的相互影响。教师将鼓励学生在现实生活中（包括家庭、学校、社会、国家和世界各个层面）实践价值观。

第四，以学生的生活经验为学习情境。教师以学生的生活经验为学习情境，将能使学生更好地掌握所学。因此，让学生明白如何在现实生活中实践所学的价值观以及社交与情绪管理技能是非常重要的。学生的生活经历会随着年龄的增长日趋复杂。教师可通过循序渐进的方式进行品格与公民教育，更好地帮助学生掌握相关的知识和技能，并培养良好的价值观和态度。①

5. 教学与学习的指导原则

新加坡教育部也提出了四大品格与公民教育教学与学习指导原则。

第一，每名教师都是品格与公民教育的教师。教师是学校里传递核心价值观的最适当人选。教师必须树立好榜样，以身作则，为学生提供学习机会，帮助他们巩固核心价值观，建立自信心和培养坚毅不屈的精神，

---

① MOE Singapore. *Character and Citizenship Education Syllabus-Primary*. Student Development Curriculum Division，MoE.，2012，p.8.

让他们能够肯定自己的价值，并懂得关心和同情他人。教师也应该主动提升本身的专业知识和能力，以更好地培育学生成为具有良好品格的积极公民。

第二，通过直接教导与潜移默化的方式传递价值观。教师通过品格与公民教育课程教导价值观和传授相关的知识与技能，从而帮助学生实现品格与公民教育的学习成果。此外，学生也可从别人所树立的榜样和自己的生活体验中学习价值观，良好的师生关系以及充满关爱的环境更是品格发展的基本条件，具有潜移默化的作用。

第三，以多样化的教学模式激发学生的兴趣。在课堂教学与随机教学中，学生通过体验课堂指导和技能训练等各种活动学习价值观。此外，教师和同侪以身作则，还有师长所给予的肯定，都有助于强化价值观。教师也同时提供各种学习经验，例如四大国民教育日、"德育在于行动"和课内辅助活动，让学生学习和实践所学的价值观、知识和技能，并形成正确积极的态度。

第四，家长是主要的合作伙伴。家长在子女成长的过程中所扮演的角色至关重要。学校应该与家长建立良好关系，争取家长的支持，帮助学生在家中巩固学校所教的价值观。若能有效地向家长传达学校的品格以及与公民教育活动的相关信息，并提供家长参与的平台，将有助于家长及时了解最新的教育动态，并成为积极的合作伙伴。[1]

（三）体育

新加坡基础教育阶段的体育首先是作为一种生活技能教育，目的是使学生通过体育课程掌握基本的运动技能，并树立起与体育精神有关的核心价值观，为学习、参与和享受各种体育活动奠定坚实的基础，以便未来能享受积极、健康的生活。当然，学校体育另一方面也可以为未来培养优秀的国家运动员物色和培育幼苗。

---

[1]　MOE Singapore. *Character and Citizenship Education Syllabus-Primary*. Student Development Curriculum Division，MoE.，2012，p.9.

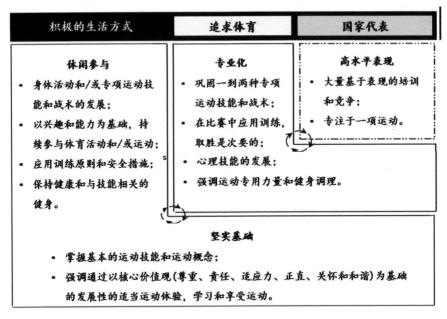

图4—4 体育与运动发展框架

资料来源: Physical Education Teaching & Learning Syllabus. [2020-9-12]. 见 https：//www.moe.gov.
sg/docs/default-source/document/education/syllabuses/physical-sports-education/files/
physical_education_syllabus_2014.pdf.

新加坡的学校体育课程体现了一种"大体育观"，强调在运动中教育
（education in movement）、通过运动教育（education through movement）
和关于运动的教育（education about movement）三管齐下。在运动中教育
是最基本的，指的是让学生通过参加各种常规体育活动以训练一系列技
能，从而使学生能够享受运动、发现兴趣，并实现与参与体育活动相关的
个人目标；同时培养学生的运动素养，以为其持续的技能习得奠定基础，
并促进未来成功参与不断变化的生活模式所带来的体育活动。

通过运动教育一是指将运动作为发展认知、情感和社会技能的途径，
包括：（1）让学生获得足够的有关运动经验的知识，如有关运动的概念、
原理和理论，游戏规则、战术和策略，与健康和健身相关的好处，环境风
险和个人安全问题；（2）让学生掌握校内外各种环境下的运动的广泛知识
基础，概括所学并将之迁移到新的、具有挑战性的实际生活中的体育活动

中去，更重要的是发展将知识转化为其他技能的能力，同时作为自主和独立的学习者继续完善自身现有技能。二是通过体育活动为学生提供一个培养和实践 21 世纪所需能力、价值观和理想的真实环境，支持其品格发展，包括：（1）提供机会让学生就共同目标和战胜挑战进行协作，从而建立情感和社交联系；（2）通过运动体验，增强学生的自信心和积极的自我概念；（3）通过竞争性和合作性的活动，培养学生对自己和他人的尊重，以及指向自身和同伴幸福的责任感。

关于运动的教育关注的是健康的生活方式和健康的身体的价值和好处，一是强调让学生通过参与安全的体育活动，发展健康的体魄，如肌肉力量和耐力、有氧代谢能力、灵活性、敏捷性等；以及让学生使用已建立的健康评估工具规划、监测和评估自己的身体健康状况和活动模式，并与健康标准做比较。二是让学生享受和重视日常体育活动的好处，提倡一种积极和平衡的生活方式。①

二、知识技能教育

知识技能课程重在培养学生的自主学习能力、沟通与协作能力以及表达能力，在中小学主要通过专题作业开展。

专题作业课程是让学生找出学校所在社区面临的某个具体问题，然后研究问题并提出可能的解决方案。专题作业旨在让学生有机会综合学习不同领域的知识，并批判性地、创造性地将其应用到实际生活中。这一过程增强了学生的知识，使他们能够获得协作、沟通和自主学习等技能，为他们的终身学习和迎接未来挑战做准备。新加坡教育部为专题作业拟定了四个学习重点：一是知识应用，要求让学生获得跨知识领域建立联系的能力，以及产生、发展和评估想法和信息的能力，以便将这些技能应用到项目任务中；二是沟通，要求让学生获得有效沟通的技能，并以书面和口

---

① Ministry of Education，Singapore. Physical Education Teaching & Learning Syllabus. [2020-09-11]. 见 https：//www.moe.gov.sg/docs/default-source/document/education/ syllabuses/physical-sports-education/files/physical_education_syllabus_2014.pdf.

头形式向特定的听众清晰和连贯地表达思想；三是协作，要求让学生通过在团队中工作来获得协作技能，以实现共同目标；四是自主学习，要求让学生能够自己学习，反思自己的学习，并采取适当的行动来提高自己的学习。①

在中小学，专题作业属于非应试课程，但学校也往往会将学生的专题作业表现写入成绩报告册中。而在高级水准考试中，专题作业属于必考科目，所以初级学院（励仁高中）更加重视这一课程。在高级水准考试中，考生被分成小组，每组有 4—5 名成员。任务设计会非常宽泛，以使考生能够展示他们的各种技能和能力。小组将在 28 周内完成任务（建议时间 60—75 小时，假设平均每周 2.5 小时）。他们将定义项目的重点，分析和评估收集到的信息，并准备一个口头报告和提交一份书面报告以及书面反思。考生将根据其作为团队成员和个人的表现得到综合评估。②（见表 4–10）

表 4–10　高级水准考试中专题作业的评估框架

评估内容	个人	小组成员	总分
书面测试			
书面报告 2500—3000 字的正式介绍 并需注明资料来源	—	占比：40% ·想法的具体化 ·产生想法 ·对于想法的分析和评估 ·想法的组织	40%
观点与反思 不超过 500 字的正式介绍	占比：10% 对于想法的分析和评估	—	10%

---

① Ministry of Education，Singapore. Project Work. [2020-09-11]. 见 https：//www.moe.gov. sg/education/programmes/project-work.

② SEAB. Project Work Singapore-Cambridge General Certificate of Education Advanced Level Higher 1. [2019-11-20]. 见 https：//www.seab.gov.sg/docs/default-source/national-examinations/syllabus/alevel/2020syllabus/8808_y20_sy.pdf.

续表

评估内容	个人	小组成员	总分
口头测试			
口头报告 4 成员小组每组最多汇报 25 分钟， 5 成员小组每组最多汇报 30 分钟 每位成员至少 5 分钟 可以包括不超过 5 分钟的小组汇报 提问与回答	占比：39% 演讲的流利程度和清晰度 听众意识 对于提问的回应	占比：11% 口头报告的有效性	50%
合计	49%	51%	100%

资料来源：Project Work Singapore-Cambridge General Certificate of Education Advanced Level Higher 1（2020）（Syllabus 8808）. [2020-03-10]. 见 https://www.seab.gov.sg/docs/default-source/national-examinations/syllabus/alevel/2020syllabus/8808_y20_sy.pdf.

对于初级学院（励仁高中）而言，由于高级水准考试的需要，除了专题作业，还需要针对综合英语测试、知识与探索分别开设相应课程。

三、学术教育

学术课程在新加坡基础教育课程体系中被置于了最外围。这并不是说新加坡的基础教育不重视学术课程学习，而恰恰相反，是将基于学科的学术课程学习作为所有知识技能发展的基石。

（一）小学阶段

在小学一年级至四年级，所有学生学习统一的学术课程，包括英语（第一语言）、母语（第二语言）、数学、科学、艺术、音乐、体育、社会研究。学生在低年级主要学习英语、母语和数学，从三年级开始学习科学。新加坡注重在小学阶段使用活泼生动和有创意的教学法，如让学生通过调查任务和真实生活情景学习数理概念，通过角色扮演和戏剧演出掌握语言技能。

从五年级开始，学生需要参加小学离校考试的四门课程，即英语、母语、数学、科学，将分为标准和基础两种班型。学生在四年级结束时参加学校组织的编班考试，如果学生通过了三门及以上科目，则学校会建议学生这四科都在高年级可以选修标准难度；如果学生四科全部通过且母语表现极佳，还可以修读高级母语课程（Higher Mother Tongue Language，HMTL）；通过科目不超过两门的学生有五种选择，即4门均修标准难度，或3门标准和1门基础，或2门标准和2门基础，或1门标准和1门基础科目，或4门均修基础难度。① 最终由家长填写一份表格确认孩子所要选修的科目组合。五、六年级将在需要参加小学离校考试的4门学术科目上安排更多的课时。例如新加坡协和小学（Unity Primary School）六年级一周安排了9节母语课，10节数学课，7节英语课，11节科学相关课。②

　　除了高年级的科目编班，新加坡的中小学还通过学习支援计划和高才教育计划③（Gifted Education Programme）照顾学生的不同需求。学校为进入小学一年级的学生设立学习支援计划，随时为有需要的学生伸出援手。英语学习支援计划为识字技能较弱的学生提供额外支持。学生以小组形式每天上一节课，由经过专门培训的教师提高他们的阅读能力。数学学习支援计划为需要额外支援的学生提供协助，让他们掌握基本的计算能力。学生在他们上正课或补课时，以小班形式接受经过特别培训教师的辅导。

　　高才教育计划则是专门针对天资优异的学生推出的教育计划。小学三年级时，教育部通过两轮的测试，从各校遴选出不到百分之一的极有学术天赋的学生，安排他们从四年级开始在制定小学就读高才班。高才班的课程在内容方面，在深度和广度上超越基本的教学大纲，在必要时还会涵盖高深的专题，更能满足个人的需要和兴趣，促进跨学科学习，鼓励调查现实生活中的问题，促进在不同主题领域中对情感问题的研究；在过程方面，培养更高层次的思维技能，提供发现和体验学习的机会，提供开放式

---

① Ministry of Education，Singapore. Subject-based banding for primary school. [2019-12-20]. 见 https：//beta.moe.gov.sg/primary/curriculum/subject-based-banding/.
② 洪玲玲：《新加坡教育分流理念下基础教育课程设置及其启示》，硕士学位论文，沈阳师范大学，2018年，第33页。
③ 新加坡官方译法。

的问题解决活动，教授开展独立研究的技能，采用不同教学策略以匹配不同的学习风格，提供小组活动；在产出方面，鼓励以成果汇报替代传统作业，提供创造性的成果表达形式，反映现实世界的多样性，重视真实的学习（authentic learning）；在环境方面，提供一个支持性的和以学生为中心的环境，支持冒险，提供一个刺激性的物理环境，提供校外学习机会（例如校外实习和社区参与计划），提供校外拓展服务。① 值得一提的是，由于高才班的课程难度非普通学生可以胜任，新加坡教育部呼吁家长不要让学生特意为高才教育计划遴选考试备考，以避免学生因应试训练带来的好成绩而"误入"原本并不适合其真实能力层次的英才班，导致学生在之后的学习过程中信心和积极性受到打击、无法完成学业等不良后果。②

（二）中学阶段

中学阶段当前分为快捷班、普通学术班和普通工艺班三轨，但均结合普通教育证书考试设置配套课程体系。快捷班和普通学术班在一、二年级开设的科目完全相同，包括英语、母语、数学、科学和人文（地理、历史和英文文学）、品格与公民教育、设计与技术、食品与消费教育、体育、艺术、音乐，只不过快捷班的课程设计指向的是普通水准考试，而普通学术班对应的是初级水准考试（学术类）。从三年级开始，各校除了开设几门普通教育证书必考科目，即英语、母语、数学、科学和人文，还要自主开设丰富的校本课程供学生选修，有些学校还开设计算机、运动、体育和戏剧等应用学科。另外，根据近年来开始实行的科目编班制，成绩优异的普通学术班学生还可以根据自己的情况，部分学科从三年级开始修读快捷班的课程。③

---

① Ministry of Education，Singapore. Enrichment Model. [2020-03-24]. 见 https：//www.moe.gov.sg/education/programmes/gifted-education-programme/enrichment-model.

② Ministry of Education，Singapore. GEP Identification. [2020-03-24]. 见 https：//www.moe.gov.sg/education/programmes/gifted-education-programme/gep-identification.

③ Ministry of Education，Singapore. Subjects for Express course. [2020-02-10]. 见 https：//beta.moe.gov.sg/secondary/courses/express/electives/#subjects；Ministry of Education，Singapore. Subjects for Normal（Academic）course. [2020-02-10]. 见 https：//beta.moe.gov.sg/secondary/courses/normal-academic/electives/#subjects.

　　新加坡教育部原本在中学阶段也针对禀赋超常的学生设置了与小学类似的高才教育计划。但随着六年一贯制综合课程的引入，由于修读这种课程不用中途参加普通水准考试而直接在毕业时参加高级水准考试，越来越多的拔尖学生放弃参加高才教育计划改以参加这种课程。从 2008 年年底开始，教育部终止了统一的中学高才教育计划，改由开设六年一贯制综合课程的学校自主开设英才教育（School-Based Gifted Education，SBGE）。①

　　对于普通工艺班，依据初级水准考试（工艺类）的科目设置，一、二年级不开设人文科目，但增加了社会研究与计算机应用两门课程。从三年级开始，除了英语、母语、数学、科学、社会研究和计算机应用这几门证书考试必考科目，各校同样要开设选修性质的校本课程供学生选择，有些学校还开设了移动机器人、智能电气技术和零售运营等"教育部—工艺教育学院应用课程"。普通工艺班学有余力的学生也可以从三年级开始部分科目选择更高难度的课程。②

　　另外，新加坡教育部的语言中心以及有些中学为在语言、艺术和音乐方面有兴趣和天赋的中学生开设了多种特选课程。（见表 4–11）例如在语言领域，除了修读学校开设的更高层次的母语课程，成绩优异的中学生还可以从八种语言中选修其一作为第三语言，包括华文（特别课程）、马来文（特别课程）、印尼文、阿拉伯文、法文、德文、日文和西班牙文，这些课程由教育部相应的语言中心提供。在有些中学，高级母语 B3 级及以上，或母语 A2 级及以上的二年级学生可以申请从三年期选修相应语种的语言特选课程。如第二章提到的，被这种课程录取的学生在通过联合招生计划申请中学后学校时还能被优先录取。值得特别提出的还有双文化课程（Bicultural Studies Programme），在特定学校，如果学生对当

①　Singapore infopedia. Gifted Education Programme. [2020-02-10]. 见 https：//eresources.nlb. gov.sg/infopedia/articles/SIP_2016-02-22_153216.html.

②　Ministry of Education，Singapore. Subjects for Normal（Technical）course. [2020-02-10]. 见 https：//beta.moe.gov.sg/secondary/courses/normal-technical/electives/#subjects.

代中国社会和文化感兴趣，可从三年级开始选修这种课程。该课程以培养"中国通"为目标，学生期间还将前往中国进行长达八周的浸入式学习（Immersion Programme），也到西方国家浸入式学习两周。①

表 4-11　中学阶段的特选课程

课程类别	课程	录取标准
语言类	高级母语	小学离校考试成绩名列前 10% 的范围内或小学离校考试成绩名列 11%—30% 的范围内，同时在母语考试中考获 A* 或在高级母语考试中考获至少优等（Merit）
	中学马来文特选课程	符合高级马来文课程录取资格的学生
	第三语言 ·华文（特别课程） ·马来文（特别课程） ·印尼文 ·阿拉伯文 ·法文 ·德文 ·日文 ·西班牙文	华文（特别课程）和马来文（特别课程） ·快捷和普通学术类班 ·在小学离校考试中不曾报考高级华文／华文／高级马来文／马来文 印尼文和阿拉伯文 ·快捷和普通学术类班 ·在小学离校考试中不曾报考高级马来文／马来文 ·学生／家长是新加坡公民或新加坡永久居民 外文课程（法文、德文、日文、西班牙文） ·小学离校考试成绩名列前 10% 以内 ·学生／家长是新加坡公民或新加坡永久居民 ·小学离校考试高级华文／华文及格（日文课程录取标准）
	语言特选课程（LEP）	中学二年级学生： ·相应的高级母语至少达到 B3 级或相应的母语至少达到 A2 级
	双文化课程（BSP）	达到高级华文课程录取标准的学生
	区域通识课程（RSP）	·必须选修马来文（特别课程）或印尼文为外文课程 ·必须就读于开设区域通识课程的学校
	母语"B"	在小学离校考试中母语考获 C 或以下

① Ministry of Education，Singapore. Secondary School Education. [2020-09-11]. 见 https：//beta.moe.gov.sg/uploads/Secondary-School-Education-Booklet-2019.pdf.

续表

课程类别	课程	录取标准
美术和音乐类	美术特选课程（AEP）	达到快捷课程录取标准，并通过学校内部的美术特选课程选拔考试
	音乐特选课程（MEP）	达到快捷课程录取标准的学生，并获得皇家音乐学院联合委员会的实践和理论的音乐技巧三级考试及格或相等资格；若没有任何资格认证，必须在学校所设置的笔试和乐器演奏考试中取得及格的成绩
	强化美术课程（EAP）	达到剑桥普通水准中学高年级美术录取标准和学校所设定的其他录取标准
	强化音乐课程（EMP）	达到剑桥普通水准中学高年级音乐录取标准和学校所设定的其他录取标准

资料来源：Secondary School Education. [2019-12-30]. 见 https：//beta.moe.gov.sg/uploads/Secondary-School-Education-Booklet-2019.pdf.

（三）初级学院和励仁高中

初级学院和励仁高中作为大学预备教育机构，大多开设高级水准证书课程，同样涉及语言、人文与艺术、数学与科学三大领域，而且与考试科目安排对应，同一科目可能有 H1、H2 或 H3 不同难度的课程供选择。高级水准课程非常丰富：语言科目包括母语和多种第三语言；人文与艺术层面包括艺术、经济学、文学、英语、地理、历史、音乐、戏剧等；数学与科学包括生物、化学、物理、数学、计算机等。学生可以根据自己的兴趣、能力以及证书考试要求自行选择学科组合。与中学的做法类似，初级学院和励仁高中在艺术、音乐、戏剧、语言、人文科学等领域开设了各种特选课程，以期满足各类学生的学习需求，促进学生全面发展。[1]

---

[1] Ministry of Education，Singapore. Post-Secondary. [2019-11-25]. 见 https：//www.moe.gov.sg/docs/default-source/document/education/post-secondary/files/post-secondary-brochure.pdf.

四、教材管理

1980年，考虑到当时全国中小学师资水平偏低，为确保新学制能迅速实施，新加坡教育部成立新加坡课程开发所，负责为基础教育制定教学大纲（Syllabus），并开发教材及多媒体教学材料。新加坡课程开发所首先通过制定教学大纲，就教学内容和教学方法为全国基础教育教师提供指南，再基于教学大纲研发教科书、视听教具以及广播电视教育节目等多媒体教学材料，然后通过竞争性公开招标，与商业出版社合作出版发行。为了提高教材的使用效果，新加坡课程开发所还组织教材编写专家为广大教师开展讲习班，介绍如何使用教材来落实教学大纲中规定的各种教学策略并实现期望的结果。[①]

进入20世纪90年代后，随着国家教育的发展和人力资源的优化，全国中小学新招聘的教师基本都受过良好的专业培训，已能够设计自己的课程来满足学生的需求。1996年，新加坡政府决定裁撤教育部的课程开发所，此后除了母语和公民道德教育的教材继续由教育部编写、商业出版社发行外，其他所有教材均交由商业出版社请个人或团队自主开发，在获得教育部批准后，将其印刷并直接出售给学校。从2001年开始，经教育部审批的商业学习材料将一律印有教育部专用审批图章。新加坡政府每年8月中旬更新一次"经审批的中小学清单"（Approved Textbook List），并公布在教育部官网上，鼓励各校在考虑学生具体需求和教科书适用性的基础上，为学生从中选择学习材料。[②]

新加坡一方面通过开放教材市场，充分激发和利用商业出版社的专业知识和创造力，使市面出现多种版本的基础教育教材，为学校提供更大的选择余地，而且提高了教材更新频率，提升了知识迭代速度；另一方

---

① Development of Sustainable System for Provision of Textbooks in Primary Education：Singapore's Experience. [2020-02-09]. 见 http：//siteresources.worldbank.org/EDUCATION/Resources/278200-1121703274255/1439264-1153425508901/Provision_of_textbooks_draft.pdf.

② Ministry of Education，Singapore. MoE Singapore. Approved Textbook List. [2020-02-09]. 见 https：//www.moe.gov.sg/education/syllabuses/approved-textbook-list.

面，教育部规定商业出版社编写教材必须以教育部发布的教学大纲为基础，贯彻国家课程改革要求，并通过"课本核准程序"严格监督教材质量与价格。教育部不仅为商业出版社举行讲解会，使之了解课程材料编写要求，并会从头协助及指导他们的编写工作，以便及时发现并纠正不妥。①

第四节　保障制度

一、教育督导与学校评估

受到英国的影响，新加坡 20 世纪 80 年代的学校评估系统被称为检查型系统。它由高级检查员负责，对学校进行定期检查，内容包括四个方面：学校管理、教学大纲、辅助活动以及相关成果。根据学校的规模状况，检查组会组织一定数量的专家，对学校各个方面进行观察、访谈，以达到检查的目的。外界的检查可以相对客观地认识学校教学、管理的现状，不可或缺，但是学校对于自身的认知也不可缺。如果学校长期以来依赖外界检查评价，那么学校会背负很大的压力，而且也会逐渐变得被动。② 进入 21 世纪后，基于吴作栋提出的"思考型学校，学习型国家"愿景，新加坡探索建立了新一代教育督导与学校评估系统。③ 它通过"学校卓越模型"引导学校开展自我评估，在此基础上又结合使用外部评估和校群管理等外部质量保障制度。

（一）学校卓越模型

学校卓越模型既是评估模式，也是管理系统，旨在提供一套客观的确定和衡量改善学校实力和范围的方法，允许学校之间进行基准测试，激发那些能够对整个学校的质量带来积极影响并最终能够提高整个教育体系

---

① 王学风：《新加坡中小学课程与教材改革及其启示》，《课程·教材·教法》2001 年第 6 期。

② 路一凡：《新加坡：换一种思路考核督导》，《中国教育报》2019 年 3 月 1 日。

③ Karen Whitby. *School Inspection：recent experiences in high performing education systems*. CfBT Education Trust，2010，p.5.

质量的活动。① 它改变了以"经济工具主义"(Economic Instrumentalism)为导向的教育发展理念，强调教育的核心是学生的发展。

学校卓越模型借鉴了欧洲质量管理基金会(European Foundation Quality Management)、新加坡质量奖励模型(Singapore Quality Award)和美国马尔科姆国家质量奖励模型(Malcolm Bald ridge National Quality Model)的指标体系，由工商业多种质量评估模型改编、整合而成。② 其评估内容纳入了九大维度，既重视过程也关注结果，分为"成效"(Results)和"因子"(Enablers)两类，二者各占 50% 的权重，总分为 1000 分。(见图4–5)"成效"与学校取得，或正在获得的成就有关，主要关注学校已经完成了什么以及正在实现什么；"因子"与取得成果的方式有关，包括文化、过程和资源要素，主要关注学校的管理方式和资源分配，及"成效"是如何产生的。"成效"是"因子"的结果；与此同时，"因子"通过"成效"的反馈而得到改进。

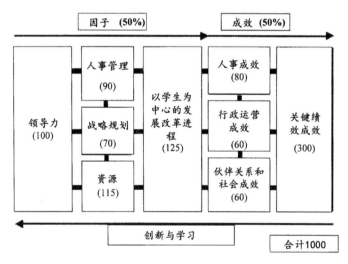

图 4–5　学校卓越模型

资料资源：Ng Pak Tee. The Singapore School and the School Excellence Model. *Educational Research for Policy and Practice*，2003 (2)，p.28.

---

① 　宋晓云、王忠明：《新加坡优秀学校评价模型》，《全球教育展望》2004 年第 8 期。

② 　Oon-Seng Tan. *Educational Research for Policy and Practice*. Berlin：Springer，2003 (2)，p.28.

1. 成效指标

学校卓越模型在成效方面关注了 4 个维度，设有 9 个测评点。（见表 4-12）

表 4-12　新加坡卓越模式指标体系（一）

维度 （一级指标）	测评点 （二级指标）
行政运营成效	学校管理实现效率的程度
	学校管理是否具有效能
人事成效	在员工培训方面取得的成效
	在员工发展方面取得的成效
	在鼓舞员工斗志方面取得的成效
伙伴关系和社会成效	与合作伙伴在合作方面取得的成效
	与社区合作方面取得的成效
关键绩效成果	在实现学生的全面发展方面取得的成效
	达到教育部预期教育目标的程度

资料来源：Pak Tee Ng and David Chan.A comparative study of Singapore's school excellence model with Hong Kong's school-based management. *International Journal of Educational Management*，2008，Vol.22（6），pp.483-493.

一是行政运营成效（Administrative and Operational Results），考察学校实现其效率和效能。该领域主要关注学校领导力效能，是对学校制定的管理任务以及策略规划的实施成效的一个评估，旨在检验行政管理的效果，发现不足，从而不断改进管理方法。

二是人事成效（Staff Results），主要考察学校在培训、发展及其师德方面的培养成效。在评估时进一步明确了人事管理的重点及其要考核的核心因素，强调对教职员工的职业发展和潜能开发效能的评估，切实保障人事管理的成效，聚焦对教职员工管理的效能。

三是伙伴关系和社会成效（Partnership and Society Results），考察学校在合作中和社区服务中所取得的成就。具体而言，该层面明确了验证成效的两个对象，一是合作伙伴，包括企业、学校、机构等利益相关者与其合作所产生的成效，这样的评估能检验合作对社会的贡献。二是与社区合作方面取得的成效，包括对学生的社会责任意识的评估。

四是关键绩效成效（Key Performance Results），考察学校在学生整体发展中取得的成就，特别关注学校实现"教育期望成果"的程度。这是对学生培养目标的关键性考核，既注重学生的全面发展，也重视衡量新加坡教育部规定的预期教育目标的实现程度。

2. 因子指标

学校卓越模型在成效方面关注了 5 个维度，设有 16 个测评点。（见表4–13）

表 4–13　新加坡卓越模式指标体系（二）

维度 （一级指标）	测评点 （二级指标）
领导力	校长和学校领导层的价值观
	聚焦学生的学习
	聚焦学生的卓越成就
	学校对社会的责任感
战略规划	学校明确设立有益于所有利益相关者的战略发展方向
	为实现战略发展方向，制定行动计划
	部署行动计划
	跟踪行动计划的实施和实现
人事管理	开发和充分利用教职员工的潜能，创建优质学校
资源	有效管理学校的内部资源以实现其战略规划
	与校外合作伙伴进行有效合作以实现战略规划
以学生为中心的 发展改革进程	致力于增强学生的身心健康
	设计为学生提供全面教育和提升学生福祉的学校改革关键进程
	实施为学生提供全面教育和提升学生福祉的学校改革关键进程
	管理好为学生提供全面教育和提升学生福祉的学校改革关键进程
	改进和完善这些关键进程

资料来源：Pak Tee Ng and David Chan. A comparative study of Singapore's school excellence model with Hong Kong's school-based management. *International Journal of Educational Management*，2008，Vol.22（6），pp.483-493.

一是领导力（Leadership），考察学校领导者和学校的领导系统如何树立价值观，并关注学生的学习和成绩；同时，在学校领导层的指挥下，学校如何履行其对社会的责任。这里的领导力强调学校管理层，包括校长、副校长、部门主任、科主任、班主任等的教育理念和教育认识。

二是战略规划（Strategic Planning），考察学校如何制定以利益相关者为中心的战略方向，以及如何制定行动计划、部署计划和评价绩效。新加坡在教育制度设计上建立了校企联动机制，强调人才培养要与企业、社会、国家的发展需求紧密结合。

三是人事管理（Staff Management），考察学校如何利用并发挥教职工的全部潜力来创建优秀的学校。为了激发教职工的潜能，新加坡专门对其教师建立了"增加绩效评价制度"（Enhance Performance Management System，EPMS），评价的内容包括两个方面，一是对教师平时工作绩效的评价；二是对教师个人发展潜能的评价。同时为加强业务素质，对教师加强岗前和再就业培训，确保员工素质稳步提升。

四是资源（Resources）：学校如何有效地管理内部资源与外部合作关系，支持其战略规划与实施。值得强调的是，校内资源的合理性利用是保障教育质量和教育目标实现的前提，同时强调校外合作有助于培养学生的实践技能，使学生在走出校园后能够适应社会的需要。

五是以学生为中心的发展改革进程（Student-Focused Processes），考察学校如何设计、实施、管理、改进其发展过程，以提高整体教育水平，提高学生的幸福感。该层面强调了改进过程中的核心是学生，一切指标的设计都是围绕学生展开的，不仅关注学生其他方面的发展，而且尤为注重学生的身心健康发展。

学校卓越模型不仅能够衡量学校的绩效表现，也能够成为学校整体发展的管理和建设框架，帮助学校发现问题，推动学校不断改进。① 它被

---

① Ng Pak Tee. "The Singapore School and the School Excellence Model". *Educational Research for Policy and Practice*，2003（2），p.30.

视作新加坡中小学校寻求持续改进和创新的动力。学校卓越模型首先是一种学校自评工具。校内评估由学校自主进行，每年进行一次，评估学校短期和长期目标的实现程度，从而逐渐地提高办学质量，促进学校改进。可以说，自我评估不仅是持续改进的有效手段，也是将全面质量管理纳入正常运营的绝好机会。①

（二）教育部评估与鉴定

在学校自评基础上，新加坡教育部也要每 5 年组织团队对学校开展一次外部评估，并同样使用学校卓越模型中的指标和标准，以验证各校自我评估结果。学校卓越模型使用增值评估法，评估学校的效能，对效能指标进行量化分析。② 外部评估重在帮助学校校准并完善其内部自我评估程序。在校外评估过程中，教职工也能厘清努力的方向，提高自我认知，强化教师对工作和学校的自豪感，以期提升整体绩效。③ 校外评估报告也将强化学校发展优势，并指出改进的方向。教育部每年会将学校评估的结果公布在媒体上，接受政府、社会、家长的监督，既鉴别、问责、奖励各级各类学校，又使学校不断地在总结反思中走向优秀，成为卓越。④

新加坡教育部曾设置了"奖励计划"（Master Plan of Awards），表彰在评估中表现好的、有进步的学校，分为初级奖、中级奖和特级奖三个级别。初级奖包括"成就奖"（Achievement Awards）和"发展奖"（Development Awards），颁发给至少在一年时间内在某些领域表现突出的学校；中级奖包括"最佳实践奖"（Best Practices Award）、"卓越发展奖"（Outstanding Development Award）和"持续成就奖"（Sustained Achievement Award），颁发给在某些领域持续表现卓越的学校；特级奖包

---

① Porter，L. J. & Tanner，S. J. *Assessing Business Excellence*：*A Guide to Self-assessment*. Oxford：Butter-worth-Heinemann. 1996，p.167.
② 余震：《新加坡中小学教育督导评估政策及启示》，《武汉教育学报》2007 年第 2 期。
③ Ng Pak Tee. "The Singapore School and the School Excellence Model". *Educational Research for Policy and Practice*，2003（2），p.35.
④ 周教明：《我的新加坡教育访学之旅（八）——学校督导评估之卓越学校模式》，（2018-11-05）[2020-02-05]. 见 https://www.jianshu.com/p/5d563e9cc308.

括"优异学校奖"（School Distinction Award）和更高一级的"卓越学校奖"（School Excellence Award），颁发给"因子"和"成效"表现俱佳的学校。① 卓越学校奖或优异学校奖有效期为 5 年，5 年后将重新评估。②

2014 年起，为促进各校朝着全人教育发展，新加坡教育部取消了"奖励计划"，但将继续在更加简化的制度下认可优秀学校的实践，重点表彰教学最佳实践、学生全面发展最佳实践、员工发展和福利最佳实践、品格与公民教育最佳实践、伙伴关系最佳实践。为了支持学校间的分享，新加坡教育部还将配套设立一个在线"优秀学校实践"（Good School Practices，GSP）资料库，让各校了解其他学校的优秀实践，以改进自己的做法。③

（三）校群管理

自 1998 年起，新加坡政府就实行了校群管理制度。该制度设置的初衷是平衡东区、南区、西区、北区 4 个学区内的教育资源，在此基础上，确保这 4 个学区之间的教育差距不要太大。④ 本书第二章已述，新加坡一般从有威望的、管理出色的中小学校长中选拔出校群主管。这些管理人员的基本职能是对各校的校长进行监督管理，对学校工作有直接管理和评价权，对学校的处室主任、科主任、年级主任也有选拔任用的权利。在开展评估时，评估对象可以是被评估者的上级主管或领导，也可以是同事、下属、同行等。同时，在学校访问、人事管理、出席会议、策划组织、咨询工作等工作中，校群主管能够发现具有领导潜质的校长。

---

① Ministry of Education，Singapore. Recognising School Achievements in 2010. [2020-4-1]. 见 https：//www.nas.gov.sg/archivesonline/data/pdfdoc/20100926001/press_release_moa_2010.pdf.

② 路一凡：《新加坡：换一种思路考核督导》，（2019-03-01）[2019-12-19]. 见 http：//www.gmw.cn/xueshu/2019-03/01/content_32585994.htm.

③ Ministry of Education，Singapore. MOE Removes Secondary School Banding and Revamps School Awards. [2020-4-1]. 见 https：//www.moe.gov.sg/news/press-releases/moe-removes-secondary-school-banding-and-revamps-school-awards.

④ 李国宏：《新加坡学校质量保障系统》，《世界教育信息》2010 年第 8 期。

校群主管在教育部与学校之间、校长之间、教师与校长之间发挥着协调作用。校群主管协调各种关系的目的是促使教育督导工作顺利进行，从而使各方工作水平和管理水平得以提高。① 总之，校群管理制度的建立，整合了教育资源，加强了基础教育管理，而且促进了校际间的合作，有利于促进学校对教育部政策的理解与落实。

二、教师选拔、考核与晋升

在新加坡，教师是备受尊崇的职业；新加坡义务教育阶段的优质结果也离不开高质量的教师团队。新加坡基础教育阶段教师的高地位、高质量建立在其选拔、考核与晋升制度的基础上，这一系列制度保障了高水准的专业人员进入基础教育阶段的教师团队，具有不同特长与才能的教职工能够在最合适的岗位上服务于教育体系和学生发展。

（一）教师选拔

新加坡中小学与初级学院（励仁高中）教师均由教育部统一选拔。每年，教育部根据教育事业发展需要公布招聘计划，经过自主申请、组织面试筛选出入围者。招聘对象分为两类：一类称为"已受训教师"（Trained Teachers），即已接受过新加坡教育部认可的、与教师职业相关的学位或文凭教育，录用后直接分派到学校上岗；另一类是"未受训合同制教师"（untrained contract teacher），其实相当于为国立教育学院招定向师范生。教育部主要从中学毕业班排名前三分之一的学生中挑选候选者，学术能力是必要条件，而对这一职业和为不同学生群体服务的承诺也是必不可少的。通过初审的候选者将收到一份面试邀请，并写明候选者所入围的学科（可能与候选者自己申请的不一致）。面试当天，候选者将被要求完成一项书面任务，并就一个与入围的学科相关的主题做简短陈述，随后与面试小组开展讨论。教育部还将酌情要求申请人参加入选水平测试（Entrance

① 路一凡：《新加坡：换一种思路考核督导》.（2019-03-01）[2019-12-19]. 见 http：//www.gmw.cn/xueshu/2019-03/01/content_32585994.htm.

Proficiency Test，EPTs）。录用者将成为一名未受训合同制教师，并被分配到一所学校。一般而言，他们至少需要从事 4 个月的教学工作。学校在此期间进一步评估候选者是否真的适合从事教学工作，对于候选者个人来说也可以借机确认自己是否对教学职业真感兴趣。如果候选者与校方均认为候选者适合从事这一职业，候选者将被国立教育学院相应的文凭项目（Diploma in Education）或本科后文凭项目（Postgraduate Diploma in Education）录取，接受正规职前教师教育，毕业后被派往学校从事教学工作。①

（二）教师考核与晋升

新加坡教育部为基础教育阶段教师提供了教学、行政和教研三种职业发展选择②，每一轨都分为 13 个职级。前 3 个级别属于"一般级"（general）；接下来的两个级别属于"高级"（senior）；最高 8 个级别属于"超高级"（super senior）。教师每升一个职级都将获得加薪以及额外的培训和辅导机会。但教师的职级不是随着教龄自然上升，而是取决于年度教师考核成绩。③

学校成立非常设性的教师考核委员会，由校长领导，成员一般包括副校长、主任，共约 10—15 人。普通教师的考核由主任（部门主任 / 学科主任 / 级主任）负责，主任由副校长负责，副校长由校长负责。校长的考核则由校群督导负责。考核贯穿学年初、学年中、学年末。学年开始阶段，教师根据学校的发展目标以及自身的具体工作任务，与考核官共同商讨制订本年度的工作计划和阶段性目标，分析当前的能力是否胜任，并针对不足之处制订提升计划。学年中，考核官会通过不打招呼听课、抽查教案和学生作业本，征求学生、家长意见等方式了解教师平时的工作态度和工作表现。年中考核结果不计入最后成绩，但考核官要及时将考核结果及

① Ministry of Education，Singapore. Teach. [2020-04-13]. 见 https：//www.moe.gov.sg/careers/teach.
② 详见第七章。
③ National Center on Education and the Economy. Singapore：Teacher and Principal Quality. [2020-04-13]. http：//ncee.org/what-we-do/center-on-international-education-benchmarking/top-performing-countries/singapore-overview-2/singapore-teacher-and-principal-quality/.

改进意见反馈给被考核者，以利于其及时改进自己的工作。学年结束后，考核官对被考核教师进行考核、评分。[①]

为了规范和指导全国基础教育阶段的教师考核工作，新加坡教育部从 2005 年开始全面推行强化绩效管理系统（Enhanced Performance Management System）。该系统详细列出了教师在三个发展方向各自所需的知识和技能，以及相应的职业特征，而且为了保证公平，不同发展方向以及每个方向的不同职级设定了不同的考核指标和要求，建立了一个能力本位的标准化教师考核框架。强化绩效管理系统在实施过程中取得了显著成效，但学校和教师普遍反映考核过于烦琐，认为加重了学校和教师的负担，同时还存在体系不够明晰、指标过分量化、部分指标与结果关联性不强等问题。为此，新加坡教育部近年对其进行了重新修订，自 2014 年 9 月开始实施新版强化绩效管理系统。[②]

新版强化绩效管理系统设定了"主要工作业绩"（Key Result Areas）和"能力"（Competency）两方面的考核。"主要工作业绩"涉及学生表现（Student Outcomes）、专业发展（Professional Outcomes）和对组织的贡献（Organisational Outcomes）三大领域，重点考察教师如何通过课堂教学以及课外活动等工作来实现"以学生为中心，以价值为导向"的教育理念。比如在"学生表现"方面，对于教学方向教师的考核聚焦于"学习质量"，具体包括：以学生为中心，以价值为导向的理念；符合需求的教学内容；很好的课堂纪律；积极的评估模式；对学生的表现给予及时反馈；而对于行政方向教师的考核则聚焦于"课程领导力"，具体包括：帮助学生建立学习的愿景；为学生学习提供支持（主任级别的需要列出其在教学方面的职责）。[③]

---

① 驻新加坡使馆教育处：《新加坡"不一样"的教师绩效管理》，《人民教育》2015 年第 8 期。
② 驻新加坡使馆教育处：《新加坡"不一样"的教师绩效管理》，《人民教育》2015 年第 8 期。
③ 驻新加坡使馆教育处：《新加坡"不一样"的教师绩效管理》，《人民教育》2015 年第 8 期。

　　"能力"则考核四个领域。一是个人素质（Individual Attributes），具体考察指标包括：专业的价值观和道德观；自我管理和提高；分析能力和灵活的思考能力。二是专业能力（Professional Mastery），具体考察指标包括：以学生为中心，以价值为导向；课程设置和内容；教学法和教学；考核和评价。三是组织能力（Organisational Excellence），具体考察指标包括：远景和规划；管理和实施；文化建设和个人发展。四是协作能力（Effective Collaboration），具体考察指标包括：人际关系和社交技巧；团队工作和团队建设；内部和外部合作关系。新加坡教育部认为，这些指标是教师实现其主要工作业绩所必须具备的能力，但对不同职级教师的要求有所区别。如"专业的价值观和道德观"指标，针对普通教师的要求是"维护职业尊严，追求高标准，具有使命感"，针对特级教师的要求是"维护职业尊严，追求高标准，具有使命感；鼓励其他教师同行共同坚持这些价值观"，而针对一名部门主任的要求则是"维护职业尊严，追求高标准，具有使命感；鼓励学校/校群内其他教师共同坚持这些价值观"。①

　　综合各方的考核结果把教师分成 A、B、C、D、E 五个等级。A 级要求教师在所有领域都表现非常优秀，工作能力很突出。评定为此级别可获得相当于 3 个月薪酬的业绩奖励。B 级要求教师在大多数领域表现优秀，工作能力突出。评定为此级别可获得相当于 2—2.5 个月薪酬的业绩奖励。C 级要求教师至少要在某些工作领域表现好，虽有不足，但总体上优点多过缺点。评定为此级别可获得相当于 1—1.5 个月薪酬的业绩奖励。D 级教师属于虽在某些工作领域表现较好，但整体上不足多过优点。E 级表示教师在各方面均表现不佳，不能胜任自己的份内工作。在各级的比例分布上，A 级规定不能超过一所学校教师总数的 5% 甚至可以完全没有，但必须有 5% 的教师列入 D、E 两级，大多数教师评为 B 级或 C 级。②

---

① 驻新加坡使馆教育处：《新加坡"不一样"的教师绩效管理》，《人民教育》2015 年第 8 期。
② 张俊：《新加坡教师积极参加培训的制度保障和市场机制对我国的启示》，《外国中小学教育》2010 年第 5 期。

考核结果与教师聘任、收入、晋升等挂钩。如教师连续 3 年考核结果不低于 C 级且至少有两次为 B 级，则可获晋升机会。被评为 E 级或连续两年被评为 D 级的教师将面临被解雇。[①] 不过，新加坡推行强化绩效管理系统的最终目的还是为了更好地激发教师潜能，提升工作质量和效率，从而促进学生、学校的发展与进步。因此，考核官和被考核教师会在沟通的基础上明确被考核教师未来的努力方向和重点。例如当教师第一年被评为 D 级时，学校将为其指出问题所在，并提出改进要求。

为了保证考核结果的公平公正，绩效考核过程中，考核官和被考核教师会进行充分沟通和讨论，以避免因考核者单方意见造成考核结果与实际情况严重背离。各学校教师考核结果需统一交教育部备案，并记录在教育部电脑系统中。新加坡教育部还建立了严格的监督机制。除了对校长进行严格选拔、培训和考核外，考核结果要和被考核教师见面、签字同意后才能生效。如果发生争议，被考核教师有权按程序向教育部提出上诉，教育部将根据调查情况做出最后裁决。[②]

三、财政资助

新加坡教育部在基础教育阶段面向新加坡公民设立了多种财政资助计划，以保障中低收入家庭子女入学和激励学生学习。概括来讲，财政资助计划分为两大类，一类属于援助性质，获助资格取决于学生的家庭经济状况；另一类属于奖励性质，获奖资格主要取决于学业及各种表现。

（一）援助性质的财政资助

援助性质的财政资助主要包括教育部经济援助计划（MOE Financial Assistance Scheme，FAS）和教育部自主学校助学金计划（MOE Independent School Bursary，ISB）。

[①] 袁霞：《新加坡中小学教师聘任研究》，硕士学位论文，湖南师范大学，2012 年，第 40 页。

[②] 驻新加坡使馆教育处：《新加坡"不一样"的教师绩效管理》，《人民教育》2015 年第 8 期。

新加坡政府规定，就读于政府学校或政府辅助学校的新加坡公民，如果家庭月总收入不超过 2750 新元，或者月人均收入① 不超过 690 新元，可以通过就读学校申请教育部经济援助计划，以免除学费和标准杂费，并获得免费课本、校服，以及膳食补贴和交通津贴。

表 4-14　教育部经济援助计划（2020 年标准）

项目	小学	中学	初级学院 / 励仁高中
学费	全免		
标准杂费			
课本	全免		—
校服			
助学金	—		每年 1000 新元
膳食	每餐补贴 2 新元，学期内每周补贴 7 餐	每餐补贴 2.9 新元，学期内每周补贴 10 餐	—
交通	乘坐校车的学生，60% 的校车费补贴；乘坐公共交通的学生，每月 15 新元交通补贴	乘坐公共交通工具的学生，每月 15 新元交通补贴	

资料来源：Financial assistance. [2020-3-30]. 见 https：//beta.moe.gov.sg/fees-assistance-awards-scholarships/financial-assistance/.

对于就读于自主学校和专科项目自主学校的新加坡公民，如果家庭月总收入不超过 9000 新元，或者月人均收入不超过 2250 新元，则可以通过申请教育部自主学校助学金，获得不同档次的教育费用减免和补贴。如果家庭月总收入不超过 2750 新元，或者月人均收入不超过 690 新元，学生可以像就读于政府学校或政府辅助学校一样享受免除学杂费、免费课本和校服，并获得同等的膳食和交通补助。报读国际学士学位文凭课程的学

———————

① 以家庭总收入除以每户家庭人口计算。每户家庭人口包括学生、学生父母、未婚兄弟姐妹，以及祖父母。

生参加政府资助学校全国考试时还可免交考试费。（见表 4–15）另外，新加坡体育学校、新加坡艺术学院、北烁学校、圣升明径学校、裕峰中学和云锦中学各自设有经济援助计划，就读这些学校的新加坡公民可以根据各自要求获得相应经济援助。

表 4–15　新加坡家庭收入及相应经济援助标准

家庭经济状况 （符合以下其中一项）		提供的经济援助
家庭月总收入	月人均收入	
不超过 2750 新元	不超过 690 新元	学费全免
		课本和校服费用全免
		全国考试费全免（国际学士学位文凭项目）
		每餐补贴 2.9 新元，学期内每周补贴 10 餐
		乘坐公共交通工具的学生，每月 15 新元交通补贴
2751—4000 新元	691—1000 新元	按政府学校或政府辅助学校学杂费缴纳费用
4001—6900 新元	1001—1725 新元	按政府学校或政府辅助学校学杂费的 1.5 倍缴纳费用
6901—9000 新元	1726—2250 新元	免除 33% 的学杂费

资料来源：Secondary School Education. [2019-12-30]. 见 https：//beta.moe.gov.sg/uploads/Secondary-School-Education-Booklet-2019.pdf.

（二）奖励性质的财政资助

奖励性质的财政资助主要是各种类型的教育储蓄奖，包括教育储蓄品德奖（Edusave Character Award）、教育储蓄奖学金（Edusave scholarships）、教育储蓄技能金（Edusave Skills Award）、教育储蓄活动成就奖（Edusave Award for Achievement，Good Leadership and Service）、教育储蓄优异助学金（Edusave Merit Bursary）、教育储蓄进步奖（Edusave Good Progress Award）。其中除了教育储蓄优异助学金对学生家境条件有要求外，其他奖项的获奖资格均只取决于学生的学业成绩和课业以外的表现。（见表 4-16）此外，新加坡教育部对于在中学修读双文化课程、区域通识课程以及三种母语特选课程的优秀学生还分别建立了专项奖学金计划。①

表 4-16　奖励性项目申请标准及资助额度

奖项	申请资格	年度奖金数额
教育储蓄品德奖	奖励每所学校前 2% 品行良好、具有模范生素质的优秀学生	·小学一至三年级 200 新元 ·小学四至六年级 350 新元 ·中学、初级学院（励仁高中）500 新元
教育储蓄奖学金	**政府学校、政府辅助学校或专科学校** 奖励成绩排在学校同年级前 10% 且品行良好的学生	·小学五至六年级 350 新元 ·中学 500 新元
	自主学校中学 第一类：小学离校考试成绩（不含额外"减分"）排在学校同年级前 1/3，以及由小学高才计划升入综合课程的学生，自入学起每年获得 1 次奖励（后续取决于学业和品行表现） 第二类：没有获得第一类，但在中学二年级结束时举行的教育储蓄奖学金考试中表现良好的学生，从三年级起每年获得 1 次奖励（后续取决于学业和品行表现） 第三类：奖励没有获得第一类和第二类，但当年的学校考试成绩排同年级前 10% 的学生	·未获得教育部自主学校助学金者按以下较低者奖励：每年 2400 新元；总学费减去就读政府或政府辅助学校所需缴付的学费及标准杂费 ·获得教育部自主学校助学金者按以下较低者奖励：每年 2400 新元；总学费减去教育部自主学校助学金所提供的资助 ·获得新加坡体育学校、新加坡艺术学院经济援助者按以下较低者奖励：每年 2400 新元；总学费减去学校提供的经济援助
教育储蓄技能金	奖励中学、专科学校、初级学院（励仁高中）毕业班中，在整个学习过程中表现出的专业技能和软技能排在前 10% 且品行良好的学生	·500 新元

① Ministry of Education，Singapore. Programme-specific scholarships for secondary schools. [2020-3-30]. 见 https://beta.moe.gov.sg/fees-assistance-awards-scholarships/awards-scholarships/programme-scholarships/.

续表

奖项	申请资格	年度奖金数额
教育储蓄活动成就奖	奖励每所学校前10%，具有领导品质，热心服务社区与学校，非学术活动表现出色，品行良好的学生	·小学四至六年级250新元 ·中学350新元 ·专科学校500新元 ·初级学院（励仁高中）400新元
教育储蓄优异助学金	小学一至二年级	
	奖励在学年中始终表现出积极的学习态度，品行良好，且其家庭月收入不超过6900新元（或人均收入不超过1725新元）的学生	·200新元
	中学和专科学校	
	奖励成绩排在学校同年级前25%，品行良好，且其家庭月收入不超过6900新元（或人均收入不超过1725新元）的学生（已获"教育储蓄奖学金"者无资格）	·中学350新元 ·专科学校500新元
	初级学院（励仁高中）	
	奖励成绩排在学校同年级前25%，品行良好，且其家庭月收入不超过6900新元（或人均收入不超过1725新元）的学生（已获任何教育储蓄奖者均无资格）	·400新元
教育储蓄学业进步奖	小学二、三年级	
	奖励不符合获得教育储蓄优异助学金资格，但在学年中学习成绩进步最大，品行良好的学生	·100新元
	其他年级	
	奖励成绩进步排在学校同年级前10%，品行良好的学生（初级学院或励仁高中已获任何教育储蓄奖者均无资格）	·小学四至六年级150新元 ·中学200新元 ·专科学校400新元 ·初级学院（励仁高中）250新元

资料来源：根据新加坡教育部官网信息整理而成。

第五章　新加坡的高等教育

高等教育作为高层次人才的培育重镇，得到了新加坡政府的高度重视，其高等教育发展所取得的成就也受到了世界的瞩目。

第一节　发展历程

与大多数东南亚国家一样，新加坡在独立前同样以遵照殖民宗主国——英国的教育结构与制度为整体教育模式。20世纪初期，为了满足殖民当局的需要，新加坡建立了两所高等学府，一是1905年建立的海峡殖民地及马来联邦国立医科学校，1912年该校改名为爱德华国王七世医学院；二是1929年开办的文理学院莱佛士学院，用于培养中小学师资。由于受殖民地统治的影响，这一时期新加坡高等教育发展非常缓慢，不仅没有增加新的高等学校，原有的两所高等学府也处于勉强维持的状态，这两所学校在招生规模、师资设备等方面都未获得显著的改观与发展。这一时期新加坡的高等教育规模很小，学科专业不多，并且应用性不高。[①] 新加坡的高等教育自独立后开始发展壮大，并逐步建立起具有本国特色的高等教育体系。自独立以来，新加坡高等教育的发展历程可划分为两个阶

[①]　黄建如：《比较高等教育——国际高等教育体系变革比较研究》，社会科学文献出版社2008年版，第265页。

段：第一阶段为独立后至 20 世纪 70 年代末，主要任务是对新加坡高等教育的改造与重塑；第二阶段为 20 世纪 80 年代初至今，这一阶段持续进行的任务是扩大规模与提升质量，以应对本地社会与国际发展对人才培养与知识生产提出的多种诉求，同时国际化是这一阶段高校发展的重要维度。表 5-1 所示新加坡独立以来与高等教育相关的重大报告或政策列表，简要反映了高等教育的发展历程与各阶段的改革手段。

表 5-1　新加坡高等教育发展历程中的重大报告及相应改革

时间	出台机构	报告或政策名称	主张	意义
1956	新加坡立法议会各党派华文教育委员会	《新加坡立法议会各党派华文教育委员会报告书》	提出"英语+母语"的双语政策	肯定了母语教育的地位和双语教育的重要性
1959	人民行动党	《建国施政纲领》	发展实用教育以配合工业化和经济发展的需要	确立了新加坡教育的实用主义指导思想
1961	职业与技术调查委员会	《职业与技术调查报告书》	建立一个由初级到高级的技术教育系统	为新加坡高等职业技术教育奠定了基础
1979	英国谢菲尔德大学校长兼英国拨款委员会主席丹顿爵士	《丹顿报告》	新加坡大学和南洋大学合并成为新加坡国立大学	标志着曾经是东南亚地区华文最高学府的南洋大学关闭，确保了新加坡国立大学在今后高等教育发展的领军地位
1980	新加坡国立大学	《大学教育报书》	提出加强通才教育	肯定了通才教育的重要性，注重培养学生的多方面能力
1986	经济委员会	《新加坡经济：新的方向》	建议大学和理工学院增加每年的招生数	新加坡高等教育从此进入大众化的发展阶段

续表

时间	出台机构	报告或政策名称	主张	意义
1989	丹顿爵士	《丹顿报告》	将南洋理工学院升格为南洋理工大学；支持新加坡大学得到国际认可	为新加坡高等教育指明了国际化发展方向
1990	新加坡总理吴作栋	《新的起点》	为新加坡今后20年社会经济发展提出新的规划	确立了经济和教育的国际化发展战略
1991	新加坡工商部	《战略经济规划》	到2030年达到同美国一样的人均国民生产总值	肯定了提高整个人口教育水平，建立技术人才库及开发创造技术的重要性
1997	新加坡21委员会	《凝聚，我们将产生影响》	让每个公民接受终身教育，大力发展面向产业需求的教育	肯定了终身教育的重要性
2003	审查大学院校和毕业生人力规划委员会	《重组大学结构——更多机会，更好的质量》	新加坡国立大学增设两个新校区；到2010年大学入学率（CPR）达到25%	扩大了高等教育的招生规模
2005	大学自治，治理和拨款督导委员会（UAGF）	《大学自治：迈向卓越巅峰》	使目前大学只有少许自主权转变为拥有完全自主权，成为对国家、社会负责任的高等学府	标志着新加坡大学自治改革的前期铺垫工作的完成和政策实际执行的开始
2008	大学扩张委员会（CEUS）	《大学扩张委员会报告》	改革现有的大学，建立新的大学，开展新的项目；到2015年受资助大学入学率（CPR）达到30%	保障了高等教育质与量协同发展，扩大高等教育规模，提升高等教育品质
2012	2015年后升大学渠道委员会（CUEP）	《2015年后升大学渠道委员会报告》	开展应用型大学模式，利用私立教育机构，发展继续教育培训项目；到2020年受资助大学入学率（CPR）达到40%	为2015年后新加坡高等教育发展提出新的战略规划

一、对殖民地时期高等教育的发展与改造

二战后，刚获得自治的新加坡面临严峻的经济危机。新加坡政府考虑到高等教育在人力资源发展和促进经济繁荣方面的重要作用，开始大力发展高等教育并对殖民地时期建立起的高等教育体制进行去殖民化改造。

（一）兴办各类高等学府

20 世纪 50—70 年代，新加坡政府改制及民众兴办各类高等教育学府，大力夯实教育根基，推动社会经济的发展。1949 年，爱德华七世医学院和莱佛士学院合并组成马来亚大学，合并以后的大学对专业学科进行了适当的调整和增加，成为一所综合性大学，即后来的新加坡大学。1953 年，杜比委员会（Dubby Committee）提出了成立新加坡工艺学院的建议。1954 年，新加坡政府正式通过了新加坡成立工艺学院的法令，1958 年该校正式开始招生。开办之初，该校重视中等技术教育，课程除工科课程以外，还开设了英国文学、历史、地理等文科课程，此外还有纯艺术和家政之类的课程。新加坡经济在 60 年代以后转型发展，迫使工艺学院调整办学方向及课程设置。经过改革后学院分设三个专业科系，即机械工程、土木工程以及会计，之后又增设了航海等。同时办学层次也逐步提高，在颁授专业、技术和一般操作三种水平的文凭的基础上，1965 年又与新加坡大学商定，工程、会计、航海等专业学科的学生可以授予新加坡大学的学位。

与此同时，20 世纪 50 年代初，英殖民政府在新马地区奉行"英文至上"政策，无视华文教育的需要。其时，华人在新加坡已占有过半数的人口，但获升读大学之华校生却寥寥无几。尤其自 1949 年后，华校高中毕业生赴中国深造之路已遭断绝，而唯一设于新加坡的马来亚大学不收华校生。政府还陆续公布了 1951 年《巴恩报告书》（*Barnes Report*）、1952 年《教育法令》（*The Education Ordinance*）及 1954 年《教育白皮书》（*White Paper on Education Policy*），此皆不利于华文教育的生存与发展。1953 年，新加坡福建会馆主席陈六使呼吁华人社会以自身的人力物力，摒弃帮派观念，创立一所华文高等学府，以满足当时华校高中毕业生渴望深造的迫切需求，并为新马社会培养各类专才。尽管遭到了以时任马来亚大学副校长为首的众多知识分子以及英国政府的反对，但是新马以及东南亚各地热心教育的华侨一致响应。陈六使捐助 500 万马元，新加坡华人报纸《南洋商报》捐助 100 万马元，福建会馆捐献 500 英亩土地作为建立校址使用，各行各界的各种义举和捐款源源而至。这样在克服各方困难的情况下，一所用华文授课的大学——南洋大学在 1953 年宣告成立。创建之初设立三个学院：文学院、理学院及商学院，共 9 个系。1959 年 3 月 4 日，政府通过立法确定了南洋大学的法定地位，南洋大学的发展规模与速度迅速提升。南洋大学虽然被打造为中型华文教育机构，但也开设英语语言课程，而且实际上，许多课程都采用英语授课。招收的所有学生几乎都是华校中学毕业生，其中大多数来自劳动阶层家庭。这所大学的成立及以后的发展，为满足华人子弟升学深造的要求，为新、马两国的经济、社会发展培养有用之才，都发挥了很好的作用。从 1955 年到 1965 年的 10 年间，南洋大学学生对教育和社会已有明显贡献，受过专业训练、拥有新知识的人才填补了新马华文教育的师资缺陷，在工商界、新闻界和政府部门占据一席之地，并且在学术界崭露头角。

（二）政府对高等教育实行统一管理

殖民地时期新加坡的高等学校按照英国制度实行自治，这种封闭式的大学体制，虽然具有保护学术自由等优点，但存在与社会、经济相脱离的问题。在新加坡自治和独立以后，政府意识到高等教育机构在人力培养方面发挥的重要作用，而人力资源又是促进国民经济发展的重要支柱，所以政府要保证高等教育沿着政府指定的方向发展，就必须在国家独立后运用政治和经济手段将高等教育的人事权和领导权收归于政府。政府收回高等教育的人事与教育大权是新加坡高等教育改革具有决定性的一步，这使新加坡有限的高等教育资源能在发展国家经济与提升国际竞争力方面发挥巨大作用。①

---

① 欧阳忆耘：《从新加坡高等教育的发展与改革看教育基本规律的作用》，《高教探索》1997 年第 3 期。

1967 年，新加坡政府将由义安公司创办的私立技术教育学院义安工艺学院改制为公立学院，新设电子工程专业和商业研究专业，加强了政府对高等技术教育的控制和领导，使其更好地根据国家需要来发展高等技术教育。1968 年，时任副总理杜进才直接担任新加坡大学副校长，这标志着大学开始直接隶属于总理公署领导，大学领导权向政府转移。在实施政治手段掌握教育领导权力的同时，政府通过经济引导的形式，对高等教育机构日常开支进行高额补贴，以及对高等教育教育机构科研进行大力资助来增加对高等教育的影响。在新加坡高等教育的初创和发展阶段，政府对高等教育机构进行统一管理，进行一体化制度改革，此举最大限度地保障了高等教育资源在促进国家经济发展、社会稳定中的有效运用。

（三）确立高等教育实用主义发展方向

新加坡政府成立之初，生存不仅被当作政治口号，还被用作加强政府的政治合法性并助其动员民众支持执政党制定国内外政策的首要主题。[1] 强健的经济、实现充分就业的承诺是新加坡在面临不确定性乃至地区动荡的情况下维持社会政治环境稳定的前提条件。教育和培训被视为促进经济增长和发展的核心要素，以及提高劳动力技能水平的主要推动力，能够在竞争激烈的市场中帮助新加坡保持经济持续发展。鉴于发展需要，新加坡一改此前高校脱离社会、重文轻工、教学与生产相脱离的做法，在1959 年建国施政纲领中提出了"发展实用教育以配合工业化和经济发展的需要"的指导思想，使高校与社会现实、科技发展、生产服务相联系，这也确立了新加坡高等教育的实用主义发展方向。为配合国家对高等教育提出发展实用教育的要求，大学的专业设置与工业发展密切相关。1963年，新加坡政府对 50 年代成立的新加坡工艺学院进行课程调整，将其改编为高等技术教育水平的大专学校；同时调整新加坡大学的专业，在原有的文科、理科、医学的基础上，新增一些应用于国家工业化的学科，如工

① S. Gopinathan. "Educational Development in Singapore：Connecting the National，Regional and the Global". *Australian Educational Researcher*. 1997（24），pp.1-12.

程、建筑等，到 20 世纪 70 年代末期，工程学院成为新加坡大学规模最大的学院。

二、规模扩张与质量提升齐驱并进

经过 19 世纪 60、70 年代的发展，新加坡高等教育一方面建立起一体化的国家高等教育制度和政府统一领导的管理体制，另一方面确立了与经济发展相适应的以实用主义为根本的高等技术教育发展趋势，为新加坡建国初期摆脱经济困境、加快工业化和现代化进程发挥了重要作用。20 世纪 80 年代以来，由新自由主义所倡导的自由市场理念席卷全球，并对各个国家的政治、经济、文化和教育都产生极其广泛的影响。与此同时，随着金融危机和全球经济放缓，新加坡陷入了严重的经济衰退的困局。在全球浪潮和本土基因的共同推动下，以李光耀为首的人民行动党提出要努力向知识经济转型，并实施了一系列提高教育质量、扩大教育规模的高等教育改革，以此提升新加坡等教育体系的竞争力。新加坡充分利用高等教育平台广募人才，通过人力资本的辐射作用来推动经济和社会的整体发展。

(一) 扩大高校的招生规模

新加坡一直以来奉行"精英教育"原则，即将优质教育资源优先满足优质学生，以使教育效益最大化。这一理念使得新加坡高等教育的毛入学率低于韩国、中国台湾等同期经济发展势头强劲的亚洲邻国与地区。自 20 世纪 80 年代以来，新加坡政府颁布的经济报告一再强调高等教育对发展新加坡全球经济竞争力的重要贡献，经济发展对人才的需求成为新加坡各级各类高校扩大受教育机会的动力；80 年代中期经历第一次经济衰退后，为了提高劳动力素质以促进经济结构的调整，扩大高等教育规模成为政府主导的官方行为，高等教育由精英转向大众化。在此之后，随着经济发展对人才结构不断提出的诉求与新挑战，新加坡高等教育扩大规模的手段不仅限于增加现有院校的招生规模或新设高等学府，还包括设立多种类型的高校或高等教育项目，并通过不断发展与完善的管理手段对持续扩张的高等教育规模保驾护航。总体来看，20 世纪 80 年代至今，新加坡高等教育扩张规模主要包括以下手段。

1. 增加高校的数量与类型

新加坡高等教育扩张规模的最初手段是新设院校、专业或单纯的增加招生人数。20 世纪 90 年代初期，新加坡增设了几所高等学校，如 1990 年创办淡马锡工学院，1992 年创办了一所南洋公学院，1994 年创办开放大学，并把私立的新加坡管理学院升格为新加坡管理大学。高校内部也根据经济发展需要增设了新的专业，原南洋理工学院增设了商业和电脑两个新学系，并陆续增开了一些新课程。该学院于 1991 年升格为南洋理工大学，专门培养高科技人才。1995 年，新加坡国立大学和南洋理工大学的招生人数从 1990 年的 2 万余人扩大至 3 万余人；同期，新加坡工艺学院、义安工艺学院和淡马锡工艺学院的招生人数也从 2.7 万人增至 3.5 万人。[①]高等学校在校生人数由 1985 年的 39913 人增加到 1995 年的 73939 人，增长率达到 185.25%，基本达到吸收 20% 的适龄青年进入大学、40% 的适龄青年进入工学院的目标。[②]

进入 21 世纪，新加坡高等教育规模的扩张成为政府机构规划下全面、体系化的战略发展行为。2002 年 2 月新加坡政府成立了审查大学结构和毕业生人力规划的委员会（The Committee to Review the University Sector and Graduate Manpower Planning），并于 2003 年 5 月向教育部提交报告《重组大学结构——更多的机会，更好的质量》（*Restructuring the University Sector——More Opportunities，Better Quality*），提出到 2010 年大学入学率达到 25% 的招生目标。同时，政府通过将新加坡国立大学建成一个多校区大学体系来扩大其招生规模。

2007 年 8 月 19 日，国家总理李显龙宣布成立大学扩张委员会（Committee on the Expansion of the University Sector），该委员会由当时教育部部长吕德耀担任主席，国际学术咨询团主席陈庆炎博士担任顾问，由

---

① 胡庆芳：《新加坡高等教育面向 21 世纪的适应性改革与发展》，《苏州大学学报》1999 年第 2 期。

② 黄建如：《新加坡高等教育大众化评析》，《高等教育研究》2001 年第 2 期。

来自各政府部门和私立机构的 11 名成员组成。① 委员会任务是探讨如何以最佳的方式扩大高等教育规模，既要努力实现 2015 年受政府资助的大学入学率达到 30% 的目标，还要兼顾新加坡日后长期的人力资源需求。② 2008 年 8 月大学扩张委员会向教育部提交了最终报告——《大学扩张委员会报告——更多选择，更多超越的空间》(*Report of the Committee on the Expansion of the University Sector——Greater Choice，More Room to Excel*)，经教育部审核通过。此报告对现有大学的定位进行了全新的划分，并为新加坡高等教育规模扩张提出改革方案。政府通过改革现有大学，同时新建了两所注重理论基础与实践应用相结合的新型应用型大学——新加坡科技学院和文理学院，实现高等教育规模的扩张。

2011 年，新加坡总理李显龙在国庆节的讲话上强调了进一步丰富高等教育种类的必要性。作为该讲话的回应，同年教育部部长王瑞杰宣布成立升大学渠道委员会 (Committee on University Education Pathways Beyond 2015)，该委员会由来自不同政府部门和私立机构的 15 名成员组成。委员会采用互联网、小组讨论以及民众大会的形式来征集新加坡公民对高等教育改革与规划的意见，并赴芬兰、法国、中国香港、美国、德国的高校进行考察与学习。2012 年 8 月，委员会向教育部提交报告——《2015 年后升大学渠道委员会报告——更大的多样性，更多的机会》(*Report of the Committee on University Education Pathways Beyond 2015——Greater Diversity，More Opportunities*)。该报告制定了到 2020 年受资助的大学入学率达到 40%、受资助的非全日制学位教育比率提升至 10% 的总目标，并提出全面的发展方案，包括发展应用型大学、在新跃大学开设全日制学位教育、发展继续教育培训项目等举措及相应的资助、教师保障手段，为新加坡 2015 年后高等教育的发展，尤其是高等教育规模的持续扩张制定

---

① Committee on the Expansion of the University Sector. *Greater Choice，More Room to Excel*. Singapore，2008，p.32.

② Committee on the Expansion of the University Sector. *Greater Choice，More Room to Excel*. Singapore，2008，p.1.

了全面可行的战略规划。

2. 为扩展高等教育规模投入更多资源

在学生规模持续扩张的同时，新加坡对高等教育投入的经费也在不断增加。1986 年以来，工学院、新加坡国立大学与南洋理工大学的学生数量与资金数量都呈稳步增长的趋势，如工学院的学生数量大约年均增长 10%，而政府拨款每年增长 21%。1991—1995 年间，拨款由 1.7 亿新元增加到 3.51 亿新元，为两所新开办学院的拨款增加了 1 亿新元。1990 年至 2018 年，新加坡政府对高校的财政拨款稳步上升，（见图 5–1）工学院获得的政府拨款年均增长率为 8.5%，大学在 2000—2011 年所获的政府拨款更是呈急速上升态势，其资金从 89850.5 万新元上涨至 297381.2 万新元，涨幅高达 231%。

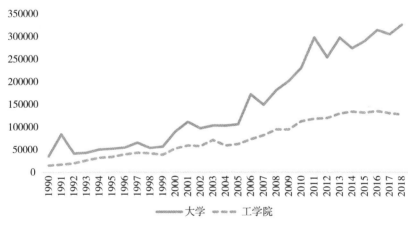

图 5–1　1990—2018 年政府对高校的财政拨款（万新元）

资料来源：根据 https：//www.tablebuilder.singstat.gov.sg/publicfacing/createDataTable.action？refId=15204#. 信息绘制。

高校所获财政经费总量稳步增长的同时，高校学生所获得经费支持也在上升。1990 年至 2018 年，新加坡大学与工学院学生所获生均教育经费也呈稳步上涨的态势。（见图 5–2）大学学生的生均教育经费从 1990 年的 13615 新元上涨至 2018 年的 22192 新元，涨幅达到 63.0%。在此期间，大学学生的生均经费在 21 世纪后获得了较为稳定的增长。工学院学生的

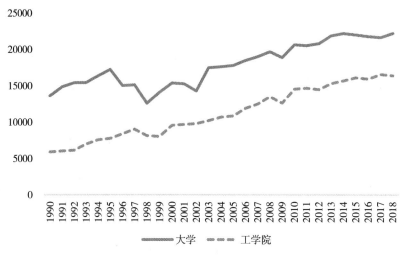

图 5–2 1990—2018 年政府对高校的生均财政拨款（新元）

资料来源：根据 https：//www.tablebuilder.singstat.gov.sg/publicfacing/createDataTable.action？refId=
11200. 信息绘制。

生均经费从 1990 年的 5916 新元上涨至 2018 年的 16408 新元，涨幅达到
177.3%。但总体来看，在大学就读学生所获经济资源仍高于工学院学生。

在增加对高等学府财政投入的同时，新加坡建设了健全的学费保障
制度，使有机会进入高等学府接受教育的学生不因经济困难而放弃学习
机会。新加坡政府建立了一套多源的高等教育资助体系，使学生可以通
过不同的渠道获取资助。政府通过财政资助计划（Financial Assistance
Schemes）来保障申请学位教育的学生不用支付任何现金就可以完成学
业。其中申请公立大学全日制学位教育的学生，其学费的 75% 来源于政府
补助，其余部分的费用以及公立大学的非全日制学位教育与新跃大学的全
日制、非全日制学位教育的费用，学生可以通过申请学费贷款（Tuition Fee
Loans）或公积金（Central Provident Fund）来支付。学生还可以使用高
等教育户头（Post-Secondary Education Accounts）中的金额来抵消学费。①

---

① Committee on University Education Pathways Beyond 2015. *Greater Diversity*，*More
Opportunities*. Singapore，2012，p.70.

除此之外，贫困的学生可以申请额外的财政资助。例如，他们可以申请学习贷款（Study Loans）来支付部分学费或者生活费和科研费用。他们还可以申请政府奖学金，政府会根据不同学生的贫困程度给予不同程度的财政资助，这些奖学金从根本上降低了学生的贷款数目，减轻了学生毕业后的负担。除了政府的财政资助计划外，教育机构、社区团体及校友也将通过捐款为高等教育的发展提供资金援助。如新加坡 2015 年后的高等教育发展规划关注对在职人员的职后教育，在为在职人员提供财政资助之余，政府也鼓励企业为在职学习人员提供更多的奖学金，调动社会资源支持在职人员的学习与发展。①

3. 为适应大众化需求进行高校内部教学改革

在高校扩大规模的同时，新加坡以英国模式为基础的学年制课程设置方式难以满足日趋复杂的职业要求与需求各异的学生群体。为更大限度地发挥每一位学生的潜能，尊重学生差异化的兴趣和能力，新加坡高校于 20 世纪 90 年代逐渐开始采用美国式的选课制与学分制方式，允许学生在一定限度内自主选择多个领域的课程，自主决定课程学习进度。同时，学分制为更多学生提供了到海外学习与交流或参加某些实践类项目与计划的机会，丰富了学生在高校内的学习体验。同时，为使学生更好地适应职业多样性的要求，新加坡高校在 20 世纪 90 年代推动了主、辅修制度的改革。如南洋理工大学开设了一些特殊专业，这些专业以主修一个主要学科领域为主，如工程，同时副修一个有很大差别的不同领域学科，如工商管理。② 主辅修制度为学生步入社会后有更强的职业竞争力提供了专业知识与能力的保障，也在高校规模扩张的背景下为学生提供了更多选择机会与较大的自主选择空间。

（二）全面提升高校的质量

在扩大招生规模的同时，新加坡高等教育也在兼顾人才培养质量与

---

① Committee on University Education Pathways Beyond 2015. *Greater Diversity*, *More Opportunities*. Singapore，2012，p.63.
② 黄建如：《新加坡高等教育大众化评析》，《高等教育研究》2001 年第 2 期。

高校发展质量问题，并未在规模扩张的同时牺牲高校的质量标准，而是通过关注人才的招收环节与培养过程提升人才培养质量，将科学研究与社会服务相结合，同时实施高校管理体制改革，来促进高校整体质量及发展潜力的提升。

1. 提升人才培养质量

新加坡高校在扩大招生规模的同时，并未忽视人才培养的质量问题。首先，对高校的招生标准进行改革，使更多真正具有能力的学生能够进入大学学习。在经历东南亚金融危机后，新加坡对以往的教学模式进行反思，认识到培养学生创新能力对于国家与经济发展可持续性的重要意义。为了制定新的教育方案，新加坡政府组建了一个由新加坡国立大学、南洋理工大学、初等学院和政府机关教育部、贸易部长及私人部门共 12 位代表组成的委员会，于 1999 年 9 月先后访问了英国、美国、瑞典、以色列、中国香港等 14 所大学和有关机构，考察其大学管理模式与新生招收办法，据此制定了 2002 年新加坡各大学的入学标准。与此前完全按照考试分数高低的录取标准不同，新标准更加注重学生的创新能力，目的是使每个有创新能力的学生都有进入大学深造的机会。①

对学生创新能力的重视除了体现在高校的招生环节外，还在学生的培养过程中有所体现。新加坡国立大学自 1990 年 7 月开始增设培养创造力的选修课，作为对常规必修课的重要补充，起到开拓学生视野、提升学生智力水平的作用。在课程与专业设置方面，发展学生的创新能力只是人才培养的目标之一。高等教育还瞄准世界前沿的学科与专业领域，使课程与专业设置接轨国际前沿及未来的热点领域。南洋理工大学 1991 年建立国家教育学院，1992 年成立饭店管理专业，1993 年后开拓通讯、工艺建筑设计及其他技术方面的研究课程，此外还包括信息技术开发与利用、自动控制技术、生物分子工程等新兴高科技领域的专业与课程，以期发展学生的创新思维，培养未来社会高新产业的领军人才，更好地服务社会与经

---

① 陈文：《金融危机后新加坡高等教育新战略》，《东南亚纵横》2000 年第 S2 期。

济发展。① 进入 21 世纪，为了配合新加坡成为亚太资讯中心、商业中心和生命工程中心的规划，新加坡的高校也在不断改革与开设课程。如南洋理工大学于 2000 年 7 月全面革新了南洋商学院的企业管理硕士课程内容，将电子交易及如何在网上经营生意等内容编入 9 个必修课里，同时增设一门"电子商务"（E-commerce）选修课。②

除课程与专业设置的不断革新外，新加坡对人才培养质量的重视还体现在对人才培养方案的不断完善。20 世纪末、21 世纪初之交，国际局势变幻莫测，同时科学技术的更新迭代极快，新加坡政府认为，作为社会经验的大学生应具有合理的知识结构、宽厚的知识功底与灵活应变的能力。李光耀指出，通才是"有教养的新加坡人"的基本素质，并建议采用美国哈佛大学校长提出的"核心课程"（core courses）来培养学生的这种素质。③ 新加坡高校开展通才教育的具体做法是：（1）强化基础知识，拓宽学术视野，让学生获得解决知识涉及较为广泛问题的能力和发散思维的创造性；（2）强调系统知识，即必要的历史知识和程序性的学问，使学生具备能够全面看待和解决问题的能力；（3）注重本专业外的相关知识，所学知识能够融会贯通，使学生具备适应多种复杂局面和解决多方面问题的能力。如新加坡国立大学和南洋理工大学在理工科和法律课的学生增修工商管理、财务会计、合同法、经济和社会学等课程，文科学生增修电脑等课程。④ 在具体培养方案及学制的设计上，新加坡高校也以更高的人才培养质量为目标，在反思与借鉴的基础上更新高等教育中不同层次人才的培养方案。新加坡国立大学从 2001 年 7 月起改革了生命科学专业的本科培养方案，要求选读生命科学相关科目的大学生，在大学的前两年都修读同样的课程，大三才能选择攻读哪个课程；2000 年 7 月，新加坡国立大学

---

① 胡庆芳：《新加坡高等教育面向 21 世纪的适应性改革与发展》，《苏州大学学报》1999年第 2 期。
② 陈文：《金融危机后新加坡高等教育新战略》，《东南亚纵横》2000 年第 S2 期。
③ 新加坡《联合早报》，1996 年 9 月 4 日。
④ 胡庆芳：《新加坡高等教育面向 21 世纪的适应性改革与发展》，《苏州大学学报》1999年第 2 期。

理学院开始改革研究生课程，效仿美国大学的博士生学制，将博士学位的修读时间从 3 年延长至 4 年，以提升新加坡高端人才的水平。①

2.科学研究服务于社会经济发展

高等教育承担着人才培养、科学研究与社会服务三大职能，高校质量的高低也体现在其职能的发挥限度上。新加坡重视高校的科研职能，认为这是知识经济时代经济发展与生产力提升的关键动力。政府鼓励高校与企业界的合作，重视科技创新与应用在社会经济建设中的重要角色。换言之，新加坡在这一时期高校质量的提升体现在科学研究对服务企业发展与激发社会经济的巨大贡献上。

新加坡高等学校在制定科研规划、选定科研项目时充分考虑了新加坡国土面积小、人力资源不多的特点，所有研究与开发都集中在具有长期经济效益和发展战略意义的领域，如超薄纤维、生物技术、特殊化工及生物信息等。由新加坡国立科学和技术局牵头的发展战略研究计划中有半导体激光及声波（多媒体技术）的研究，热传导在次微米芯片及微电子机械系统中的效应等项目。新加坡国立大学和南洋理工大学设立研究中心时也在很大程度上根据新加坡的经济、科技和工业发展需要确立研究中心的主题领域，如设立图形图像技术中心、机械人研究中心及环境技术研究所等。这些研究机构还针对工业需要与工学院合作进行联合研究。②

除新设与社会经济发展密切相关的学科外，新加坡还通过加强高校与企业的合作这一直接方式，增强高校科学研究的社会服务功能。1991年新加坡推行了"国家技术计划"（National Technology Plan），大大加强了高校与企业的合作。一方面，新加坡激发企业参与高校科学研究的积极性，企业在高校科研资金的投入方面扮演重要角色。1995 年，全国的研发投资占到了 GDP 的 2%，其中企业的研发经费占据全国研发经费的50% 以上。另一方面，高校通过项目的形式引导科研工作者关注社会与

---

① 陈文：《金融危机后新加坡高等教育新战略》，《东南亚纵横》2000 年第 S2 期。
② 黄建如：《新加坡高等教育大众化评析》，《高等教育研究》2001 年第 2 期。

企业发展最前沿的学科领域，这两个项目包括李光耀博士后奖学金项目和李光耀杰出访问学者项目，前者着眼于吸引全球具有发展潜力的年轻学者，承担科学、技术与商业领域的研究，后者邀请国际知名学者协助新加坡高校开展科学研究，服务企业与社会发展。[1]2006年，新加坡政府开启卓越研究与科技企业校园计划，旨在通过国际顶级研究机构、大学与企业的科研人员之间的合作与互动，研究和探讨重大科学前沿问题。

3.大学自治，提高大学竞争力

1999年4月，新加坡教育部成立了考察新加坡国立大学和南洋理工大学的治理与经费状况的指导委员会，这主要是为了确保大学治理、经费和人事管理的政策与结构跟大学的任务、目标相契合。委员会提出，要促使新加坡国立大学和南洋理工大学成为世界一流大学的关键是要给予它们更大的运营自主权以及更大的绩效责任。2000年，新加坡政府决定给予这两所公立大学财政和人事上的更大自主权，并且政府将实施一个更系统的高等教育问责制体系来监管公共资金是否得到有效的使用。2004年大学自治、治理和资金督导委员会（University Autonomy，Governance and Funding）成立，该委员会对关于这两所公立大学以及2000年新成立的新加坡管理大学的大学自治改革进行了审查并向政府初步提交了大学自治的可行建议。次年，该委员会向政府提交了一份名为《大学自治：迈向卓越巅峰》（*Singapore Autonomous Universities：Towards Peaks of Excellence*）的报告，该份报告标志着新加坡大学自治工作的正式开始，同时也是随后大学实行自治管理的依据。[2]自治后的大学主要呈现以下四方面特征：

首先，新加坡的大学开始实施企业化管理，大学具有了法人地位，成为非营利性公司。大学的管理权不再掌握在政府手中，而是由政府、学生、教职员工、捐助者、校友等群体进行管理。这样一来，政府不再干涉

① 黄建如：《20世纪90年代以来新加坡高等教育的改革与发展》，《南洋问题研究》2010年第1期。
② Steering Committee to Review University Autonomy，Governance and Funding. *Autonomous Universities：Towards Peaks of Excellence.* Singapore，2005，p.1.

大学管理的具体事务，只是负责制定大学的发展方向和战略。大学不得不为自身发展取得竞争优势或者说赢取更多的利益而担负起更大的责任。大学要充分考虑成本投资与效益回报之间的关系，提高大学质量，促进科研成果的转化，加强与工业领域的联系来满足市场需求。

其次，为了确保大学对政府拨款的合理使用，为大学发展提供质量保障，新加坡政府建立起大学自治化管理的严格监控，建立了一个全面而系统的大学问责制体系。该体系主要由三个部分构成：政策协议（Policy Agreement）、绩效协议（Performance Agreement）以及大学质量保障体系（Quality Assurance Framework for Universities）。[1] 政策协议是大学与政府共同制定的协议，主要包括教育部的战略构想、大学发展的总体规划、教育部对大学活动的考核标准等，是重要的外部问责依据。绩效协议是高校内部质量保障体系的重要构成，也是事前问责（Ex-Ante Accountability）的核心部分，协议涵盖大学的教学、科研与社会服务三项重要职能，每 5 年签订一次。质量保障体系还包括事后问责，其主要衡量依据是大学质量框架，包括治理、管理、教学、研究和服务领域 5 个领域的 32 个组织目标。[2]

再次，调整政府拨款制度。新加坡大学自治改革后，国家对大学拨款比例下降，并且改变了过去根据招生数量的拨款模式，而是根据"成本—效益"的原则改为根据毕业生数量进行拨款。在这种情况下，各学校根据自身教学能力，自行制定各专业招生人数、毕业年限等以确保学生培养的质量。大学自治后，大学纷纷拓宽了办学经费的来源，主要包括校友捐赠、企业捐赠、校企产业园创收、发行债券募集资金、国际留学生学费等。政府的拨款制度调整后也对科研经费造成影响，在科研经费有限的情况下，教育部科研资助体系将实行绩效驱动，更加注重大学科研成果的

---

[1]　Steering Committee to Review University Autonomy，Governance and Funding. *Autonomous Universities*：*Towards Peaks of Excellence*. Singapore，2005，p.30.

[2]　王思懿、姚荣：《新加坡高等教育治理如何走向现代化——基于"治理均衡器"的理论框架》，《比较教育研究》2018 年第 1 期。

价值。政府为鼓励发展更卓越的科研项目，为攻读研究型研究生的学生设立人头基金（Capitation Grant）以及研究奖学金（Research Scholarships Block）。这些基金和奖学金的分配由各大学来决定。此外，为确保这些经费得到有效利用，科研质量审查小组（Research Quality Review panel）将对各个大学的科研成果进行每 5 年一次的评估，评估结果将会影响科研经费的再分配比例。

最后，改革大学收费制度。大学自治后，学生的学费也将成为大学资金来源中的重要组成部分，但要保障学费设置的合理性和可承担性。在学费收取方面，各大学根据课程成本制定收费标准。尽管高等教育成本不断上升，但是政府采取措施保障新加坡公民和永久居民能够负担得起教育开支，所以大学每年学费的增长上限不得超过 10%，并且在提高学费前需要向教育部提交申请，批准后方可增加学费。同时，政府还为经济困难的学生提供奖学金、助学金、贷款等保障措施，以减轻学费给学生及家庭带来的经济负担。

（三）促进高校的国际化发展

作为一个资源匮乏的岛国，新加坡为了发展经济，从 20 世纪 90 年代起开始不遗余力地开拓高等教育的国际化路径，将其作为经济发展的引擎和工具。[①] 国际化不仅成为新加坡高校的重要内涵之一，也是其扩大规模与提升质量的重要手段。1991 年，新加坡政府制定了跨世纪战略《新的起点》（*The Next Lap*），确立了经济发展的国际化战略，要求将服务业置于优先发展位置与国家经济发展的中心。为响应这一战略，政府明确了高等教育的国际化战略，希望通过充分利用国际人才与教育资源来弥补自身劳动力和资源的限制，积极吸引世界各地尤其是东南亚各国的留学生，将新加坡发展为国际学术文化中心。[②] 面对全球化下巨大的国际高等教育市

---

① SIDHU R. "Building a Global Schoolhouse：International Education in Singapore". *Autralian Journal of Education*，2005，49（1），pp.46-65.

② 牛欣欣、洪成文：《"入世"后新加坡高等教育发展的实践探索》，《比较教育研究》2005 年第 9 期。

场，新加坡政府积极发展多元、开放的高等教育产业，力图利用自身先进和现代化的基础设施以及优惠政策吸引众多国外名校和世界高端人才，打造具有全球影响力的"国际教育枢纽"。[①]

1997年，新加坡总理吴作栋宣布要将新加坡国立大学、南洋理工大学构建成为世界级的一流大学，在新加坡再现以麻省理工学院、哈佛大学的学术、工业氛围而闻名的"波士顿效应"，将新加坡打造成为"东方波士顿"，并提出了建设"区域人才培训中心和教育枢纽"的愿景。借助信息技术的使用来推进高等教育的国际交流与合作，着力培养适应国际市场需求的高端人才。2000年，新加坡时任教育部长张志贤对新加坡教育枢纽建设的具体目标做出明确表述："简言之，我们的目标是打造东方波士顿，即希望新加坡成为各方人才交流想法的知识枢纽、创意和灵感的孵化器。"[②] 2003年，政府宣布创建"新加坡教育"（Singapore Education）的主品牌以带动区域教育枢纽的建设。为了达成这一具体目标，并提高教育在经济发展中的贡献额，新加坡政府于2002年推出"环球学堂计划"（Global School House Project），即通过引入国外名校来丰富新加坡高等教育结构，将新加坡高等教育打造成中西合璧、文化交融的世界教育高地。通过提供跨国高等教育商品和服务，吸引大批留学生到此进行教育消费，引进人才并拉动经济增长。新加坡的定位是"东方波士顿"，一个集全球知识生产、创新创意和产学研一体化的枢纽。[③] 为实现这一目标，新加坡主要采取了以下国际化发展举措：

1.发展国际化课程并加强质量保障

为将两所公立大学建成世界一流大学，新加坡政府于1997年邀请来

① SIDHU R，HO K.C.，YEOH B.X.A. *Singapore：Building a Knowledge and Education Hub*. Rotterdam：Springer Netherlands，2014，pp.121-143.

② Teo，C.H.，"*Education towards the 21st century-Singapore's universities of tomorrow*". paper presented at the Alumni International Singapore（AIS）Lecture，Singapore：Ministry of Education，2000-01-07.

③ Olds，K.. "Global assemblage：Singapore，foreign universities，and the construction of a 'global education hub'". *World Development*，2007，35（6），pp.959-975.

自日本、美国、欧洲的 11 位专家组成的国际专家小组为其提供建议。专家提出的三点建议中，有一条为设立多学科、基础广泛的课程。对此，新加坡国立大学和南洋理工大学对大学的课程进行了一系列调整与改革。高校增设了社会与工业发展所需的重要学科专业与相关课程，不断更新学科设置，增强人才培养的社会适应性与国际竞争力。如南洋理工大学开设了国际建筑管理、国际商务等课程，新加坡国立大学从 1998 年开始推行跨院系课程，以培养适应全球经济社会发展的高水平复合型人才。此外，为了加强对课程质量的把控，大学实施了对课程的校外评审制度，由外国知名学府的资深学者担任评审，定期赴新加坡对课程进行考察。[①] 这不仅起到了监控课程质量的效果，也有利于将新加坡高校的课程对标国际水准，提升新加坡高校课程的国际竞争力。

2. 吸引优秀人才，打造一流国际化教师团队

人才是竞争的关键，优质人才构成的教师团队是高校培养高质量人才、开展世界一流研究的重要基础。1997 年，吴作栋总理在国庆群众大会上提出"外来人才政策"（Foreign Talent Policy），强调顶尖人才、专业人士以及技术工人三类人才可以为新加坡经济发展做出贡献。这项由新加坡政府最高领导层直接推动的国际人才战略，通过有针对性和策略性地引进外来人才，优化了新加坡人口结构。为培养和储备人才，新加坡积极在教育领域实施相关奖励措施吸引优秀人才，包括调整移民政策、提供高薪高福利、建立高科技研究所和国际一流的实验室等优质工作条件吸引国内外知名学者。此外，新加坡每年都到美国、澳大利亚、英国等教育发达地区招募具有博士学位的优秀人才。[②] 在新加坡政府与高校的努力下，新加坡国立大学与南洋理工大学的教师团队中外籍学者超过半数，这对新加坡建设一流高校、培养高端人才、开展国际顶尖水平的研究奠定了坚实基础。

---

① 徐颖：《浅析新加坡高等教育的国际化发展战略》，《浙江师范大学学报》2003 年第 3 期。
② 牛欣欣、洪成文：《"入世"后新加坡高等教育发展的实践探索》，《比较教育研究》2005 年第 9 期。

3. 吸引国际留学生

留学生作为衡量高等教育国际化水平的重要指标之一，其规模的扩大与质量的提升也成为新加坡高等教育国际化战略中的重要追求。2002年，新加坡政府提出了"环球校园"（Globalhouse）计划，即通过引入国外名校，将新加坡打造成一个"环球校园"，而吸引留学生是该项计划的三大目标之一。具体来讲，"环球校园"计划到 2015 年吸引世界各国（以亚洲国家和地区为主）15 万国际付费留学生到新加坡留学，以获取预计2.2 万亿新元的丰厚收益。① 至今，新加坡的"全球学堂"计划已经与劳动力市场、移民和人口政策紧密结合在一起，而不是简单地争夺全球国际学生市场。政府从长远公共利益考虑，希望这些国际学生毕业后能够在新加坡工作、定居，最终解决国内高层次人才不足以及人口结构的问题。这种深刻的国际化战略成为全球校园计划的重要内涵。

在留学生的对象国上，新加坡尤其注重在东南亚各国，包括中国、印度、南非、毛里求斯等国的招生宣传，以期吸引更多优质与高学历层次的学生。在中国，新加坡政府每年都从部分高校中招收一些刚入校的优秀新生到新加坡的大学就读，不仅免除住宿费与学费，还发放生活津贴，且学生毕业后可在新获得工作机会。② 事实证明，新加坡吸引留学生的举措对打造其亚洲地区留学中心的角色具有积极影响。在这一过程中，多元的学生构成也为新加坡的大学校园带来更大吸引力与更佳的国际声望。

4. 加强国际交流与合作

新加坡高校十分重视国际交流与合作，尤其是与发达国家高校间的互动。人员的交流是高等教育国际化活动的重要构成。在学生层面，新加坡高校与国际高校间的交流合作体现在开展学生交流计划上。1998 年，

---

① Drewe Vicky. Singapore's global schoolhouse strategy：The first ten years. (2017-08-05) [2019-11-25]. 见 http://www.obhe.ac.uk/conferences/2012_global_forum_kuala_lumpur/2012gf_abstracts/s9_a bstract_waring_drewe.

② 牛欣欣、洪成文：《"入世"后新加坡高等教育发展的实践探索》，《比较教育研究》2005 年第 9 期。

新加坡国立大学的 117 名学生赴康奈尔大学、墨尔本大学、加州伯克利大学等 98 所国际顶尖高校交流学习。2000—2001 学年，国立大学又与上海交通大学、英国爱丁堡大学、美国哥伦比亚大学等知名高校签订了 29 份学生交换计划。在新加坡高校就读的学生获得了越来越多的跨境学习机会。在教师层面，新加坡高校积极支持学术人员参加国际学术活动，教师有丰富的参与国际交流计划或进修的机会。

机构层面的合作也是高等教育国际化的重要活动之一。除吸引留学生的目标外，"环球校园"还计划在 10 年内吸引至少 10 所世界一流大学到新加坡设立分校或开办合作课程。截至 2016 年 9 月，已有 13 所世界顶尖学府在新加坡设立了分校，包括芝加哥大学布斯商学院、曼彻斯特商学院新加坡分校、上海交通大学新加坡研究生院等。得益于"世界一流大学计划"，新加坡敞开大门欢迎国外大学，沃顿商学院、麻省理工学院、康奈尔大学、杜克大学、芝加哥大学和约翰·霍普金斯大学等知名高校在新加坡办学开课。此举提升了新加坡高等教育的形象和质量，同时为致力于打造本国的世界一流大学创造了条件。[①] 此外，新加坡高校与国外机构的教学科研合作也逐渐增多。新加坡国立大学先后与英国爱丁堡大学、德国生理化学学院等机构开展医学和生物技术合作。在众多研发中心的合作中，新加坡与麻省理工学院的合作最为突出。从 1998 年至今，麻省理工学院始终与新加坡政府保持合作关系，并建立新加坡—麻省理工学院科技联盟（SMART）。科技联盟仿照了麻省理工学院在波士顿的技术创新中心，目标是识别与开发潜在的商业应用进入到商业企业中，麻省理工学院通过提供智能资本和网络帮助新加坡复制硅谷和波士顿的创新精神和文化。麻省理工学院也与新加坡政府达成协议——为新加坡科技设计大学提供管理与课程建议。

---

① Gopinathan，S. & M. H. Lee. "Challenging and co-opting globalization：Singapore's strategies in higher education". *Journal of Higher Education Policy and Management*，2011，33（3），pp.287-299.

第二节　人才培养

一、人才培养机构设置

在新加坡，高校内承担人才培养主要责任的机构为学院，同时，高校内一些以开展研究为主的机构与中心也具有人才培养的功能。

以南洋理工大学为例，该大学内设置了 6 个学院（Colleges and Schools）：商学院（Nanyang Business School）、工程学院（College of Engineering）、人文艺术与社会科学学院（College of Humanities，Arts，and Social Sciences）、理学院（College of Science）、医学院（Lee Kong Chian School of Medicine）、研究生院（Graduate College）。其中，前 5 个学院具有人才培养的实际功能，研究生院主要发挥服务职能，旨在为研究生提供新颖、跨学科、与时俱进的课程与培养方案，提升研究生教育的跨学科性、创新性与文化理解程度。[①] 前 5 个学院中，工程学院、人文艺术与社会科学学院、理学院由更小的学科院系组成，这些学科院系旨在培养具体学科方向的人才，如工程学院下设化学与生物医学工程学院（School of Chemical and Biomedical Engineering）、土木与环境工程学院（School of Civil and Environmental Engineering）、计算机科学与工程学院（School of Computer Science and Engineering）、电器和电子工程学院（School of Electrical and Electronic Engineering）、材料科学与工程学院（School of Materials Science and Engineering）、机械与航天工程学院（School of Mechanical and Aerospace Engineering），以培养具体学科和专业方向的人才；商学院与医学院没有更小的人才培养单元。[②] 学院内设置了多个服务性质的办公室，如研究生办公室、学术办公室、学生办公室等。这些学院

---

① NTU Graduate College. Vission and Mission. [2020-9-15]. 见 http：//gc.ntu.edu.sg/About%20Us/Pages/Vision-and-Mission.aspx.

② NTU. Colleges，Schools & Institutes. [2020-9-15]. 见 https：//www.ntu.edu.sg/AboutNTU/organisation/Pages/CollegesandSchools.aspx.

承担着人才培养的主要职能。

南洋理工大学还设有一些机构与中心（Institutes and Centres），这些机构主要承担研究的职能，同时也会培养一些高层次研究型人才，一般不培养本科生。截至 2020 年 9 月，南洋理工大学共有 35 个机构与中心。在这些机构与中心中有 5 个自治机构：中国文化遗产中心（Chinese Heritage Centre）、新加坡地球观测中心（Earth Observatory of Singapore）、国家教育学院（National Institute of Education）、拉贾拉特南国际研究学院（S. Rajaratnam School of International Studies）、新加坡环境生命科学工程中心（Singapore Centre on Environmental Life Sciences Engineering），它们的资金直接从政府或社会获取并能够独立管理与支配，相比其他机构与中心而言有更大自主权。

总的来说，新加坡高校内的学科学院培养本科生与研究生，众多机构与研究中心在开展研究的同时也培养研究型人才，而教师在学科学院任职的同时也可能在研究中心担任研究员。这种院系设置方式相互交织却又职责分明，为培养基础知识扎实、视野开阔的本科生与研究能力出众、专业水平高超的研究生奠定了组织基础。

二、人才培养目标

在国际人才竞争加剧与新加坡全面国际化战略的双重驱动下，新加坡高校强调培养具有全球竞争力的高素质国际化人才。这一人才培养目标在新加坡国立大学和南洋理工大学的人才培养方案中显得尤为突出。

例如南洋理工大学提出以"5C"为内核的人才培养理念。"5C"的基本要素为：品格（Character）、创新（Creativity）、能力（Competence）、交流（Communication）、公民意识（Civic-Mindedness）。"品格"旨在培养能够理性思考、道德高尚的人；"创新"旨在培养学生的企业家精神、革新意识、跨学科整合能力；"能力"旨在发展学生的自律性，培养学生精深的学科技能与终身学习的能力；"交流"重在发展学生的领导能力、团队协作、沟通与互相尊重的能力；"公民意识"旨在培养学生的职业精神、社会服务与参与的主动性，以及国际公民的眼界与情怀。①"5C"理念与南洋理工大学"通过研究与全方位教学培养跨学科博雅人才"②的人才培养目标相得益彰，并为其人才培养的具体过程及方案设计指明了方向。

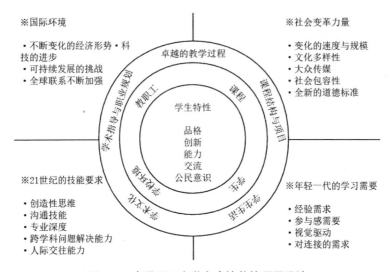

图 5-3　南洋理工大学人才培养的顶层设计

资料来源：What is NTU Education？[2020-09-10]．见 https：//www.ntu.edu.sg/Academics/NTUEducation/Pages/What%20is%20NTU%20Education.aspx．

在内核外层的是人才培养的相关主题与载体，包括教职工、课程、学校环境以及作为学习主体的学生本身。从里向外的第三层是培养人才的路径规划，包括通过卓越的教学过程、精心设计的课程结构与项目、贴心细致的学术指导与职业规划、丰富多彩的学生生活、严谨的学术文化。最外层是人才培养面临的外部环境，也是人才培养设想与方案在发展与变革过程中的助推因素，包括国际环境、社会变革力量、21 世纪的技能要求、年轻一代的学习需要共 4 个方面。南洋理工大学人才培养的顶层设计构思

---

① NTU．The 5Cs of an NTU graduate．[2020-9-15]．见 https：//www.ntu.edu.sg/Academics/NTUEducation/Pages/The%205Cs%20of%20an%20NTU%20graduate.aspx．

② NTU Corperate Information．Vision and Mission．[2020-9-15]．见 https：//www.ntu.edu.sg/AboutNTU/CorporateInfo/Pages/visionmission.aspx．

在环境层面跳出本土发展及当下诉求的视野局限，从全球变革的"广泛"角度与人才需求走向的"未来"视角审视人才发展需求、设计人才培养方案；在学生特性这一具体目标的构建上，关注到了知识、能力、态度、意识、价值观等人才培养与发展的各个角度，为其毕业生在未来国际社会的竞争中呈现出更强的综合实力打下坚实基础。

三、人才培养方案

与其他国家一样，新加坡高校的课程结构也分为通识教育课程与专业方向课程。以南洋理工大学的本科生教育为例，其通识教育模块包括核心课程、规定选修课程与自选课程（即随意选修课程）3 部分，其中核心课程与规定选修课程为所有学生都需修读的课程。2018—2019 学年本科生课程中，核心课程涵盖沟通技巧、新加坡研究、可持续性、道德、职业与发展、企业与创新、数字素养共 7 个方面，规定选修课涵盖商业与管理、博雅教育、科学技术与社会 3 个方面；专业方向课模块包括核心课程与规定选修课程，这两类课程都与学生修读的项目、专业方向有关。[1]

通识教育模块中的核心课程并非全校统一开设，各学院可根据各自的人才培养目标、专业基础要求等要素自行设定这一部分课程。例如，南洋理工大学商业学士学位与生物工程学士学位的通识教育模块核心课程就存在细微差异（见表 5–2），在沟通技巧方面，商学院的本科生学习"沟通管理基础""沟通管理策略"两门课程，而工程学院下生物工程方向的本科生则学习"有效沟通"与"工程沟通"两门课程；在数字素养方面，两个专业的学生分别学习"结合项目与分析的决策制定"和"数据科学和人工智能导论"课程；在新加坡学习方面，两个专业的学生分别学习"商业法律"和"工程与社会"课程，体现出不同学科方向的课程设置与新加坡本土社会文化现状及发展需要的密切联系。

[1] NTU. Overview of Curriculum Structure AY2018. [2020-9-19]. 见 https：//www.ntu.edu.sg/Students/Undergraduate/AcademicServices/Documents/Overview%20of%20Curriculum%20Structure%20AY2018.pdf.

表 5–2　商业与生物工程的学士学位通识教育模块核心课程构成

商业学士学位通识教育核心课程	生物工程学士学位通识教育核心课程
沟通管理基础	有效沟通
沟通管理策略	工程沟通
结合项目与分析的决策制定	数据科学和人工智能导论
商业法律	工程与社会
伦理与道德推理	伦理与道德推理
可持续发展：透过迷雾看清本质（Sustainability：Seeing through the haze）	可持续发展：透过迷雾看清本质（Sustainability：Seeing through the haze）
创业与创新	创业与创新
	启动你的职业

资料来源：根据商学院本科生课程（https：//nbs.ntu.edu.sg/Programmes/Undergraduate/Pages/
bus.aspx）和生物工程本科生课程（http：//www.scbe.ntu.edu.sg/Programmes/Current
Students/undergraduate/Programme%20Requirements/Documents/AY2021%20BIE%20
AU%20Summary%20and%20Study%20Plan.pdf）整理。

　　新加坡高校对高层次人才界定的重要标准之一就是拥有高超的专业素养，这在高校的课程设置方面也可见一斑。以南洋理工大学中处于国际一流的学科——生物工程为例，其学士学位项目培养人才旨在实现的三个目标中——学生能够将工程原理及生物、物理和医学的概念有效地应用于生物工程的实践，学生具备在生物工程、生物医学科学和医疗保健行业就业或在研发、学术和相关领域内发展所需的良好技术知识和技能，学生能够在多学科的环境中实现多元职业的发展、发扬创业精神并践行终身学习[①]——有两个都与学生的专业素养相关。该项目的课程设置包括三部分（见表 5–3），每一部分都将生物学与电子、材料、力学、信息学等多领域内容与先进的工程技术方法相结合，以培养专业能力高超且具有综合全面的跨学科能力的高级工程师。

———————————

① 　NTU. Bachelor of Bioengineering. [2020-9-19]. 见 http：//www.scbe.ntu.edu.sg/
Programmes/ProspectiveStudents/Bachelor%20of%20Bioengineering/Pages/BIE%20
Programme.aspx.

表 5-3　生物工程学士学位课程结构

基础性课程（第 1 年）	生物与工程性课程（第 2—3 年）	选修 / 最后一年项目（第 4 年）
生物工程基础 物理与材料 工程数学	生物分子工程 计算方法 流体力学 热力学 生物医学电子学 生物力学 生物计算 工业实习	生物监测与生物电子学 生物材料与问题工程 生物医学项目设计与管理

资料来源：Bachelor of Bioengineering. [2020-09-12]. 见 http://www.scbe.ntu.edu.sg/Programmes/ProspectiveStudents/Bachelor%20of%20Bioengineering/Pages/BIE-Curriculum.aspx.

在专业能力方面，新加坡高校还极为重视高水平人才专业实践能力的培养。在南洋理工大学，大多数专业的课程设置都包含实习这一环节，作为学生的必修模块或自选模块。在南洋理工大学，负责为学生搭建与实习机构沟通的平台的"学生职业服务"办公室还负责为学生提供职业咨询与辅导、职业评估等多项服务，在提升学生专业实践能力的同时，帮助学生更好地规划未来的职业生涯。此外，新加坡一流的高校还向学生提供了丰富的国际实习经验，如南洋理工大学与中国的某些企业及高校合作，为学生提供为期 6 周的中国实习与学习机会，学生在这 6 周的沉浸式学习与实习过程中能够更深入地了解中国的文化、历史、经济与社会发展状况，同时在所攻读的专业领域积累相应的实习实践经验，成为日后促进新加坡与中国在文化、商业、社会等方面交流合作的精英人才与使者。

除此之外，新加坡高校还设置了丰富的项目，以发展提升学生不同层面、不同领域的能力。例如对于在本科期间就呈现出卓越研究潜能的学生，南洋理工大学创建了针对这类学生的研究项目，处于大学二年级或三年级的具有学术潜能的本科生能够在将近一年的时间内得到教师的科研指导和独立开展研究的机会，提早尝试科研工作并明确其兴趣所在。[①] 高校也不止培养学生单一学科的知识与能力。根据学生的兴趣、劳动力市场对人才的知识与能力要求，高校开设了双学位项目与双专业项目，以让学生接触多领域、多学科的知识，培养其用不同思维方式思考并解决问题的能力。例如，南洋理工大学开设了工程与经济学双学位项目，学生可以选择工程学院中的任一专业方向，包括航空航天工程、生物工程、化学和生物分子工程、计算机工程、机械工程等，这一项目的毕业生可以拿到工程学学士学位及文学学士学位。这一项目的课程由工程学院与社会科学学院共同提供，课程质量及学生毕业要求与仅修读工程学学士学位或文学学士学位的学生标准相同。[②] 除双学位项目外，南洋理工大学还开设了面向本科生的双专业项目、面向研究生的国际联合培养项目等。这些项目跳出了单一学科或单一文化的逻辑局限，为毕业生在未来时代的发展中具备广博的知识基础、高超的能力素养、广阔的国际视野提供了多种机会与选择。

四、人才培养国际化

新加坡高校的人才培养特别注重国际化。除了上述人才培养目标与培养方案的国际化特征外，新加坡高校人才培养的国际化最为直观地表现为学生的双向流动。

(一) 欢迎世界各地学生来新交流

新加坡高校向众多国家与地区的学生开放，欢迎各地学生到新加坡高校中交流、体验、学习。除了常规的各种留学项目，新加坡高校还设立了各种短期交流项目。以南洋理工大学的全球教育与流动（Global Education and Mobility，GEM）项目为例，包括让在境外学校注册学籍的

---

① NTU. Undergraduate Research Experience on Campus（URECA）. [2020-9-19]. 见 http：// research.ntu.edu.sg/researchatntu/Pages/ureca.aspx.

② NTU. Double Degree in Engineering and Economics. [2020-9-19]. 见 http：//coe.ntu.edu. sg/Programmes/UndergradStudies/Prospective/UG%20DegreeProg/Pages/DDEngEcon.aspx.

学生赴南洋理工大学进行学习或开展研究，含学期交流与暑期交流两种类型。前者可以选择赴南洋理工大学进行至少 1 学期的学习，或开展至少 3 个月的研究，本科生和研究生均可申请。① 对于暑期交流的学生，可选择 2 周、4 周或 6 周的交流时长。南洋理工大学为暑期交流学生提供了文化、创新、传媒、国际市场与技术等 5 个领域的课程（见表 5-4）。暑期交流的学生还可住在南洋理工大学的校园内，并且有游览新加坡的机会。南洋理工大学的这两类交流项目以"独特的亚洲之旅"著称，从其课程设置与项目设计方案可以看出其促进文化交流、打造学生区域与国际视野的目的。根据来自美国、韩国、瑞典、德国、加拿大等国家高校的留学生的反馈，这两类项目的确达成了使学生更加了解亚洲文化、对文化差异与文化多样性有更深的认识、塑造融合开放的校园环境的效果。②

表 5-4　2020 年南洋理工大学暑期项目课程的部分呈现

课程主题	课程名称
语言与文化学习	中文与文化学习
	马来语（初级）
创业与创新	勇敢创业
	风险投资的新发展
创造性设计与传媒	跨越国界的艺术
	数字传媒与视觉艺术：静态图像
	外交政策分析
在全球化市场中成功	组织行为与设计
	数字营销：与今天的客户建立联系
	文化智慧：如何成为世界探险家

① NTU. GEM Trailblazer Aug 2019 Leaflet. [2020-9-19]. 见 https：//global.ntu.edu.sg/GMP/GEMTrailblazer/GEMTrailblazerexchange/Documents/GEM%20Trailblazer%20Aug%202019%20Leaflet.pdf.

② NTU. GEM Trailblazer- studentss' stories. [2020-9-19]. 见 https：//global.ntu.edu.sg/GMP/GEMTrailblazer/GEMTrailblazerexchange/Pages/Testimonials.aspx.

续表

课程主题	课程名称
新技术，新世界	数据科学概览
	人机交互
	人工智能与数据挖掘

资料来源：Realise your dreams with Trailblazer Summer. [2020-09-13]. 见 https：//global.ntu.edu.sg/GMP/GEMTrailblazer/SummerProgramme/SiteAssets/Pages/Downloads2/NTU%20GEM-Trailblazer%20Summer-A3Poster_Feb_V1%20%28002%29%20%281%29.pdf.

（二）为本土学生提供大量的国际文化交流机会

在广泛招揽国际学生来新加坡交流学习的同时，新加坡高校也为本土学生提供了丰富的出境交流机会。以南洋理工大学为例，如今已经与北美洲、南美洲、亚洲、欧洲、大洋洲、非洲各地的一些高校建立了短期交流项目，为学生提供了充足的选择机会。学生还可以申请参与长期交流项目，在境外学校参加课程或参与研究，且一般情况下，学生只需按南洋理工大学的学费标准支付学费（除非项目有特别说明）。同时，对于申请赴境外参与交流项目的学生，学校往往予以较大力度支持。南洋理工大学设有专门的全球教育与流动办公室（The Office of Global Education and Mobility），负责管理出境与入境流动的学生项目，并解决学生在课程选择、学分转换、行前规划等与交流相关领域的诸多细节问题，向学生讲解有关本校及交换学校的有关规定。

南洋理工大学还为申请夏季交流、冬季交流、沉浸式语言学习（Language Immersion Programmes）等交流项目的学生提供了多种类型的经济支持，如海外学生项目贷款、吴博英奖学金（Ng Bok Eng Scholarship）、全球教育与流动项目捐赠等，[①] 并向行前学生提供其流入国或流入机构的奖学金相关信息，以支持具有参与国际交流愿望但存在经济困难的学

---

① NTU. Financial Assistance for GEM Discoverer Programmes. [2020-9-19]. 见 https：//global.ntu.edu.sg/GMP/gemdiscoverer/Pages/Financial%20Assistance.aspx.

生参加交流项目。根据学生出境交流返回新加坡后的反馈，他们在境外学校的交流经历与赴新加坡交流的留学生同样丰富多彩，他们的探索精神、文化理解能力、与不同文化背景的人的交往互动能力都有所增强，视野也更加开阔。[①]

表 5–5　与南洋理工大学建立了交流项目的部分高校

不列颠哥伦比亚大学（加拿大）
波士顿大学（美国）
加州大学伯克利分校（美国）
宾夕法尼亚大学（美国）
蒙特雷科技大学（墨西哥）
特拉维夫大学（以色列）
北京大学（中国）
早稻田大学（日本）
高丽大学（韩国）
柏林洪堡大学（德国）
伦敦政治经济学院（英国）
伯明翰大学（英国）
博科尼大学（意大利）

资料来源：根据南洋理工大学"全球教育与流动探索者"（GEM Discoverer）项目信息整理。

　　学生的双向流动不仅对参与交流项目的学生本身产生重要影响，使他们更具国际视野与多元文化的理解、包容能力；同时，学生流动也对在新加坡就学的本地学生带来重要影响，通过打造具有国际氛围与多元文化的校园，使在新加坡就学的本地学生不必出国就能接触到不同文化背景的学生，拓宽国际视野，发展学生的文化理解能力，很好地促进了高校"在地国际化"的发展。

---

① NTU. GEM Explorer-Testimonials. [2020-9-19]. 见 https：//global.ntu.edu.sg/GMP/gemexplorer/Pages/StudentExperiences.aspx.

五、奖助贷政策

作为高等教育重要的支持性政策，奖学金、助学金与贷款政策的力度及覆盖范围体现高校、教育部门乃至一个国家对人才的重视程度及对保障教育公平的决心。

（一）奖学金政策

新加坡的政府部门、独立机构、高校及院校内的院系所普遍设置了类目繁多的各种奖学金项目，以激励学生卓越。

在校外，科学技术研究局（Agency for Science，Technology and Research，简称 A*STAR）、公共服务委员会（public service commission）是提供奖学金的主要机构。A*STAR 奖学金旨在奖励与资助推动科学发展与技术进步的年轻人，申请者的学习层次可以是大学预科、本科、硕士、博士或博士后，国内学生与国际学生均可申请。其提供的奖学金覆盖学生就学期间的多种开销，包括学生的学费、生活费、往返于家乡和大学所在地之间的交通费等。[①]

公共服务委员会是一个独立的非政府机构，旨在维持新加坡公共服务的正直、公平与精英管理的基本原则。其主要职责包括：利用奖学金吸引和培养具有领导潜力的公务员、任命和晋升行政部门的高级管理人员、维持公务员解雇和纪律处分环节的纪律性、对公务员的人事制度进行审查。[②] 其发放的奖学金包括公共服务委员会奖学金、公共部门奖学金、校长奖学金、李光耀奖学金 4 种类型。其中公共服务委员会奖学金是主要的政府奖学金，授予那些未来将选择在公共服务部门工作的杰出人才，完成学业后，他们可选择在公共管理领域、专业服务领域或军队就职；公共部门奖学金包括由新加坡政府部门提供的 133 项奖学金，涵盖大学预备教育、学士学位教育、硕士学位教育与博士学位教育，在专业方向上覆盖工程、人文、法律、传媒、医学等众多学科；校长奖学金被视为新加坡最著

---

① A*STAR. Scholarships. [2020-9-21]. 见 https：//www.a-star.edu.sg/Scholarships/overview.

② Public Service Commission. What The PSC Does. [2020-9-21]. 见 https：//www.psc.gov.sg/who-we-are/what-the-psc-does.

名的针对本科生的奖学金，奖励那些在学术领域与课外活动方面表现出众的本科生；李光耀奖学金奖励那些具有贡献社会的能力与意愿的杰出人士。这四类奖学金都只面向新加坡公民。①

　　新加坡高校内部也往往设立了多种类型、多个层次的奖学金，作为对表现优异学生的鼓励与嘉奖。以南洋理工大学为例，其研究生招生办公室管理以下奖学金的评选及发放：南洋校长研究生奖学金（Nanyang President's Graduate Scholarship）、南洋理工大学研究奖学金（NTU Research Scholarship）和新加坡国际研究生奖（Singapore International Graduate Award）；在学院层面，各个学院也设有对优秀人才的奖学金项目，如南洋商学院提供南洋女企业家奖学金（Nanyang Women in Business Scholarship）、南洋新兴市场领袖奖学金（Nanyang Emerging Market Leader Scholarship）、南洋多元领袖奖学金（Nanyang Diversity Leader Scholarship）等。新加坡政府、社会、高校设立的多项奖学金侧重不同类型的人才，在整体上形成了覆盖科学、技术、商业、人文等广泛领域及囊括本科、硕士、博士等多个学习与实践阶段的种类多样、层次分明的奖学金体系，成为对优秀人才吸引与培养的有力支持。

　　（二）助学政策

　　在奖励优秀人才的同时，新加坡高校还为具有经济困难的学生设计了较为完善的助学与贷款政策，以保障具有攻读高等教育愿望和能力的学生能够就学。在国家层面，学生经济援助计划包括学费贷款、中央公积金教育计划（Central Provident Fund Education Scheme）、门达基大学学费补贴（Mendaki Tertiary Tuition Fee Subsidy）、中学后教育账户（Post-Secondary Education Account，PSEA）计划。

　　学费贷款计划面向参与研究项目或全日制课程项目的学生，贷款金额不能超过应支付学费的 90%，利息从毕业后开始算起。② 中央公积金教

———————————

①　Public Service Commission. Scholarships. [2020-9-21]. 见 https：//www.psc.gov.sg/Scholarships.

②　NTU. Graduate Admissions-Financial Assistance. [2020-9-21]. 见 https：//admissions.ntu.edu.sg/graduate/Pages/financialassistance.aspx.

育计划用于支付全日制本科课程的学费，个体可使用自己、配偶或父母的公积金储蓄来支付学费；公积金从提取之日起算利息，学生毕业后的还款时间不得超过 12 年。[1] 门达基大学学费补贴计划面向家庭人均月收入不超过 2000 新元的学生，且学生须具有马来族裔血统；对于家庭人均月收入低于 1400 新元的个人，该计划的补贴比例可达到学费的 100%，家庭人均月收入在 1400—1700 新元间的，学费补贴比例在 75%，家庭人均月收入在 1400—1700 新元间的，学费补贴比例为 50%。[2] 中学后教育账户由新加坡教育部设立，有儿童发展账户（Child Development Account）且账户中存在余额的新加坡籍学生均有该账户，账户中的金额可用于支付学生中学后教育的费用。[3]

对于国家经济援助计划未覆盖的部分学费，学生可向学校申请贷款。如新加坡国立大学设立了"学习贷款"，符合相应条件的学生可以获得与学费 10%—20% 相当的贷款金额，学生可选择毕业后 5 年还清贷款（不计息）和毕业后 20 年内还清贷款（计息）的还款方式。[4]

第三节　科学研究与社会服务

与绝大多数国家一样，新加坡的高校，尤其是大学，是科学研究的重要方面军。科学研究也是新加坡高校发挥社会服务职能的重要途径。以新加坡国立大学为例，仅 2019 财年就获得了 7.58 亿新元的研究基金，申

————————

[1]　NUS. Central Provident Fund（CPF）Education Scheme（CES）. [2020-9-21]. 见 http：//www.nus.edu.sg/oam/financial-aid/loans/central-provident-fund-（cpf）-education-scheme-（ces）.

[2]　NUS. Mendaki Tertiary Fee Subsidy（TTFS）. [2020-9-21]. 见 http://www.nus.edu.sg/oam/financial-aid/loans/mendaki-tertiary-tuition-fee-subsidy-（ttfs）.

[3]　Ministry of Education，Singapore. [2020-9-11]. 见 https：//beta.moe.gov.sg/fees-assistance-awards-scholarships/psea/how-to-use/.

[4]　NUS. NUS Study Loan. [2020-9-21]. 见 http：//www.nus.edu.sg/oam/financial-aid/loans/nus-study-loan.

请专利 756 项，获得专利 118 项，公开发明 445 项，获得技术许可 112 项，发表成果 10490 项。[①]

一、研究人员构成

新加坡将从事研究工作的人员分为三种类型：研究员（researchers）、技术员（technicians）与其他支持性人员（other supporting staff）。研究员指从事新知识、新产品、新工艺、新方法、新系统的构思或创造，或参与相关项目管理的专业人员。参与到科学与技术的规划与管理层面的管理人员也属于这一类。研究员可进一步细分为科学家和工程师、全日制研究生、非学位教育的研究者。技术员指其主要任务需要在一个或多个科学技术领域有技术知识和经验的人。他们通常在研究员的监督下，通过执行设计应用概念和操作方法的科学和技术任务来参与研发。"其他支持性人员"包括参与或与研发项目直接相关的熟练和非熟练技工、秘书和文书人员等。[②]

图 5-4 所示为 2017 年新加坡从事研究工作的人员类别及性别分布。从类别来看，绝大多数属于研究员，占到总量的 86.8%。在研究员中，又以科学家与工程师为主，两类总共占研究员总量的 82.6%，全日制研究生和非学位教育的研究者分别占 12.6% 和 4.8%。[③] 从性别来看，研究员中男性占据三分之二以上的比重；但在其他支持性人员中，则女性更多。

在新加坡高校教职团队中，研究型教职员工的占比较大。这一特征在新加坡国立大学与南洋理工大学这样的一流研究型大学表现得更为明显。2019 年，南洋理工大学研究型教职员工的数量为 3357 人，占所有员工的 40%[④]；新加坡国立大学的研究人员人数为 4072 人，占总职员人数

① National University of Singapore. Research. [2020-09-26]. 见 http：//www.nus.edu.sg/research/.

② Department of Statistics Singapore. *Yearbook of Statistics Singapore 2019*. Singapore：Department of Statistics Singapore，2019，p. 94.

③ 本段比例根据新加坡政府数据部门报告中数据计算得出。

④ NTU. NTU glance 2019. [2020-09-26]. 见 https：//www.ntu.edu.sg/AboutNTU/UniversityPublications/Documents/NTUatAGlance2019.pdf.

图 5-4　2017 年从事研究工作的人员类别及性别分布

资料来源：Department of Statistics Singapore. Yearbook of Statistics Singapore 2019［R］. Singapore：Department of Statistics Singapore，2019，p.95.

的 33%。[1] 同时，高校中研究主体的国际化程度较高，研究团队由来自不同国家与地区的人员构成，且目前新加坡高校对研究人员的招募仍面向全球。

二、研究经费的来源与用途

新加坡高校的研究经费来源广泛，主要包括教育部、国家研究基金会（National Research Foundation，NRF）、科学技术研究局等机构。不同高校从不同渠道获得的经费各不相同。

总体来讲，国家研究基金会划拨的项目经费一般占比最大。国家研究基金会成立于 2006 年，属于新加坡总理府内设部门。该机构通过制定研究、创新与企业发展的政策、计划与策略，为国家的研究与发展确立方向。此外，该机构还通过提供奖学金、资助等一系列资助战略有计划地发展整个国家的研发能力。[2]2007 年，国家研究基金会与教育部建立了卓

---

① NUS. NUS Annual Report 2019. ［2020-09-26］. 见 http：//www.nus.edu.sg/docs/default-source/annual-report/nus-annualreport-2019.pdf.

② National Research Foundation. Corporate Profile. ［2020-9-21］. 见 https：//www.nrf.gov.sg/about-nrf/national-research-foundation-singapore/corporate-profile.

越研究中心（Research Centres of Excellence，RCE）计划，以促进新加坡大学的卓越研究。在这个计划中，新加坡国立大学和南洋理工大学建立了五个研究中心。这些研究中心以新加坡的长期战略利益为导向，开展世界级研究。① 国家研究基金会与教育部每年均为这些研究中心提供一笔科研拨款。

新加坡卫生部（Ministry of Health）和国家医学研究理事会（National Medical Research Council）对新加坡国立大学的捐助金额也较大。国家医学研究理事会于 1994 年成立，负责推动新加坡医学研究的发展与进步。具体路径包括：为医疗机构提供研究资金，提供竞争性研究资金，通过奖励和研究资金推动临床医学的发展。②

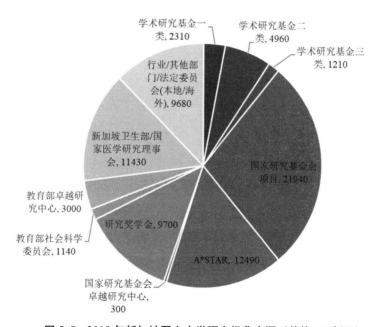

图 5–5　2018 年新加坡国立大学研究经费来源（单位：万新元）

资料来源：NUS. NUS Annual Report 2019. [2020-09-26]. 见 http://www.nus.edu.sg/docs/default-source/annual-report/nus-annualreport-2019.pdf.

① National Research Foundation. Research Centres of Excellence. [2020-9-28]. 见 https：//www.nrf.gov.sg/programmes/research-centres-of-excellence.

② National Medical Research Council. Who We Are. [2020-09-26]. 见 https：//www.nmrc.gov.sg/who-we-are.

　　新加坡教育部的学术研究基金（Academic Research Funding，AcRF）也是高校研究资金的重要来源。该项资金仅用于新加坡国立大学、南洋理工大学、新加坡管理大学与新加坡科技设计大学四所高校的科研支出，包括三种类型的拨款：第一类为四所高校内部的竞争性资金；第二类为四所高校之间的竞争性资金，被选中的项目将在 3 年内获得 300 万新元的项目资金；第三类为支持高影响力、跨学科研究项目的专项资金，被选中的项目将在 5 年内获得 500 万至 2500 万新元不等的经费。[①]

　　新加坡高校的研究经费主要用于支付科研中产生的资本类成本、人力资源成本及其他运营成本。其中，其他运营成本包括非资本性采购材料、用品与设备，以及行政开销、与研究相关的租金等间接支出。2017年新加坡高校研究资金的具体流向如表 5–6 所示，其中人力资源成本占研究总成本的比重最大，为 59.9%，资本类成本占总成本的比重也相对较高，为 10.8%。[②] 在人力资源成本中，创造能力最强的科学家与工程师一类研究人员的开支占比最高，同时，全日制研究生开支的占比也较高。可见，在高校中，研究资金多用于从事研究创新与创造的人力基础与物质基础，而起到管理协调与服务功能的其他运营成本占比较低；且高校的人力资本投入既包括研究创造能力高超的科学家与工程师，也包括在成长过程中具有未来研究潜能的全日制研究生。

表 5–6　2017 年新加坡高校研究经费支出结构

支出类目	支出额（单位：万新元）
资本成本	18350
·土地、楼房及其他建筑	1740
·车辆、厂房、机械和设备	16610
人力资源成本	102060

① National Research Foundation. Spurring Academic Research xcellence. [2020-09-26]. 见 https://www.nrf.gov.sg/rie2020/spurring-academic-research-excellence.

② 本段比例根据新加坡政府数据部门报告中数据计算得出。

续表

支出类目	支出额（单位：万新元）
·研究人员	93250
·科学家与工程师	77600
·全日制研究生	15210
·非学位研究者	440
·技术人员	1400
·其他支持性人员	7410
其他运营成本	49950

资料来源：Department of Statistics Singapore. *Yearbook of Statistics Singapore 2019*. Singapore：Department of Statistics Singapore，2019，p.96.

　　人力资源成本包括对科研人员从事研究工作的激励奖金。如李光耀基金会设立了李光耀博士后奖学金，该奖学金面向所有本国民众，用以资助对电脑计算、工程、药物、公共卫生、科学、医学等领域具有研究兴趣与研究能力的年轻、杰出学者在这些领域开展研究。[①] 再比如国家研究基金会设立的人工智能奖学金（Fellowship for Artificial Intelligence）。该奖学金面向全球的研究人员，旨在吸引来自世界各地的年轻研究人员领导并促进新加坡人工智能研究的发展。[②]

　　就研究经费投入领域来看，新加坡当前对高校投入经费最多的领域集中于生物医学及相关学科、工程与技术以及自然科学。这与新加坡"研究创新事业 2020 计划"（Reasearch Innovation Enterprise 2020 Plan）的发展规划有紧密联系。这一规划预期将新加坡发展为一个智慧型国家，在2015—2020 年优先投入高级制造与工程（Advanced Manufacturing and

---

[①]　NUS. Lee Kuan Yew Postdoctoral Fellowship. [2020-9-22]. 见 http：//www.nus.edu.sg/research/research-management/funding-opportunities/lee-kuan-yew-postdoctoral-fellowship.

[②]　NUS. Singapore National Research Foundation（NRF）Fellowship for Artificial Intelligence（AI），Class of 2019. [2020-9-22]. 见 http：//www.nus.edu.sg/research/research-management/funding-opportunities/nrf-ai.

Engineering)、健康与生物医学科学（Health and Biomedical Sciences）、城市解决方案和可持续性（Urban Solutions and Sustainability）、服务与数字经济（Services and Digital Economy）4 个领域的研究创新。①

三、科研合作与社会服务

与校外单位开展科研工作，既是新加坡高校优化研究资源和提升影响力的重要手段，也是服务社会的基本路径。

（一）与企业、政府合建研究中心与实验室

由于石油化工、电子、信息通信技术行业、制造业是新加坡经济的重要支柱产业，新加坡科学研发的轨迹在很大程度上借鉴了硅谷经验，重点发展如大学、公共实验室、公司实验室等能够提供重点发展关键先进知识源的高技术热点集群。② 同时，新加坡政府鼓励这些高技术热点集群参与经济活动，鼓励这些科研创新群体依靠详细的沟通和紧密的社会联系来取得成功并维持创造力。

为了使高校的科研工作能够精准服务国家经济社会发展需要，新加坡政府在高校内部建设了一批研究中心。最有代表性的就是前文提到的卓越研究中心，其宗旨是依托已有的学术力量和学科基础，在新加坡的大学创建世界水平的研究机构。这一计划总的战略目标是：吸引、留住和支持世界级学术研究人员，在新加坡完成高质量的和高影响力的研究工作；提高新加坡大学的研究生教育水平，培训研究人力资源；在每个研究中心的战略重点领域进行知识创新。③

---

① National Research Foundation. RIE 2020 Plan. [2020-9-22]. 见 https：//www.nrf.gov.sg/rie2020.

② P. K. Wong. The Remaking of Singapore's Highe-tech Enterprise Ecosystem [A]. H.S. Rowen，M.G. Hancock，W. F. Miller. *Making IT：The Rise of Asia in High Tech*. Stanford：Stanford University Press. 2007，pp.123-174.

③ National Research Foundation，Prime Minister's Office Singapore. Research Centers of Excellence. (2019-02-04) [2020-02-14]. 见 https：//www.nrf.gov.sg/programmes/research-centres-of-excellence.

2008 年 1 月，时任新加坡国家研究基金会主席陈庆炎宣布建立新加坡—麻省理工学院研究与技术联盟中心（Singapore-MIT Alliance for Research and Technology Center）。该中心是卓越研究中心计划下的首个实体机构。从 2007 年开始执行卓越研究中心计划到 2010 年，新加坡教育部和基金会共遴选出 5 个卓越中心：量子技术中心（Centre for Quantum Technologies，CQT）、新加坡地球观测研究所（Earth Observatory of Singapore，EOS）、新加坡癌症科学研究所（Cancer Science Institute Singapore，CSIS）、新加坡机械生物学研究所（Mechanobiology Institute of Singapore，MBI）、新加坡环境生命科学工程中心（Singapore Center on Environmental Life Sciences Engineering，SCELSE）。其中，量子技术中心和癌症科学研究所依托新加坡国立大学而建，机械生物学研究所和地球观测研究所的依托机构是南洋理工大学，环境生命科学工程中心则由南洋理工大学和新加坡国立大学合建，中心设在南洋理工大学。

每个研究中心在成立之初平均得到了来自国家研究基金会和教育部 1.5 亿新元的资助。此外，各中心还获得了依托大学即新加坡国立大学和南洋理工大学的资金支持。以设在南洋理工大学的环境生命科学工程中心为例，设立之初，两校分别拨款 6200 万新元和 2400 万新元用以资助该中心的活动，再加上政府 1.2 亿新元的拨款，中心的资金总额达 2.06 亿新元。① 除了政府和依托机构的拨款外，卓越研究中心也还有一些其他的资金渠道，比如申请国际项目、获取政府部门的其他竞争性资助等。例如量子技术中心获得了科学技术研究局、国防科学技术局（Defence Services & Technological Academy，简称 DSTA）的资金支持。

高校也与企业合作，高校内设立了众多科研机构与实验室，旨在将科研成果直接转化为生产力，服务于社会经济发展。如新加坡国立大学与微软公司合作建立了国立大学数字科学研究所（Institute of Data Science，

① NTU. S$206 m Boost for Environmental Sciences Engineering [J/OL]. ClassACT，2010-02（83）. [2020-02-14]. http：//enewsletter.ntu.edu.sg/classact/feb10/Pages/cn3.aspx.

简称 IDS），以就数据科学教育和研究开展合作。在这一合作关系中，微软公司将提供一套现今的数据采集与分析系统供研究生使用，同时，学生也可通过微软的数据与分析培训课程及向公司的专员咨询，更深入地开展研究。该研究所耗资 1200 万新元，将成为国立大学服务于"智慧国家"研究集群的重要支撑，以及所有数据科学研究、翻译、教育和相关活动的焦点。①2018 年 1 月，新加坡国立大学与苏州工业园区管委会合作创建了新加坡国立大学人工智能创新与商业化中心（NUS Artificial Intelligence（AI）Innovation and Commercialisation Centre，NUSAIICC），旨在推动人工智能的科技创新、应用与商业化推广。该中心将开展人工智能领域的合作创新研究，开发先进的智能系统与平台，帮助初创企业、中小企业和大公司提升人工智能能力，包括为初创企业和小企业提供技术孵化支持和解决方案。新加坡国立大学的学生可在这一中心获得实习机会。② 除此之外，新加坡国立大学与企业合作建立的公司实验室还包括胜科—国立大学企业实验室（Sembcorp-NUS Corporate Laboratory）、国立大学—新加坡电信网络安全研发实验室（NUS-Singtel Cyber Security Research and Development Laboratory）、应用材料—国立大学先进材料实验室（Applied Materials-NUS Advanced Materials Corporate Laboratory）等。③

（二）开展国际化学术交流与合作

在新加坡政府的大力支持下，新加坡国立大学和南洋理工大学利用卓越研究中心，通过各方面的学术交流与国际合作项目，从全球吸引了众多的高级研究人才和为数众多的年轻有为的后继力量，为新加坡高校的科研团队培养、储备了优秀人才。与此同时，新加坡高校也通过与国际学者

---

① NUS：《国大设立数据科学研究所培育更多相关专才》，[2020-9-22]. 见 https：//news.nus.edu.sg/sites/default/files/resources/news/2016/2016-05/2016-05-27/INSTITUTE-lhzbonline-27may.pdf.

② NUS. NUS Annual Report 2018. [2020-09-26]. 见 http：//www.nus.edu.sg/docs/default-source/annual-report/nus-annualreport-2018.pdf? sfvrsn=6cc1676_2.

③ NUS. Research Centres of Excellence. [2020-9-22]. 见 http：//www.nus.edu.sg/research/research-capabilities#.

的交流互动、与国际机构开展合作研究等，为世界范围内的知识生产与创新做出贡献。

首先，每个卓越研究中心每年都会举行各种国际学术研讨会，邀请相关领域国际知名研究人员做学术报告，以促进国际研究人员之间的交流，进而促成合作。以量子技术中心为例，2008—2019 年召开了"亚洲量子信息科学大会""量子工程科学与技术研讨会"等大型学术会议，邀请了来自美国、加拿大、德国、法国、以色列、澳大利亚和意大利等多国的研究人员来进行学术交流。除了上述国际性的学术交流活动外，大学与卓越研究中心内部也会举行年度会议来促进研究交流和相关研究领域之间的对话。

各中心除积极开展学术交流外，还与国外相关领域的研究机构建立了多样化的合作关系。如新加坡机械生物学研究所于 2011 年与法国国立科学研究中心（Centre national de la recherche scientifique）签署了细胞合作研究协议；2010 年与印度科学教育和研究学院（Indian Institute of Science Education & Research）以及印度国家生物科学中心（National Centre for Biological Sciences）分别签署了合作备忘录，合作的内容包括共享信息资源、开展合作研究、交换本科生和研究生参与合作研究、共同开设研讨会等。该研究所还与日本早稻田大学签署了合作备忘录，在新加坡建立了早稻田生物科学研究所（Waseda Bioscience Research Institute in Singapore），以开展合作研究。再如，量子技术中心与英国牛津大学建立了紧密的合作关系，而且合作的模式也十分多样化。代表合作项目为量子技术中心—牛津联合博士后项目：量子技术中心每年都要从牛津大学接收几名年轻的科学家来新加坡从事博士后研究。

第六章　新加坡的职业教育

技术与职业教育及培训（Technical and Vocational Education and Training，TVET，以下简称职业教育①）是促进新加坡经济社会发展的关键因素之一，也是新加坡充分开发人力资源，促进本国工业化发展和技术进步的战略举措。新加坡的职业教育是新加坡教育体系的一大骄傲，从世界各地慕名而来的教育专家和学者，无不被职业院校优越的教学设施和优质而丰富、适应需求的课程而赞叹。② 本章将首先回顾新加坡职业教育的发展历程，并以工艺教育学院（ITE）和理工学院（Polytechnic）为主要案例，简要介绍新加坡职业教育的发展与现状。

---

① Varaprasad，N. *50 Years of Technical Education in Singapore*：*How to Build a World Class TVET System*. World Scientific Publishing Co.Pte. Ltd.2016，p.ix.

② 新加坡职业教育领域曾在不同时期出现技术教育（Technical Education）、职业教育（Vocational Education）和技术与职业教育及培训（Technical and Vocational Education and Training）等名称表述，为叙述方便，本章标题统称职业教育。文中不同时期名称表述尽量遵从原文，其间的内涵区别参照 1984 年联合国教科文组织（UNESCO）发布的《技术与职业教育术语》中解释，技术教育设置在中等教育后期或第三级（高中后教育）初期，包括理论的、科学和技术的学习以及相关的技能训练，培养目标是中等水平人员以及大学水平的在高级管理岗位的工程师、技术员和技术师等技术人才；职业教育通常设置在中等教育后期，旨在培养熟练工人，使其具备胜任一种（一组）职业、行业和工作岗位的基本资格，即通过实践训练培养操作方面的技能人才。

第一节 发展历程

一、殖民地时期

新加坡在 19 世纪处于英国的殖民统治之下，殖民地由英国政治家托马斯·斯坦福·莱佛士爵士（Sir Thomas Stamford Raffles）于 1819 年创立。出于为殖民统治服务的目的，殖民地政府对技术教育问题有一定程度的关注，委任了一些教育委员会进行研究并出台研究报告书，例如 1902 年殖民地英语教育委员会发布《肯内尔斯雷报告书》、1918 年《莱蒙委员会报告书》、1925 年《温士德报告书》等。1930 年，第一所由政府创办的公立职业学校建立于史各士路纽顿环形广场（Newton Circus on Scotts Road），首次向小学毕业生提供诸如无线电、汽修和车工等学徒先修课程。1940 年，学校迁到了马里士他路（Balestier Road），规模得以扩大，并于 1947 年更名为马里士他技术（职业）学校。受时局影响，学校后来多次更名，1951 年改称初级技术学校，1956 年又改称马里士他初级职业学校。另外一所只招收男生的职业学校是圣约瑟职业学校（St Joseph's Trade School），由罗马天主教会创办，位于武吉知马路。政府为职业学校新建了办学大楼，因受战争影响，大楼被征用作为军事人员训练场所。

1937 年，殖民政府组织研究人员对职业教育继续展开调查研究，其中来自马来亚教育部门的奇斯曼（H.R.Cheeseman）系统考察英国和荷兰政府在雅加达和万隆创办学校的情况后，提出了《奇斯曼报告书》。该报告书内容涉猎广泛，其中有些建议把技术培训与良好的就业前景及职业生涯发展联系起来，在后来的政府教育政策中得到了反映和贯彻。这些建议包括：（1）应增加职业学校的数量；（2）对男生女生都进行实践技能训练，引导男生学习车间工艺，女生学习家政服务；（3）在中学开设科学课程；（4）为工人提供职业培训夜校课程；（5）委任全面负责职业教育的组织者。[①]

---

① Varaprasad，N. *50 Years of Technical Education in Singapore：How to Build a World Class TVET System*. World Scientific Publishing Co.Pte. Ltd.2016，p.5.

这些建议颇具前瞻性和决断力，可惜当时由于欧洲战争蔓延到东南亚，这些职业教育改革建议被迫搁置。

二战结束之后，新加坡的经济和贸易开始逐步复苏，贸易和商业活动方面的技能需求旺盛，职业教育也获得恢复和发展。大量职业学校出现，如芽笼（Geylang）技工中心、马来技工学校、贸易与工业学校、玛利斯·斯特拉（Maris Stella）职业学校、中华女子职业学校等。但这些职业教育机构受当时办学条件限制，仅能提供水平较低的基础职业训练，如培养办公室职员、书记员，提供烹饪、缝纫和家政训练等。与相对活跃的商业相比，新加坡的工业发展较滞后，周边国家马来亚和印度尼西亚已经开始了工业化进程，新加坡仍以转口贸易为主。新加坡要跟上工业化发展的步伐，发展多样化的经济，必须有大量的熟练技术工人做人力资源支撑，技术教育变得更加重要了。1952年，教育家、立法会成员张赞美（Thio Chan Bee）领衔的委员会向殖民地政府当局提交了一份研究报告，呼吁建立一所理工学院，以满足新加坡推进工业化进程对熟练技术工人的迫切需求。1953年，殖民政府委任的多比（EHG Dobby）委员会也提交了关于在新加坡成立理工学院的多比报告书，建议政府大力发展和投资技术教育。这些呼吁和建议直接催生了新加坡第一所理工学院的建立。1954年10月，新加坡理工学院成立，由英国殖民政府提供建设和运营资金，并委派院长。

综上所述，新加坡在独立建国前的殖民时期，社会制度和观念中带有殖民主义的态度与偏见，体现在教育方面则是为了殖民统治服务，而不是服务于日益增长的国家需求和个体经济发展。虽然新加坡理工学院的建立迈出了殖民政府发展和投资职业教育的重要步伐，成为新加坡职业教育发展史上的里程碑事件，但新加坡职业教育整体上仍处于目标不清晰、定位不明确的状态。

二、初创时期

1959年新加坡自治之后，人民行动党成为执政党。为了促进产业增长，实现基础设施的快速发展和人力资源的充足供给，政府协调管理社会各方面资源，制定了中长期规划与各领域的支持战略。新政府成立之后，面临的首要问题是解决国内的高失业率问题，政府将经济增长设定为国家的第一战略要务。此时，新加坡理工学院刚建立不久，学院领导层敏锐地看到了国家经济发展对熟练技工、技师和工程师的巨大需求。学院重新调整和确定了重点培训技术人员的办学方向，重点培训毕业生和全日制学生的就业能力，具体措施包括：在课程设置方面，取消学术型学历考试的课程；在专业设置方面，取消所有其他学校和培训机构已经开设的重复专业和规模较小的专业；取消商业系和普通教育系，减少学系设置；在学业鉴定方面，以学院内部考试代替外部认证，颁授毕业文凭。① 这些适应经济发展趋势的措施改变了新加坡理工学院的发展方向，使学院的人才培养目标从培养白领转向培养蓝领，为自治政府发展制造业"通过工业化快速创造就业"的新经济政策提供了坚实的人力资源支撑。

20 世纪 60 年代初期，当时的新加坡经济以劳动密集型产业为主，许多工厂主要生产服装、纺织品、玩具、木制品和假发等低技术含量的产品。当时，周围新独立的国家普遍采取"进口替代"（import-substitution）的工业发展战略，转向在国内市场进行产品加工和生产，以减少对前殖民宗主国的进口依赖。随着马来西亚和印度尼西亚采取"进口替代"的工业发展政策，新加坡的转口贸易经济受到了严重冲击。同时，由于新加坡没有任何国内市场的"纵深腹地"支撑，也没有强大的本土工业，因而就业机会较少，失业率很高。

为应对这一局面，新加坡政府实施了"快速工业化"战略，采取大量的工商业优惠政策，吸引跨国公司来新加坡发展业务，拉开了快速创造就业机会的改革大幕。快速工业化战略要取得成功，除了领导层具有远

---

① Varaprasad，N. *50 Years of Technical Education in Singapore*：*How to Build a World Class TVET System*. World Scientific Publishing Co.Pte. Ltd.2016，p.9.

见卓识与解决问题的智慧之外，拥有大量训练有素的人力资源是最为关键的因素。1961 年，政府委任以曾树吉（Chan Chieu Kiat）为首的 9 人委员会研究并发布了《职业与技术教育调查委员会报告书》(*Commission of Inquiry into Vocational and Technical Education in Singapore*，又称《曾树吉报告书》)，提出对中等教育制度进行改组，建立由初级到高级的技术教育系统的整体目标。[①]

政府通过《职业与技术教育调查委员会报告书》提出了职业教育的三个目标：一是建立一所专门从事工艺技能教学的新加坡职业学院（SVI），招收至少完成 2 年中学教育、不走学术途径参加"O-Level"（普通水平）考试的中学毕业生，学习两年制工艺技能课程；二是把中学分成学术中学、技术中学、商业中学和职业中学四个类型，满足市场对半熟练（semi-skilled）工人（包括管理、记账和销售等商业辅助性工作人员）的需求；三是扩大新加坡理工学院技术层次课程规模，满足人们对知识和技能水平持续提高的需要。《职业与技术教育调查委员会报告书》对新加坡技术教育与培训体系产生了极为深远的影响，它设计了未来新加坡技术与职业教育及培训体系的框架，明确了各层次学校系统在工业化进程中的角色地位，具有开创性的意义。

三、成长时期

20 世纪 60 年代新加坡经济快速增长，新加坡开始由劳动密集型产业向知识密集型产业过渡，社会各领域研究与开发、工程设计、计算机服务等活动大量增加，各行业对从业人员的素质要求进一步提高，新加坡劳动力市场开始出现技能型人才短缺的迹象，政府面临的问题开始由努力创造就业机会向为有限的人力资源提供更高价值的工作转变，劳动力技能培训的重要性和紧迫性突显出来。

为应对劳动力技能训练缺乏的紧迫境况，1968 年 4 月，由教育部长

---

① 顾明远：《教育大辞典》（比较教育卷），上海教育出版社 1998 年版，第 87 页。

任主席，成员包括财政部长和劳工部长在内的新加坡国家工业训练委员会成立，首要任务是制定新加坡关于技术教育和工业培训的政策，负责带头实施"速成"（crash）技能培训和发展计划。[①]1968 年 6 月，新加坡教育部将技术教育司的职权范围扩大，使全国职业和技术培训工作甚至包括教育部职业指导组（1969 年 3 月并入）全部划归其统一管理，职权包括发展技术中学教育、工业培训、管理教师培训学院（Teachers Trainirg College，TTC）的技能教师培训部、监管技术中学和混合中学，成为国家技能标准的主管机构。

技术教育司的首要任务是将全国基于学校的职业培训转变为基于工业的培训。当时，新加坡的学校体系仍然严重偏向学术教育途径，全国每百名小学毕业生中有大约 75% 的学生选择进入学术中学，仅有少量学生进入技术中学或职业中学。同样，每百名中学毕业生中，超过 90% 的学生进入学术发展途径，只有不到 10% 的学生进入技术或商业途径。学术教育占据主导地位，无法为新加坡经济发展提供急需的技术工人。技术教育司关闭或改建了部分不能适应劳动力市场需求的职业中学，将其改建为工业训练中心，以提供速成培训满足行业需求。

技术教育司改革了中学课程，要求全国所有中学的前两年都要开设基于工厂实践的课程，学生必须在学校或集中实习工厂学习实践课程。所有男生和半数女生必须学习工厂实践和技术绘图课程，其他半数女生也必须学习技术绘图和家政学课程。同时，为进一步扩大进入职业教育的学生比例，政府开办了更多的技术中学，在这些技术中学中开设 20% 的技术课程，将金属加工、木工、工艺绘图纳入高中证书（HSC）考核层次。

技术教育司还接管了学徒制培训计划（原由劳工部负责）、酒店与餐饮培训中心、工业训练中心、模块化单元培训、脱产进修和新加坡技术学院的工作，并通过在学校开展巡回讲座、展览、发放宣传手册等形式，连

[①] Varaprasad，N. *50 Years of Technical Education in Singapore*：*How to Build a World Class TVET System*. World Scientific Publishing Co.Pte. Ltd.2016，p.20.

续开展推广活动，使人们认识了解职业教育。技术教育司成为这一时期职业教育的主角，为新加坡职业培训的发展奠定了基础。

为了促进职业教育的进一步发展，人们认识到必须要改组技术教育司，使其拥有更大的自主权、决策权和灵活性。1973 年，新加坡工业训练局（Industrial Training Board，ITB）成立，接管了技术教育司的职能，成为新加坡的法定机构之一，有权自主决定服务计划、发展战略、员工招聘和资源配置。工业训练局成立了由政府、劳工和雇主三方代表组成的董事会，设立建设委员会、财务委员会及学徒制培训特别委员会；同时还成立了 8 个不同行业的行业咨询委员会（Tcohnical Advisory Council，TAC），使培训与行业技能需求直接联系起来。工业训练局的成立具有里程碑式的意义，开创了 20 世纪 70 年代乃至随后几十年新加坡职业教育的大发展局面。

随着新加坡学校规模的扩张和初等教育的普及，对培训的需求增加了。为了整合职业技能与测试标准，建立一个适合学生和已就业成年人的统一的技能培训框架，工业训练局与成人教育局（Lembaga）于 1979 年机构合并，成立了职业与工业训练局（Vocational and Industrial Training Board，VITB），负责开展职业与技术培训，建立技能标准和认证体系。职业与工业训练局下设技能认证委员会，其成员包括行业咨询委员会主席，以及特许机构、雇主、经济发展局、标准制定机构和工会的代表。技能认证委员会将学生获得技能认证的途径分为两类：一类是通过职业院校机构的培训课程获得技能认证；另一类是通过继续教育和培训获得技能认证，包括参加规定的培训课程、学徒制培训、就业、自学等。

到 20 世纪 90 年代末，职业与工业训练局已经成为新加坡技能培训的主导力量，通过实施各种培训计划，开发不同层次的课程，激励企业开展培训，形成了全民参与培训和自我提升的社会风潮。

四、发展完善时期

进入 20 世纪 90 年代以后，全球经济一体化步伐加快，世界经济发展呈现出以高科技信息产业为主导的新发展趋势，重视研发、创新及高附加值的服务成为时代主流。新加坡政府认识到，信息化时代经济社会的发展更加需要大量拥有专门技术的人才，职业教育必须转型发展和内涵式发展，才能培养出适合现代企业的职工队伍，才能产生真正的现代化企业。为了跟上甚至引领世界经济发展的步伐，1991 年，新加坡发布了经济战略规划，提出未来 30 年新加坡经济重组与发展的策略和计划，目标是使新加坡经济进入发达国家第一阵营行列。

经济结构的调整意味着新加坡将同步实施新的职业教育改革。1990 年，时任教育部长陈庆炎（Tony Tan）调研了新加坡职业培训体系之后，发现多达 60% 的 8 年制小学教育毕业生无法获得职业与工业训练局的国家职业技能三级证书（NTC-3）；许多学生因所学课程不被市场承认而退学；大量毕业生没有获得与参加培训相匹配的工作。1991 年，新加坡发布了《改进小学教育》报告书，其中两项建议对职业教育发展影响重大，也促成了职业与工业训练局的重组：一是建议所有学生进入下一层次的培训之前，必须接受至少 10 年的普通教育；二是中学阶段增设"技术导向"（technically-oriented）课程，为毕业后进入职业教育和培训打下基础。这些建议改变了以往要求学生从事职业培训前完成 8 年中小学教育的现状，使学生可以根据自己的兴趣、资质和潜力做出更灵活的发展选择。建议还促成了新的统一分流制度，职业教育也正式被纳入正规教育的范畴，实现了职普教育双轨统一，是教育政策的重大变革。

同时，为了消除毕业生关于选择职业培训是失败者的担心，为了将职业与工业训练局转变为提供职业与技术教育的中学后高等教育机构，1992 年，职业与工业训练局决定更名为"工艺教育学院"（Institution of Technical Education，ITE），以"工艺"（technical）取代原名称中的"职业"，更好地突显其中学生教育机构提供高水平技能课程的内涵。工艺教育学院的使命和职能包括：1. 开发、推广和管理技术训练与教育课程；2. 开展继续教育与培训，提升劳动力的技术技能；3. 管理技能证书和技术技能标准；4. 推广和提供技术服务培训与教育咨询服务。[①] 工艺教育学院的成立，成为新加坡职业教育发展史上最重大的改革和进展之一，成为新加坡提高劳动力素质、提升全球竞争力的关键步骤。

随后，工艺教育学院为进一步提升品牌形象，消除职业教育是"学习失败者的无奈选择而被社会回避"的负面印象，实施了"4P"转型发展策略，即 People（人的转型，包括教职员、文化、能力）、Product（产品转型，包括课程、证书）、Place（场地转型，包括基础设施、学习环境）、Promotion（推广转型，包括形象、品牌、推广）。经过多年的战略规划和持续努力，工艺教育学院引领新加坡完成了职业教育的转型发展之路，逐渐被人们所接受和认可，并成为 2005 年第一所获得新加坡质量奖的教育机构。

第二节　职前职业教育

一、教育机构

新加坡实施职业教育的机构大致分为两个层次，即中等职业教育层次，主要实施机构为工艺教育学院；高等职业教育层次，主要实施机构为五所理工学院。

（一）工艺教育学院

工艺教育学院（Institute of Technical Education，ITE）成立于 1992 年，其前身是职业与工业训练局，是隶属于新加坡教育部的公立学院，由新加坡政府全资资助，是新加坡全国职业和技术教育的主要提供机构，也是国家技能认证和技能标准的主要开发者。工艺教育学院在新加坡教育体系中属于中学后教育机构（post-secondary institution），大致相当于我国的中等职业教育层次，其主要招收对象是初中离校生。工艺教育学院通常招收

---

① Varaprasad，N. *50 Years of Technical Education in Singapore：How to Build a World Class TVET System*. World Scientific Publishing Co.Pte. Ltd.2016，pp.87-89.

持有 GCE（N）水准的毕业生学习国家工艺教育局证书（Nitec）课程，或持有 GCE（O）水准证书的毕业生学习高级国家工艺教育局证书（Higher Nitec）课程。工艺教育学院通过与企业建立广泛的合作伙伴关系，传授行业专业知识，确保毕业生具备行业所需的技能。工艺教育学院提供大量企业实习机会，为学生提供在行业导师指导下进行有意义的基于工作的学习和培训。希望继续深造的工艺教育学院毕业生，也可以通过获得国家工艺教育局或高级国家工艺教育局证书资格，进一步学习工艺教育学院技术文凭课程（Technical Diploma programmes），或进入理工学院继续深造。

工艺教育学院也提供部分时间制国家工艺教育局证书、高级国家工艺教育局证书、专家级国家工艺教育局证书（Specialist Nitec）和工艺教育局技能证书（ITE SkillsCertificate，ISC）课程。这类课程以模块化形式提供，以极大的灵活性方便学习者依据自身情况参与培训。

2005 年，工艺教育学院建立起"一制三院"（One ITE System，Three Colleges）的管理和教育模式，将学校原有的 10 所小型工艺教育学院合并成三大区域性学院，即中区学院、东区学院和西区学院。东区学院在 2005 年开始运营，西区学院、中区学院也分别于 2010 年和 2013 年开始正式投入使用。这些学院与合作企业共同努力，为校园配置了完善的教学、工作和生活设施，现代化的车间、IT 教室和紧跟潮流的体育运动与休闲中心。每个学院都有权发展自己独特的优势领域，以促进学生成功，增强职业教育的灵活性、创新性和吸引力。

工艺教育学院既为中学离校生提供不同级别的技术工教育，又为在职工人提供继续培训，同时又是全国职业教育认证和标准的开发者和管理者，正是其职能的高度集中，并与其他教育机构顺畅衔接，才使新加坡各种产业职前职后的低、中、高级工教育与培训得到统一发展和管理。

（二）理工学院

新加坡共有 5 所理工学院：新加坡理工学院（Singapore Polytechnic，SP），创建于 1954 年；义安理工学院（Ngee Ann Polytechnic，NP），创建于 1963 年；淡马锡理工学院（Temasek Polytechnic，TP），创建于 1990

年；南洋理工学院（Nanyang Polytechnic，NYP），创建于 1992 年；共和理工学院（Republic Polytechnic，RP），创建于 2003 年。理工学院的职业教育与培训与我国高等职业教育层次相当，通常学制 3 年，主要培养技术员和技师。理工学院招收约 40% 的 GCE "O" 水准毕业生，或获得工艺教育学院 Nitec 证书 /Higher Nitec 证书资格的学生。也有一些成绩突出的中学四年级学生在获得 GCE N（A）水准证书后通过理工学院基金计划（Polytechnic Foundation Programme，PFP）入学，学习实践为导向的课程。另外，它还通过理工学院早期招生计划（Polytechnic Early Admissions Exercise）招收具有相关工作经验的在职成人接受继续教育与培训。

在系科与专业设置方面，南洋理工学院设有商务管理、化学与生命科学、设计、工程、健康与社会科学、信息科技、互动与数字媒体等 7 个学院和 1 个基础与普通学习中心。新加坡理工学院设有建筑、商务、化学与生命科学、计算机、电子工程、生活技能与通讯、艺术设计、机械与航空工程、数学等学院。义安理工学院设有商务与会计、设计与环境、工程、电影媒体、健康科学、人类与社会科学、信息通信技术、生命科学与化学等学院。淡马锡理工学院设有应用科学、商务、设计、工程、信息科技与 IT 技术等学院。共和理工学院设有工程、应用科学、公共服务、信息通信、运动健康休闲、管理与交流、工艺技术等学院。

这 5 所理工学院是新加坡实施继续教育和就业岗位专业发展方案与服务的主要提供者，它们同属于新加坡教育部管辖，每所学院都是独立自主的办学实体，在生源、师资、校企合作及学校影响力方面又存在着竞争。

二、教育目标

新加坡的职业教育人才培养目标与本国经济发展战略紧密相连。早在 1959 年，新加坡自治政府成立伊始，为快速恢复本国经济，政府确立了"发展实用教育以配合工业化和经济发展需要"的教育方针，培养适应经济、社会发展需要的实用性人才。[①]1992 年，原工艺教育学院主席郑永顺（Tay Eng Soon）博士曾详细阐述了工艺教育学院的教育目标，即"通过卓越的职业技术教育与培训，最大程度上激发新加坡人的个人潜能，提高国民劳动力素质，进而提升新加坡的全球竞争力"[②]。为此，工艺教育学院要通过 5 项细分目标与行动方案来达成这一总教育目标：

首先，提供、促进和管理技术培训和教育课程。随着新加坡经济发展的高移，工艺教育学院将面向中学毕业生，扩大更高水平的技术训练的课程规模，开发满足产业需求的新课程。开发适合中学毕业生兴趣和能力的全日制及学徒制培训课程。工艺教育学院的学生将接受全面发展的教育，不仅技艺精湛，而且身体健康，具有社会责任感。

其次，开展继续教育与培训，提升劳动力的技术技能。对于没有参加继续教育与培训课程的工人，新加坡通过推出一系列培训计划，吸引和帮助工人主动参加培训，如推出"成熟员工培训计划"吸引技能不熟练的年轻工人兼职参加培训课程；推出兼职进行的"模块化技能培训计划"惠及更多工人；推出"成人版学徒制"，以雇主提供在职培训的方法，作为工艺教育学院脱产培训的补充；成立继续教育与培训咨询委员会，统筹推进和监督所有面向工人的各种继续教育与培训计划的实施与推广，包括"基础教育技能培训计划""中等教育促进工人提升计划"、"模块化技能培训计划"和"成熟员工培训计划"。

第三，推广基于企业的技术技能培训与教育。工艺教育学院通过两项计划进一步推进基于企业的培训：一是扩大学徒制培训的范围，建议成立由雇主、政府和工会代表组成的学徒制培训委员会，在雇主和学校毕业生中推广学徒制培训，通过学徒制培训满足中小企业对熟练工人的需求；二是建立企业内部（in-house）培训中心，鼓励和帮助更多企业建立培训中心。

---

① 潘懋元：《东南亚教育》，江苏教育出版社 1988 年版，第 168 页。

② Varaprasad，N. *50 Years of Technical Education in Singapore：How to Build a World Class TVET System*. World Scientific Publishing Co.Pte. Ltd.2016，pp.87-89.

第四，管理技能证书和技术技能标准。工艺教育学院把技能认证的范围扩大至新兴的技能领域。随着新加坡经济更加向以服务为导向发展，除零售、卫生保健和旅游服务等领域开展认证之外，工艺教育学院也会把技能证书延伸至其他新兴领域，开展最高级别的国家一级技能证书认证（NTC-1）。

最后，提供和推广技术服务培训与教育咨询服务。工艺教育学院将帮助企业确定培训需求、开发课程、设计指导书以及开展师资培训。工艺教育学院还将分享技术培训的经验和专长，支持新加坡在国际社会中发挥作用。

2014 年 8 月，新加坡实施"技能创前程"计划，提出了"技能创前程"的愿景是围绕终身学习理念建立起一流的继续教育与培训体系。以终身学习为媒介，将教育与工作世界紧密联系起来，增进个体技能；使职场成为个人学习的主要场所；让每一个新加坡人发挥出自己的最大潜能；建设成世界领先的经济体，保证社会公平。① 这些愿景与目标的关注焦点都在于要提升新加坡劳动力的技术技能水平和综合素质，正像新加坡教育部发表关于面向 21 世纪教育服务的使命声明中所说的那样，要"通过塑造决定国家未来的人，来塑造国家的未来"，充分反映了"新加坡的人民是国家的财富"的观点。

三、战略计划

新加坡职业教育发展过程中实施了大量的教育战略计划，在跨入 21 世纪的前十余年里就发布了"突破计划""创优计划""开拓者计划"等战略规划。

（一）突破计划

随着新加坡由工业经济向知识经济快速转型发展，工艺教育学院必

---

① Varaprasad，N. *50 Years of Technical Education in Singapore*：*How to Build a World Class TVET System*. World Scientific Publishing Co.Pte. Ltd.2016，p.154.

须随之调整课程与教学体系以适应经济发展的需求。"突破计划"（ITE Breakthrough Plan）是新世纪的第一个五年战略规划蓝图，其目标定位是使工艺教育学院成为世界一流的职业教育学院。该计划重新审视了新加坡职业与技术教育的根本出发点，全面改进证书体系、课程设置和教学方式，使这些体系达到甚至引领世界标准。

"突破计划"为工艺教育学院开发了新的课程和教学模式。在课程设置上，核心模块（core modules）课程占80%的总课程学时，其中实践课学时占70%，理论课学时占30%，重点培养学生的专业技术能力。新课程模式设置了15%的学时来培养学生的生活技能，如沟通交流能力、团队协作精神、职业发展和客户服务能力等。在教学方法上，开发了强调教学互动与以过程为导向的PEPP教学模式，即以计划（Plan）、探究（Explore）、实践（Practice）、呈现（Perform）四个阶段引领课堂教学，教师与学生共同制定学习计划，查找资料，在实践中检验学习效果，最终达到学生能熟练呈现学习成果。

"突破计划"使工艺教育学院建立了新的技能证书体系，即国家工艺教育局证书（Nitec）体系。工艺教育学院在该证书体系框架基础上，形成了工程、电子信息通信技术、应用健康科学、设计与媒体、酒店餐饮和商务服务等课程集群，使工艺教育学院能够在课程集群基础上不断开发和推出新课程。目前，国家工艺教育局证书体系包含的证书达到60多项，部分证书名称见表6–1。

表6–1　新加坡国家工艺教育局证书体系（Nitec）课程集群及证书名称简表（2015年）

课程集群	证书名称
工程	航空电子、航空航天制造技术、航空航天技术、汽车技术（重型车、轻型车）、医疗器械制造技术、电气技术（照明与音响、电力与控制证书）、捷运技术、设备技术（空调与制冷、园林绿化服务、机电服务、垂直运输）、激光与模具技术、机械技术、机械加工技术、机电一体化（自动化技术）

课程集群	证书名称
电子与信息技术	数字音视频制作、电子（宽带技术与服务、计算机与网络、显示技术、仪器仪表、微电子、移动设备）、信息通信技术（云计算、移动网络与应用、网络与系统管理）、安全技术、移动通信系统与服务、社交媒体与网络开发、半导体技术
设计与媒体	数字动画、时装设计与制作、互动媒体设计、产品设计、空间设计（建筑、室内与会展）、视觉传达、视觉效果
应用健康科学	应用食品服务、化工工艺技术（另设生物制品、石油化工、制药、工艺仪表等证书）、社区护理与社会服务、护理
商业与服务	景区运营、美容与健康、商务服务、金融服务、健身训练、插花、头发保健（头发与头皮治疗）、美发服务（发型与设计）、零售服务、旅游服务、
酒店餐饮	亚洲厨艺、餐饮营运、面点与烘焙、西餐厨艺

注：1.本表所列非全部证书名称；2.括号内容表示该证书类别下的细分证书名称，如"设备技术"证书，"设备技术（空调与制冷）"证书。

资料来源：ITE.Full-time Nitec Courses.（2019-11-15）［2020-01-06］.见https://www.ite.edu.sg/courses/full-time-courses/nitec.

（二）创优计划

"创优计划"（ITE Advantage Plan）的愿景目标是使工艺教育学院成为全球技术教育的领导者，致力于培养能在国内就业，也能在国际社会同龄人中出类拔萃的高素质毕业生。创优计划的努力目标有：第一，使学生为日趋竞争的全球就业环境做好职业准备。知识经济时代全球竞争加剧，工艺教育学院必须通过课程、实习及校企合作项目，培养学生的创业能力及适应全球化发展趋势的技能与观念。第二，使学生和成人具备终身可雇佣能力。工艺教育学院要增加课程灵活性，与行业合作开展技能认证。第三，提升工艺教育学院的全球影响力，目标是使工艺教育学院的课程和服务走向世界。第四，提高工艺教育学院教师的综合能力。①

---

① Varaprasad，N. *50 Years of Technical Education in Singapore*：*How to Build a World Class TVET System*. World Scientific Publishing Co.Pte. Ltd.2016，p.96.

创优计划的实施为新加坡职业教育发展带来了深远影响。一是使工艺教育学院形成了"手到，脑到，心到"（Hands-on，Minds-on，Hearts-on）的学习理念。"手到"是使学生掌握职场知识和技能；"脑到"是培养学生的创造性、独立思考和适应能力；"心到"是使学生具有正确的价值观和保持终身学习的热情。[①] 二是使工艺教育学院建立了"一制三院"的管理与教育模式，并改变了人们对工艺教育学院的传统看法。三是提升了工艺教育学院教师的专业能力。2007 年通过"全面系统能力"计划，提出了教师专业能力发展的"三级专业能力"标准：一级专业能力是熟知，即掌握知识和技能；二级专业能力是实操，即具备承担企业项目或咨询工作的能力；三级专业能力是引领，即开发专门技术的引领能力。四是提升了工艺教育学院的国际地位。世界银行指出，工艺教育学院已经成为世界一流的中学后教育机构。2007 年，美国哈佛大学肯尼迪政府学院为新加坡颁发"政府施政创新奖"时指出，工艺教育学院的职业教育是最具变革性的政府项目，是值得向全球推广的典型范式。[②]

（三）创新计划

"创新计划"（ITE Innovate Plan）的愿景目标是使工艺教育学院成为全球技术教育创新的领导者。

为达成这一愿景目标，工艺教育学院首先重新定义和彻底改造了工艺教育学院的教育方式、教学环境和学生参与模式。2012 年，工艺教育学院推出"继续教育与培训技能资格框架"，简化课程并缩短课时，使学习者仅用过去一半的时间即可获得技能证书。2014 年，工艺教育学院实行了新的"组群课业框架"（Career Cluster Framework，CCF）面向相关职业组群进行训练，使学生掌握同一职业组群中多项专长。为了帮助在

---

① Varaprasad，N. *50 Years of Technical Education in Singapore*：*How to Build a World Class TVET System*. World Scientific Publishing Co.Pte. Ltd.2016，p.97.

② Vivien Stewart. Singapore：Innovation in Technical Education.（2016-03-07）[2019-12-19] 见 https：//asiasociety.org/global-cities-education-network/singapore-innovation-technical-education.

GCE"N"水准考试中只通过了两科的普通（工艺）类别学生更好地适应工艺教育学院的学习进度，2014 年工艺教育学院开始尝试实施"国家工艺教育局证书基础强化课程"（Enhanced Nitec Foundation Programme，E-NFP），将课程分解成更可控的单元模块，并辅以学术基础课程，以提高学生的文化水平和计算技能。

其次，深化和拓宽工艺教育学院与企业及其他国家的合作。工艺教育学院与全球合作伙伴签署了大量合作协议，与许多世界著名的跨国公司建立了合作关系网络。基于这样的国际合作优势，工艺教育学院推出了"全球教育课程"，便于学生参加海外交流和企业实习。

第三，提升工艺教育学院的创新能力。2010 年，工艺教育学院实施"REAL 领导能力学习系列"课程，聘请企业主管和领导层授课，培养教师的领导能力。2013 年成立工艺教育学院研究院，加强学院核心价值观的培育和发展。2013 年，工艺教育学院在中区学院首创了"迷你商城"教学模式，由学生经营理发店、时装店、咖啡馆、熟食店等商店，借助企业的经营经验指导和培训学生，使学生在校内也可以获得真实的工作经验。

（四）开拓者计划

"开拓者计划"（ITE Trailblazer）的愿景目标是使工艺教育学院成为职业与技术教育的开拓者，使新加坡当前的职业技能培训模式由针对"具体职业岗位"向"职业发展导向"转变。根据这一计划，新加坡将探索工作场所基于职业发展导向学习的新技能途径；通过信息通信技术和自主学习探索教与学的新方法，以及特定专业学科的新教学方法；将雇主重视的职业发展导向培训提升至更高水平；开拓新的行业合作模式，公司和行业在推动工作场所学习和实习方面拥有更大的自主权。

计划通过实施以下关键策略实现预期目标：

首先，设置动态课程，提高学生自我适应能力。工艺教育学院根据国家与行业发展变化情况，设置动态课程，使毕业生掌握适应行业变化的专门技能；推出"在职培训计划"，使学生在毕业以后也能继续更新和充实新技能。

其次，调整教学方式，扩大有效学习机会。工艺教育学院采用新的教学方式，包括采用最新信息通信技术和针对不同专业需求改进学习空间，为学生创设更多基于真实环境的灵活自主学习机会。

第三，为学生提供全面的教育体验。工艺教育学院为学生提供多样化的个人发展课程，强化职业指导的组织平台，使学生获得更多的学习支持和丰富的学习体验。

最后，推动战略合作与师资培养。工艺教育学院建立产学合作新模式，将雇主、全球合作伙伴、社区和校友联系起来共同努力，扩大学生在课堂学习之外的发展机会。

四、课程设置

（一）工艺教育学院课程

1、课程类型

工艺教育学院主要提供三大类别的职业教育和培训课程：一是中学毕业后青少年的职前训练；二是对成人学习者的继续教育和培训；三是与雇主合作实施的以行业为基础的工作—学习方案。[1] 这三类课程和培训可通过四种学习形式获得相应的证书，即全日制教育、在职培训课程、"工作—学习"文凭课程和部分时间制教育。

（1）全日制教育

工艺教育学院提供的全日制教育可获得的证书包括：国家工艺教育局证书（Nitec），攻读该证书课程需符合相关前提课程要求，中学或工艺教育学院毕业生若成绩达到GCE"N"水准或GCE"O"水准即可申请入学；高级国家工艺教育局证书（Higher Nitec），攻读该证书课程需符合相关课程提前要求，中学或工艺教育学院毕业生若成绩达到GCE"O"水准或GCE"N"（学术）水准即可申请入学；技术文凭（Technical Diploma），

---

[1] Institute of Technical Education.Who We Are. [2019-12-15]. 见 https：//www.ite.edu.sg/who-we-are.

通常要求拥有相关专业 Higher Nitec 或 Nitec 证书才具备申请修读资格。

（2）在职培训课程

工艺教育学院为某些专业提供 Higher Nitec 或 Nitec 证书的培训课程，具体申请要求与全日制课程类似。这些课程通常是与行业相关的模块化课程，集中于为成年学习者提供灵活的量身定制的新兴技能培训短期课程，帮助他们获得和更新技能，对不断变化的工作场所做出反应。

（3）"工作—学习"文凭课程

工艺教育学院"工作—学习"文凭课程，也称为勤工俭学文凭课程，通常与雇主合作开设，目标是获得 ITE 毕业证书，以具有相关专业的 Higher Nitec 或 Nitec 证书或相关工作经历作为申请要求。

（4）部分时间制教育

ITE 技能证书面向修读技能提升课程的工人；"技能创前程"系列资格证书面向新兴和关键技能领域提供行业相关培训的短期课程，包括从入门到中级及高级别的培训；培训教练证书面向培训员和在职培训从业者，以有效指导、训练、评估和制定行业培训课程与评估。

2、课程特点

工艺教育学院的课程注重培养会思考和会学习的未来工作者，其特点包括：

（1）强调就业技能培训

就业技能是新时代工作者必备的基础技能和基本素质，使他们可以从一个工作环境顺利转移到另一个工作环境。随着技术的更新与变化，工艺教育学院强调就业技能的培训使个人能够不断学习和更新已掌握的技能。工艺教育学院正是通过明确和增加对就业技能的教学并将其纳入技术单元，加强了就业技能的教学。

（2）明确教学模块内容及能力要求

工艺教育学院参考了本国生产力和标准委员会推出的关键技能培训项目（Critical Enabling Skills Training Program）和其他国家的做法，如美国的工作场所能力（Secretary's Commission Achieving Necessary Skills,

SCANS）和英国的关键技能（Key Skills），提出了七项核心技能，为学习者未来参加工作做好准备。针对教学人员和行业的预期教育成果及预期投入，工艺教育学院为每一级培训制定了一套就业能力技能模块，并提出了认证要求。这些模块包括沟通技巧、人际交往技巧、个人效能、团体效能、思维技巧、信息技术和计算能力等。

（3）引入更多常见的核心技术单元和选修课

当前知识经济时代的专业技术技能都具有高度的动态性，工艺教育学院的学生必须具有核心技术技能，以提高他们对新技术的适应性，以及应对当前社会来自行业内部和跨行业间的高度流动性。工艺教育学院通过更多地强调核心技术技能和在相关课程中引入更常见的核心技术技能，确保学生获得良好的技术基础和对基本概念的更深入理解。同时，引入更多的选修模块，以满足不同学生的能力和兴趣。以学习者为中心，以能力为驱动，帮助学生发现他们的技术能力和潜在发展能力。

（4）引入项目模块训练

项目模块过去只用于更高层次的课程，工艺教育学院如今将其纳入课程之中，作为培养学生善于思考和创新精神的一种战略。项目模块使学生能够整合他们从课程中获得的技能和知识，并为他们提供更多的机会来实践创新思维和自学技能。它允许学生在设计项目、组织他们的工作、与他人合作以及最终展示他们的项目的过程中学习和应用这些就业技能。[①]

（二）理工学院课程

1. 课程类型

南洋理工学院的课程设置，从整体课程性质上可以分成以学科课程为主的专业课程和以活动课程为主的非专业课程两大类。

（1）专业课程

专业课程旨在使学生获得某一专业领域的职业能力和职业资格，以

---

① Yim-Teo，Tien Hua. Reforming Curriculum for a Knowledge Economy：The Case of Technical Education in Singapore. [2019-11-25]. 见 http：//citeseerx.ist.psu.edu/viewdoc/summary？doi=10.1.1.196.6937.

传授技术知识与技能为主。以南洋理工学院机电一体化专业（全日制大专）课程为例，第一学年的理论课程包括工程数学 1A、工程力学、材料工艺、工程制造技术、电脑工程绘图、电子与电路学、数位与模拟电子学、计算机编程、沟通技巧等，实训课程是参加两个校内实训项目；第二学年理论课程包括工程数学 2A、工程数学 2C、机械设计、热流、接口技术与编程、机械元件与系统配件、自动控制、品质管理、机电设备、微处理器应用等，实训课程同样是参加两个校内实训项目。第三学年以实训为主，学生分组学习，A 组学习理论课程时，B 组参加企业实训，例如 A 组理论课程可选修 2—3 门方向性课程（如电动机控制、自动控制技术、机器人与机器视辨系统等），实训课程是全日制校内项目和 12 周企业实习；B 组理论课程可选修 3—4 门方向性课程（如半导体技术、芯片制造程序等），实训课程是全日制校内项目和 12 周企业实习，详见表 6-2。

表 6-2　新加坡南洋理工学院机电一体化专业课程设置表

学年	理论课程	实训课程
第一学年	第一学期：工程数学 1A、工程力学、材料工艺、工程制造技术、电脑工程绘图	校内实习项目一
	第二学期：工程数学 1A、电子与电路学、数位与模拟电子学、计算机编程、沟通技巧	校内实习项目二
第二学年	工程数学 2A、工程数学 2C、机械设计、热流、接口技术与编程、机械元件与系统配件	校内实习项目三
	工程数学 2C、自动控制、品质管理、机电设备、微处理器应用	校内实习项目四
第三学年	A 组：选修 2—3 门方向性课程（如电动机控制、自动控制技术、机器人与机器视辨系统等）	B 组：全日制校内实习项目 12 周企业实习
	B 组：选修 3—4 门方向性课程（如半导体技术、芯片制造程序等）	A 组：全日制校内实习项目 12 周企业实习

资料来源：NYP.School & Courses. (2019-10-25) [2019-12-30]. 见 https://www.nyp.edu.sg/schools.html.

（2）非专业课程

理工学院的非专业课程旨在培养学生的创新精神、全球化意识、领导才能、社区服务意识和沟通与协作技巧等，促进学生全面发展。非专业课程以活动课程为主，包括心理辅导、国民教育和课外活动三类。以心理辅导为例，其课程内容包括个人辅导、家庭辅导、普适性讲座、学习策略、人际关系、考试技巧等，课程形式包括为个别人心理问题的学生开展咨询、为学生家庭开教育辅导、聘请校外专家的专题讲座等，其目的在于使学生获得人文知识素养，促进学生心智发展，详见表 6-3。

表 6-3　新加坡南洋理工学院非专业活动课程设置表

类别	课程内容	课程形式
心理辅导	个人辅导、家庭辅导、普适性讲座、学习策略、人际交往、沟通能力等	为个别有心理问题的学生开展心理咨询；为个别家长开展教育辅导；聘请校外专家开展某主题讲座
国民教育	国民教育宗旨、新加坡奋斗史、新加坡未来发展	专题讲座；展览会；社会考察；研讨会
课外活动	专业以外的学术或非学术团体活动	乐团、舞龙狮队、马来西亚文化团、日本文化学会、天文学会、环保学会、探险、社区服务活动；学院出资鼓励学生参与国内外竞赛等

资料来源：NYP.Student Life.（2019-10-25）[2019-12-30].见 https://www.nyp.edu.sg/student-life.html.

2. 课程特点

（1）重视通过实训实习项目培养学生知识应用能力

理工学院非常重视通过实训实习课程培养学生的动手能力和创造能力，例如理工学院的课程教学通常包括三个学年 6 个学期，每个学期都安排大量的实训课程和实习项目：第一学年为专业基础课程，包括理论课程、实训课程和 2 个校内实习项目；第二学年为专业深化课程，包括专业基础课程、专业技术应用课程和 2 个校内实习项目；第三学年为专业方向课程，包括专门课程、全日制校内实习项目、企业实习或海外实习。校内实习项目是一门综合性课程，与每一学年某个专业所开设的课程紧密相连，用于考查学生综合运用该学期所学课程的能力，即学生必须把每个学期所学的知识和技能综合运用到项目里。校内实习项目是由专门的项目导师根据实际项目开发出的一个与实际项目相仿的模拟项目，学生在项目导师的指导下，用大约 15 周（一个学期）的时间逐步完成。学期项目贯穿于学生整个学习过程中，项目的设计由浅入深，并带有关联性，而且学生始终在一个由浅入深的项目主导中学习，学生的职业能力在这一过程中循序渐进地提升。①

(2) 采用"双轨制"课程模式

理工学院采用"双轨制"课程模式，全部课程分为"两年加一年"两个学习阶段和"理论加实训"两种学习形式，即前两年时间进行专业基础课程和专业课程学习，后一年进行专业方向性选择课程学习并到企业参加项目研究与实习实践。前两年实训课程主要在校内参加小型项目课程学习，后一年既学习校内全日制项目课程，也要到企业进行实习。一般来说，南洋理工学院的每个班同学的人数在 40 个左右，每个学年的课程将被划分成两个独立的组合，A 与 B，公共课之外，将一个班级的学生划分为两个小组进行教学，这些学生分别被安排到组合 A 与 B 进行学习，第二学期，课程的基本组合会被调整交换，两组学生再到交换后的学习组展开学习。大部分课程教学都是在学校的实训基地进行的，有了这样的课程设置方法，学校的设备数量被大大减少，节省了开支，教学工厂的规模也有所缩小，同时还保证了学生自己动手实践的机会，另外每个学期都不会有闲置的设备，大家在动手操作能力提高的同时也提高了设备的使用率。②

(3) 强调课程设置的弹性化

理工学院十分注重课程设置的弹性化，会非常及时地对课程本身进

---

① 张倩：《商科高等职业教育"教践研"一体化的思考——新加坡南洋理工学院"教学工厂"理念借鉴》，《教育理论与实践》2013 年第 9 期。

② 边静：《新加坡南洋理工学院人才培养模式探究》，硕士学位论文，沈阳师范大学，2016 年，第 19 页。

行优化与补充。与我们熟知的传统课程相比，弹性化的课程设置相对十分灵活，一般来说，理工学院设置课程时会将某个具体专业所需要的技能知识加以分析罗列，根据岗位的具体需求将技能知识和操作等方面设定成职业方向性课程。不同的专业有不同的课程结构，但公共的核心课程保持不变，而各个专业方向的技能课程则灵活许多。并且，理工学院将全部课程分成独具特色的"两年加一年"课程学习阶段，将项目课程与专业培训有机结合，这样学生便有机会对未来职业所需的知识进行更好的吸收和理解，在入职时能具有更强的适应性。

五、质量管理与资源保障

新加坡政府认识到提高所有高等教育机构的质量和标准的重要性，并尽一切努力将"质量控制"转化为机构层面的组织绩效，采用多种方式有效提升教育质量。[①] 本部分内容限于篇幅拟从质量方针与目标、质量管理机制、经费和师资等方面简要介绍。

（一）质量方针与目标

新加坡政府始终秉持发展实用教育以配合工业化和经济发展需要的总体教育方针，在国家教育方针的引领下，职业教育明确了培养适应经济、社会发展需要的实用性人才的质量方针。遵循这一指导思想，新加坡高职教育的发展始终坚持技能为本的理念，高素质国民的理念和国际人的理念，在人才培养过程中强化实用意识，人才培养目标突出人才的实用性、创新性、超前性、发展性和开放性特征。[②]

（二）质量管理机制

新加坡职业教育质量管理机制包括政府的宏观质量控制、第三方机

---

① Ka Ho Mok. "Impact of Globalization：A Study of Quality Assurance Systems of Higher Education in Hong Kong and Singapore". *Comparative Education Review*，2000，44（2），pp.148-174.

② 叶彩华：《新加坡高职教育人才培养质量管理研究》，硕士学位论文，厦门大学，2008年，第23页。

构的质量认证和院校内部的质量管理三个方面。

首先，政府的宏观质量控制，既有政府从学校办学大政方针方面的宏观控制，也有教育部的定期评估监督。宏观方向的指导责任不仅仅在于教育部，还有经济发展局、人力局、企业发展局等部门对国家产业结构调整和经济形势的分析，对各校设置的专业方向与整个国家产业经济走向的协调性起着直接的指导作用。①

其次，第三方专业机构的质量认证。新加坡质量奖（Singapore Quality Award）是新加坡最高级别的国家奖项，面向所有规模和类型的机构发放，获得此奖即表明该机构设立了恰当的管理系统和程序，并取得了全面卓越的绩效成果，是标志该机构具备综合业务卓越质量经营模式的重要标准。在新加坡教育体系中，只有工艺教育学院曾获得 2005 年度的新加坡质量奖，彰显了工艺教育学院取得的卓越成就。新加坡素质评级（Singapore Quality Class，SQC）是根据卓越绩效持续发展评估标准设定的一个评估工具，也是颁发新加坡质量奖的评分依据。该工具在 1997 年推出，旨在表彰在实现世界级卓越标准的过程中取得了可嘉业绩的组织。它涵盖了组织卓越发展的各个方面，包括领导、战略规划、业务和行政效率、工作人员和学生福利及发展，以及认知、社会、道德、审美和领导领域的关键成果。教育机构参与 SQC 评级，如取得 400 分（满分 1000 分）即可获得素质评级证书，获得 700 分或以上即可成为新加坡质量奖的候选对象。

第三，院校的内部质量管理活动。职业院校首先在专业层次进行严格的质量控制，例如义安理工学院每年定时开展专业评价，采取多种方式进行专业的评价与调研，2010 年的专业评价以问卷的方式由学生参与评判并提出具体意见，问卷内容包括教学、学校资源等多个方面；专业负责人每学期召集学生代表座谈会，与学生交流对专业建设的意见。另外，学

---

① 戴冬秀：《浅谈新加坡高职教育质量保障体系》，《武汉职业技术学院学报》2010 年第 2 期。

校还进行 2 年一次的专业评估，评估内容包括区域发展对人才需求的变化、毕业生工资待遇与就业情况、新生的入学情况、用人单位的反馈等；专业负责人在此基础上，对专业的内容和方向提出修改的意见和建议，促进教学工作的不断改进。①

第四，学校还对课程教学进行严格的质量控制。课程负责人从课程教学的组织模式开始对课程的教材、学时分配、教学计划、教师教学用材料和教学内容进行统一协调控制。课程负责人对课程进行年度评估，从教的角度评估教学人员能力、教学资源、讲课方法与效果；从学的角度关注学生学习效果、教材与笔记、任务合理性、考试成绩等。

（三）经费

新加坡一直把人力资源的开发作为立国的基本战略，非常注重对职业教育的投资，充足的经费是新加坡职业教育获得高质量发展的根本保障。新加坡的职业教育经费投入主要由三部分构成：首先，占主要部分的是来自政府的教育财政拨付；其次是社会投入，主要指通过新加坡技能发展基金（Skills Development Fund）拨付的教育与培训投入；三是学生个人的教育与培训投入，主要指学生缴纳的学费。

首先，政府方面的财政拨付资金，通常包括经常性财政支出和发展性财政支出两部分。经常性支出主要用于学院日常运营的开支，发展性支出主要用于促使学院运行增值，提高教学质量。经常性支出由财政部拨给教育部，再划拨给学校；发展性支出则在实施重大发展项目时由学校向教育部申请。2019 财政年度，新加坡的教育投入为 130.2 亿新元，约点 GDP 的 3%。新加坡政府对教育的财政支出仅次于国防财政支出，例如 2015 年，教育支出占政府财政支出的比例为 21.4%，国防财政支出为 23.2%。政府财政承担了理工学院和工艺教育学院的全部基础建设、教学设施等费用以及 80%—85% 的日常运行和人力支出，仅有 15%—20% 的

---

① 杨海澜：《新加坡职业教育教学质量体系的考察》，《武汉交通职业学院学报》2012 年第 2 期。

支出来自学费收入。2011 年国会拨款委员会辩论教育部的开支预算时总结道：过去 10 年，教育部以平均占国内生产总值 3.5% 的经费提高教育质量。从 2000 年至 2010 年，教育部预算增加了 45%，教育部开支占政府总开支约 20%，这个比率，比韩国（15%）、日本（10%）、英国（12%）和美国（15%）都高。其经费有 50% 用于小学、中学教育，45% 用于中学后的初级学院、工艺教育学院、理工学院和大学教育。① 下表 6-4 显示，2011—2017 年新加坡政府的经常性支出以及对工艺教育学院、理工学院等教育机构的财政投入呈逐年增长趋势，有力地保障了新加坡教育的发展。

表 6-4　新加坡政府的教育财政投入（2011—2017 年）（万新元）

机构类别	2011 年	2012 年	2013 年	2014 年	2015 年	2016 年	2017 年	2018 年
经常性支出	974398	963731	1066487	1071245	1123574	1181220	1207954	1264000
工艺教育学院	34611	35166	37690	39995	43296	45993	47109	48536
大学	297381	253697	296992	273664	289777	313831	304668	325480
理工学院	118098	119604	129765	133930	131788	135067	130560	127461
发展性支出	104576	85960	97345	88601	69922	65666	61109	45000

注：表中年度数据指的是从 4 月开始至次年 3 月结束的财政年度。

资料来源：Department of Statistics Singapore. Yearbook of Statistics Singapore 2019.（2019-08-01）[2019-11-13]. 见 https：//www.singstat.gov.sg/-/media/files/publications/reference/yearbook_2019/yos2019.pdf.

其次，社会方面的教育与培训资金投入。根据新加坡《技能发展税法》（*Skills Development Levy Act*）的法律要求，雇主必须为在新加坡提供服务的所有雇员每月支付技能发展税，包括外国雇员和没有固定工作的劳动者、兼职或临时雇用的雇员。家庭佣人、园丁或司机不适用技能发展税法的规定。技能发展税的应付款额为每名雇员每月薪酬的 0.25%，雇员每

---

① 刘占山、王文槿：《走进狮城——新加坡职业教育考察报告》，《职业技术教育》2015 年第 21 期。

月收入低于 800 新元的最低应付款额为 2 元，雇员每月收入超过 4500 新元的最高应付款额为 11.25 元。所有收集到的技能发展税都被输送到技能发展基金，用于支持劳动力的技能升级方案，并在雇主派遣雇员参加国家继续教育和培训系统下的培训时向雇主提供培训补助金。技能发展税和技能发展基金都由精深技能发展局管理。

第三，个人的教育与培训资金投入。新加坡高度重视通过职业教育与培训来提高劳动者的素质，在每年拨出大量的财政经费用于职业教育与培训的同时还鼓励企业、社会团体和个人投入经费，形成多渠道分担职业培训经费的模式。但整体看来，新加坡主要通过政府拨款、设立各种培训基金和多种多样的援助计划资助职业教育与培训的发展，收取学生学费占比较小，约占 15%—20%。工艺教育学院采用了一种基于群体的学费结构（cohort-based fee structure）模式来收取全日制 Nitec 课程、Higher Nitec 课程学费。在这种结构下，按学生身份分成新加坡公民、新加坡永久居民和国际学生几种群体类别分别收取不同的学费，学费在整个课程学习期间保持不变。

表 6-5　工艺教育学院 2020 学年全日制 Higher Nitec 和 Nitec 课程费（新元）

课程 群体类别		注册费	每学期收费			
			学费	附加费	考试费	医保费
Higher Nitec	新加坡公民	5	295	18	—	—
	新加坡永久居民	5	3880	18	24	—
	国际学生	5	10180	18	30	12
Nitec	新加坡公民	5	205	18	—	—
	新加坡永久居民	5	2775	18	24	—
	国际学生	5	7575	18	30	12

资料来源：ITE.Training Fees for Academic Year（AY）2020.（2019-12-13）[2020-01-06].见https：//www.ite.edu.sg/admissions/full-time-courses/nitec/fees.

（四）师资

高素质的职业教育师资队伍是新加坡职业教育事业成功的基础。新加坡非常注重职业教育教师的能力与素质，无论是在新教师聘用还是教师的职业发展与培训上都严格要求，如采用严格的聘任政策，对良好教学和研究业绩的财政奖励和表彰，良好的师生比例及提供教员培训以提高技能和业绩等。在新教师聘用上，招聘具有较强资格、技能和教学能力的教师。理工学院的教师面向社会招聘，需要有行业背景或一定时长的企业工作经验，要有较强的专业能力和工程实践能力。例如，义安理工学院聘请在业界有 3 年以上工作经验且实践经验丰富的专业人士从事教学，最大程度地保障了学院的教学质量。

教师在职培训的渠道包括进入企业、高校和"教学工厂"，大部分教师都通过"教学工厂"进行知识更新和专业技能提升培训。南洋理工学院从"教学医院"现象获得启发，"教学医院"的医生同时也是医学专业的教师，教师的教学与学生的学习始终与实践相结合并紧跟医学科技的发展；教师的水平在不断的临床实践中提升，学生的能力在不断的临床实习中增长；南洋理工学院将"教学医院"的模式应用于工程领域教学，没有机械地营造硬件实习环境或是在学校举办用于教学的简单的生产加工厂，而是从理念的层次，让教师主动承担真实的项目开发，吸收学生加入实践操作岗位，打造出集工程师与讲师于一体的掌握领先科技的教师团队。①

六、职业教育与高等教育的衔接

新加坡建立了职业教育与普通教育高效沟通衔接的教育"立交桥"（bridges and ladders）体系，为学生个人教育提升和职业生涯发展提供多种灵活选择。（见图 6–1）

例如，工艺教育学院颁发三种证书：一是国家工艺教育局证书（Nitec），相当于初级技工证书，完成工艺教育学院课程即可获得此证书并应聘就业；二是高级国家工艺教育局证书（Higher Nitec），相当于中级

---

① 戴冬秀：《浅谈新加坡高职教育质量保障体系》，《武汉职业技术学院学报》2010 年第 2 期。

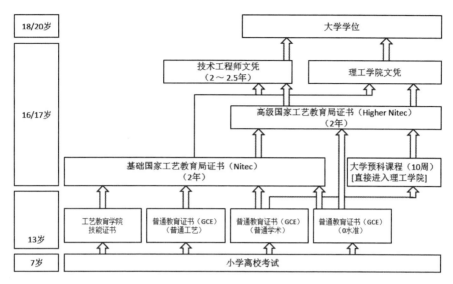

图 6-1　新加坡职业教育与普通教育衔接体系示意图

资料来源：N.Varaprasad.*50 Years of Technical Education in Singapore*：*How to Build a World Class TVET System*. World Scientific Publishing Co.Pte. Ltd. 2016，p.134.

技工证书，颁发给毕业生中约 5% 成绩优异者；三是大师级国家工艺教育局证书（Master Nitec），相当于高级技工证书，颁发给已获得证书、就业后又回到工艺教育学院继续深造的在职人员。工艺教育学院毕业生，在获得国家工艺教育局证书资格后，可以报考高级国家工艺教育局证书，通过者就有资格进入理工学院继续学习文凭课程。

新加坡还为职业教育学生开辟了多条学习进修路径，例如获得高级国家工艺教育局证书，并且平均学分绩点（GPA）达到 3.5 分以上的学生，可以选择：一是进入理工学院三年制文凭课程的二年级进行学习；二是进入理工学院三年制文凭课程的一年级，同时免修部分课程，或选择不免修。对于工艺教育学院平均学分绩点介于 2.5 分至 3.5 分之间的学生，满足一定条件也有资格进入理工学院一年级相关专业三年制文凭课程。如果仅获得国家工艺教育局证书，但平均学分绩点达到了 3.5 分，也能获得进入理工学院一年级工程类文凭课程学习。由于工艺教育学院的绝大部分学生都能达到平均学分绩点 2.5 分以上的水平，因此，这种衔接体系搭建了职业教育通向获取理工学院文凭的桥梁。

理工学院也建立了多种升学渠道，满足学生从获取文凭到获取学位的需求。如理工学院开发了一年制的专业文凭课程和两年制的高级文凭课程，并与 2014 年实施的"技能创前程"计划连接起来。新加坡本地大学和国外大学面向实践导向的工程教育毕业生招生更加完善了职普衔接的途径，如南洋理工大学的前身南洋理工学院早在 1981 年就开始招收理工学院毕业生，使其进入大学二年级相关课程学习，三年内即可获得工程学位；1995 年新加坡国立大学开发了电子工程学全日制技术学士学位（B. Tech）课程；英国和澳大利亚的大学采取宽松政策吸引理工学院毕业生等。

第三节   继续职业教育与培训

新加坡自独立以来就非常重视在职工人的继续教育与培训，并将继续职业教育与培训视为整体教育系统的一个有机组成部分。继续职业教育与培训提供职业基础教育和技能提升培训课程，解决人力和技能差距，支持工业发展和创造就业机会，通过各种途径促进教育和职业转型，使劳动力能够在经济模式快速转变中高效就业。进入新世纪以来，新加坡通过《继续教育与培训总体规划》（*Continuing Education and Training Masterplan*）调整了以往通过职前培训进行前期教育的传统做法，转而以继续教育与培训为发展重点。本节将以引领新加坡未来技能培训发展趋势的"技能创前程"计划为例，介绍新加坡的继续职业教育与培训的愿景目标、组织机构、培训项目及质量保障等内容。

一、愿景目标

2014 年 8 月，新加坡总理李显龙宣布成立"技能创前程委员会"标志着"技能创前程"（Skillsfuture）培训计划全面开始实施。该计划是由新加坡副总理、教育部、财政部牵头的政府驱动的全国性运动，旨在为民众提供全方位职业生涯指导。计划着眼于更广泛的成功定义，不把学生的成功局限于与学习成绩挂钩的学业成就，而是提倡创造一种尊重所有工作的学习文化，鼓励新加坡人超越为学业成绩而学习的传统观念，呼吁为精通技能而学习。

技能创前程的愿景目标集中在四个方面：一是帮助个人在教育、培训和职业中做出明智的选择；二是建立高质量的教育和培训体系，以满足不断变化的行业需求；三是以精通技能为基础促进雇主的认可和职业发展；四是培育支持和弘扬终身学习的文化环境。目前，技能创前程课程包括劳动力发展局认证的课程，教育部资助各科研单位开发的课程，其他公共服务部门支持的课程，总量超过 8000 门。[1] 课程涵盖了会计、高级制造、应用医学、生物科学、生物医学、建筑工程、幼教、金融服务、人力资源、信息技术与传媒、物流和航空、智慧与可持续城市管理与社会服务多个方面。

技能创前程委员会制订的具体计划举措包括：[2]

1. 制订行业人力计划

新加坡政府联合雇主、工会、教育与培训机构及行业协会，明确当前与未来的技能需求，制订系统的人力资源培养计划。计划的重点即考虑像健康护理、幼儿保育与教育、社会服务等行业当前的迫切需求，又兼顾诸如生物制药、航空航天、餐饮服务等新兴行业和面临重大人力资源挑战的行业。

2. 加强教育与职业指导

新加坡教育部与劳动力发展局联合行业企业共同推出了教育与职业指导体系。该体系的重点是帮助学生发展技能，做出职业选择，实现学校到职场的顺利迁移。按照该体系设定，工艺教育学院一年级学生即可得到

---

[1]　Skillsfuture SG. How will I benefit? ［2020-10-20］. 见 http：//www.skillsfuture.sg/enhanced subsidy#howwillibenefit.

[2]　［新加坡］华拉保绍：《新加坡职业技术教育五十年：如何构建世界一流技术与职业教育及培训体系》，卿中全译，商务印书馆 2018 年版，第 143—149 页。

系统的教育与职业指导，并且无论是工艺教育学院还是理工学院学生，教育与职业指导至少占40—60学时。同时，将教育与职业指导的学习目标纳入当前的学业课程和职业专题课程。技能创前程委员会还建立了一站式的在线网络平台，提供适合用户的分析与评估工具，智能化地进行工作配对和推荐培训，把个人与相关行业、职业以及职业信息库联系起来。

3. 增强学生的学习体验

为更好地整合实习与课堂教学，促进学习和技能应用，2015年3月，新加坡推出了促进工学结合的"技能创前程在职培训计划"，为工艺教育学院和理工学院毕业生提供工作配对，并帮助学生选择与学科相关的合适雇主。该计划一方面令雇主受益，使其更易于招聘到人才并提供培训，另一方面也可令学生获得行业认可的技能证书、有吸引力的工作起薪、入职资金以及规划清晰的职业发展路径。

4. 提供学习津贴和奖励

2015年，新加坡政府成立了"技能创前程基金"，资金由雇主、工会和公众捐款组成，政府再按1∶1的比例等额为基金注资。基金用于设立技能创前程专才奖学金，奖励在工作中通过丰富经验获得精深技能的新加坡人民。政府为每一位年满25周岁的公民建立技能创前程账户，用于深化现有技能及拓宽视野。另外，政府还提供5000新元的"技能创前程进修奖"，用于支持处于职业生涯早期到中期的人们在具体职业领域发展和深化技能，奖项覆盖先进制造业、新一代物流业、健康护理和金融服务等行业。

5. 支持中小企业发展

政府实施了"入职培训计划"（P-Max），目的在于筛选并推荐正在求职的专业人员、管理与行政人员进入合适的中小企业工作岗位，帮助企业更好地招聘、培训、管理和留住新招聘的员工，鼓励企业不断改进人力资源管理实践。

6. 培养专家和企业领袖

为促进中小企业发展，新加坡标准、生产力与创新局（SPRING）与行业合作建立了技能创前程专家库，帮助中小企业开发劳动力潜力。这些专家包括各领域拥有精深技能和丰富经验的退休人员、职业生涯中期的专业人士和行政人员。他们指导中小企业采取有效措施，提升劳动工人的技能，提升主管和经理的管理技巧。另外，政府实施"技能创前程领袖培育计划"，支持有远大抱负的新加坡人发展必备的能力，支持企业努力建立和强化内部培训项目，并且与行业、高校和企业合作，提供高质量的领域与管理能力提升课程和项目。

二、培训机构

技能创前程计划的组织机构主要以新加坡精深技能发展局（SkillsFuture Singapore，SSG，简称精深局）、新加坡劳工局（Workforce Singapore，WSG）、新加坡劳动力技能资格框架（Singapore Workforce Skills Qualification，WSQ）三方为主导，新加坡就业与职能培训中心、全国职工总会学习中心、培训商、大众媒体、高校等众多获得认证的培训机构都参与了计划管理和课程提供服务，如下简图 6–2 所示。

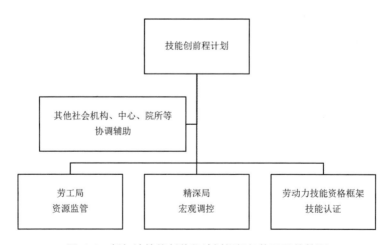

图 6–2　新加坡技能创前程计划组织机构及职能简图

资料来源：N.Varaprasad. *50 Years of Technical Education in Singapore*：*How to Build a World Class TVET System*. World Scientific Publishing Co.Pte. Ltd. 2016，pp.143-164.

（一）新加坡精深技能发展局

新加坡精深技能发展局（SSG）是隶属于新加坡教育部（MOE）的法定机构，也是技能创前程计划的主导机构。精深局通过私立教育委员会和成人学习研究所发挥主要职责，目的是推动和协调全国精深技能发展活动，加强成人培训基础设施建设，通过促使新加坡人技能的掌握和精通，提高在职工人技术能力和专业精神，发扬终身学习的优良文化，巩固新加坡的优质教育和培训系统，以在职工人技能的不断提升和发展来持续满足不同经济部门的需求。

（二）新加坡劳工局

新加坡劳工局是新加坡人力部的法定委员会。它的主要职责包括监督新加坡劳动力和行业的转型升级，以应对当前的经济挑战；促进各级劳动力的发展，提升劳动力竞争能力，增强劳动力的包容性和受雇就业能力；确保新加坡所有经济部门都能获得强大而又富有包容精神的新加坡核心劳动力的支持。尽管新加坡劳工局的工作重点是帮助员工实现职业抱负，并在不同的人生阶段获得高质量的工作，但它也通过提供人力资源支持来满足企业主和企业的需求，使人力密集型企业保持竞争力。帮助不同经济部门的企业创造高质量的就业机会，发展人力资源渠道以支持行业增长，并将合适的人与合适的工作岗位相匹配。

（三）新加坡劳动力技能资格框架

新加坡劳动力技能资格框架是用来培训、开发、评估和认证劳动力技能和能力的国家认证体系。技能认证委员会制定了国家职业技能证书（NTC）三级体系，这三个等级为：

国家职业技能三级证书（NTC-3）：掌握某一职业的基本知识和技能，具备成为熟练技术工人的基础技能。获得 NTC-3 证书，需要 1—2 年基本训练或学徒培训。

国家职业技能二级证书（NTC-2）：熟练掌握某一专门职业或技能所需的全部知识或技能。获得 NTC-2 证书，需要 2 年全日制技能训练或 5 年在职工作经验。

国家职业技能一级证书（NTC-1）：最高水平技能证书，相当于技术大师。获得 NTC-1 证书，需要多年工作经验和继续教育培训。

在以上三个等级之外，还有一个合格证书（Certificates of Competency），通常颁发给面向狭义的具体的某些工匠行业技能的人员，如建筑、航海、船舶与海洋工程等。

劳动力技能资格框架通过以下功能实施技能创前程计划：①促进对技能和能力的认可、掌握和流动；②通过技术、通用技能和职业能力促进劳动力的全面发展；③通过专业化技能和能力支持经济发展，推动行业转型、生产力发展和技能创新；④鼓励终身学习。① 在劳动力技能资格框架下提供的技能培训，都经过了雇主、企业行业协会、教育机构、工会和专业机构的验证，确保了现有的和新出现的技能和能力能够满足市场需求。2016 年技能创前程计划推出技能框架（Skills Framework）项目，劳动力技能资格框架逐步采用技能框架中涵盖的技能和能力。

（四）就业与职能培训中心

2008 年，在新加坡劳动力发展局、新加坡劳工基金、新加坡全国雇主联盟以及全国职工总会的倡议下，新加坡成立了就业与职能培训中心（Employment and Employability Institute，e2i）。目前，就业与职能培训中心已经成为技能创前程计划的一站式服务中心，它提供职业培训服务的范围极为广泛，包括从普通工人到专业人士，从企业管理人员到经理的所有从业者都可从中获益。通过职业辅导、培训技能提升、工作配对等方式提供专业的指导意见，开发在职培训课程，帮助工人提升就业能力，帮助雇主为工人再创造工作机会，提升工作水平，开展技能培训以及招聘工人。它还与工艺教育学院和理工学院合作，通过其广泛的关系网络，把学生、雇主与培训机构联系起来，帮助他们更好地理解不同行业的职业选择和发展。

2014 年 5 月 1 日，新加坡总理李显龙为就业与职能培训中心新校区

---

① WSQ. About WSQ.（2019-0305）[2019-12-30] 见 https：//www.ssg.gov.sg/wsq.html.

蒂凡那学院（Devan NairInstitute for Employment and Employability）主持了启用仪式。新校区位于裕廊东地区，为纪念新加坡全国职工总会首任秘书长和前总统蒂凡那（Devan Nair）而命名。蒂凡那学院是新加坡目前提供就业能力培训解决方案的最大专门机构，校园耗资约 7000 万新元，面积比之前在红山的就业与职能培训中心大一倍，年培训能力达 5 万人。学院秉持为工人创造更好的工作、更好的生活的愿景与使命，通过提供更好的就业、培养更好的职业发展技能、提高企业生产力，已经帮助了超过 30 万名工人。①

就业与职能培训中心积极帮助企业培训本地员工，让这些员工可以身兼多职，同时提高服务水平与工作能力，以应对服务业日渐增长的培训需求。2019 年 11 月，新加坡人力部发布的《2019 年新加坡劳动力报告》（提前发布版）显示，新加坡居民在专业服务、金融和保险服务、信息通信、社区社会及个人服务等领域的培训需求旺盛。就业与职能培训中心总裁表示，新加坡还有很多没有开发的劳动力，如年长者和家庭主妇等。就业与职能培训中心聘请职业导师指导他们，帮他们深入了解企业的需求和如何找到适当的就业机会，以应对人力短缺的问题。除了培训国人，就业与职能培训中心也强调和雇主合作，改善企业的培训计划。如就业与职能培训中心和星巴克宣布合作计划，在 2020 年底前为星巴克的至少 2000 名员工提供更能适应未来的技术与技能培训。

（五）全国职工总会学习中心

新加坡全国职工总会（National Trades Union Congress，NTUC）是一个全国工会联合会组织，也是新加坡所有部门的专业协会和合作伙伴网络。全国职工总会的目标是帮助新加坡保持竞争力，使工人能够保持终身可雇佣能力；提高新加坡国民和工人的社会地位与福利；推动建立起包括所有阶层、年龄和国籍，坚强有力、负责任和有同情心的劳工团体。

---

① Varaprasad，N. *50 Years of Technical Education in Singapore：How to Build a World Class TVET System*. World Scientific Publishing Co.Pte. Ltd.2016，pp.128-129.

全国职工总会学习中心提供的课程包括信息通信技术、IT 专业证书、软技能与文化、工作环境安全与健康、就业技能体系、客户服务培训、贸易、保洁、劳动力技能认证和制造技能。目前，全国职工总会学习中心已经培训超过 170 万名企业主管和在职工人，与一万多家公司合作，发掘培训需求，制订课程计划并提供最新培训课程。①

（六）认证培训机构

任何希望提供劳动力技能资格（WSQ）课程或 WSQ 及私人教育课程培训的机构，都必须达到精深局制订的认证标准，即培训机构在获得精深局认证提供 WSQ 培训时成为认证培训机构（Approved Training Organisation，ATO）或私立教育认证培训机构（Approved Training Organisation-Private Education Institution，ATO-PEI）。目前，新加坡共有三种类型的 WSQ 培训与认证培训机构：②

第一种是公共认证培训机构（Public ATO）或公共私立教育认证培训机构（Public ATO-PEI），指面向公众提供培训的机构，包括公司客户或公众个人参与的培训；

第二种是既是公共又是机构内部的认证培训机构（Both 'Public and In-House' ATO），或既是公共又是机构内部的私立教育认证培训机构（Both 'Public and In-House' ATO-PEI），指为公众及其雇员提供培训的机构；

第三种是只在机构内部运营的认证培训机构（In-House ATO only），指只对机构内部自己的员工进行培训。

这些获得认证的培训机构的职责包括：

一是提交学习者评估的结果。在 WSQ 认证课程交付并进行评估后，

---

① Varaprasad，N. *50 Years of Technical Education in Singapore：How to Build a World Class TVET System*. World Scientific Publishing Co.Pte. Ltd.2016，pp.125-126.

② Skillsfuture SG. Becoming a WSQ ATO and WSQ ATO-PEI.（2019-12-20）［2019-12-31］见 https：//www.ssg.gov.sg/for-training-organisations/funding-and-accreditation/becoming-a-wsq-ato.html.

认证培训机构必须在学习者评估日期后两周内将学习者的评估结果上传到技能连接系统（SkillsConnect system），并激活相关成就证明（Statement of Attainment，SOA）的打印程序（WSQ 通过提供量身定制的培训模块来帮助新加坡的劳动力适应、成长和发展。在每个模块完成后，将颁发成就证明。相关的成就证明可以积累，以获得完整的 WSQ 资格）。只在机构内部运营的认证培训机构可在评估之日起一个月内通过技能连接系统提交评估结果。认证培训机构提交的评估结果受到精深局的监管，而且提交评估结果的频繁拖延可能导致制裁（例如，对不符合规定的培训机构暂停劳动力技能资格认证）。

二是提交学习者申请完整证书的要求。在有些 WSQ 框架下，如果一个学生取得了一整套成就证明，他 / 她就有资格获得一份完整的证书（例如，获得 WSQ 证书、文凭或"认证"状态）。学习者从哪个认证培训机构获得最终的成就证明资格，就可以向该机构提交他 / 她的完整证书申请。认证培训机构负责将学习者的申请提交给精深局处理并颁发证书。

三、培训计划

技能创前程是一项全国性的运动，目的是为新加坡人提供发展机会，充分开发新加坡人的潜力，汇聚每个人的技能、激情和贡献，推动新加坡迈向经济更加发达和社会更具包容性的发展阶段。技能创前程计划根据不同的实施对象设立了大量的培训计划，包括面向在职人员的"技能创前程工作—学习训练营计划"（SkillsFuture Work-Learn Bootcamp）、"技能加速计划"（TechSkills Accelerator），面向雇主的"行业领袖培育计划"（SkillsFuture Leadership Development Initiative）、"雇主奖励计划"（SkillsFuture Employer Awards）和"技能创前程导师计划"（SkillsFuture Mentors，SFM），面向培训机构的"培训和成人教育部门转型计划"（Training and Adult Education Sector Transformation Plan），面向全体国民终身学习的"数字工作环境培训项目"（SkillsFuture for Digital Workplace Programme）、"个人在线学习计划"（MySkillsFuture）、"教育与职业指导计划"（Education and Career Guidance，ECG）等。

（一）面向在职人员的培训计划

在职人员是新加坡劳动力市场的核心人才资源，技能创前程计划不断深化在职人员的知识、经验和职业技能，使其适应并促进新加坡的产业发展。技能创前程针对在职人员的培训计划又分职业生涯发展早期和职业生涯发展中期两种类别。例如，针对职业生涯发展早期人员的培训更加注重职业发展指导，帮助在职人员树立科学的职业发展观。针对职业生涯发展中期人员的培训则强调深化技能、知识和经验来超越目前的资格和专业知识，激励在职人员保持终身学习，获得新的技能。

"技能创前程工作—学习训练营计划"（SkillsFuture Work-Learn Bootcamp）是一个为期 3 年的全新工作—学习试点培训计划。该计划在有迫切人力资源需求的部门为刚入职场的应届毕业生（职业生涯发展早期）和职业生涯发展中期的个人提供相关工作角色的具体行为、思维方式和技术技能培训。这项培训计划由精深局、五大理工学院、工艺教育学院和美国麦肯锡公司下属的非营利组织合作开发。迄今为止，除在新加坡实施该项目外，该非营利组织已在 9 个国家的 23 个职业中，开发和实施了短期的集中训练营培训，以培训和安置青年人从事工作，共安排了 17000余个工作岗位。① 参加该项培训人员在求职前将接受 8—12 周的机构密集培训。在整个培训过程中，从制定与行业相关的课程到为培训方案招聘确定合适的参与者，都需要雇主最大限度地参与其中。理工学院、工艺教育学院、非营利组织与雇主密切合作，识别优秀培训参与者在特定工作角色中的技能，并设计一个训练营式的方案来训练这些技能的参与者。

"技能加速计划"（TechSkills Accelerator）是当前信息和通信技术（ICT）专业人员和非 ICT 专业人员的专业发展倡议框架。该计划使培训参与者提升和获得本专业领域所需的新技能和新知识，并保持竞争力以迎

---

① SkillsFuture. SKILLSFUTURE WORK- LEARN BOOTCAMP. [2020-01-03]. 见 https：//www.skillsfuture.sg/worklearnbootcamp.

接快速发展的数字时代的挑战。ICT 和非 ICT 公司的雇主可以利用技能加速计划吸引新入职人员或职业生涯发展中期的专业人员进入他们的公司，或者为现有员工进行相关信息通信技术技能培训。技能加速计划目前通过 8 个子项目提供培训机会：

1. 企业主导培训项目（Company-Led Training（CLT）Programme），是新加坡"智慧国家"计划整体架构中的一部分，目的是培养新入职人员或职业生涯发展中期人员成为行业急需的技能专家，培训内容包括网络安全、数据分析、人工智能、机器学习和软件工程等。

2. 关键信息通信技术资源项目（Critical Infocomm Technology Resource Programme Plus，CITREP+），是新加坡资讯通信媒体发展局的一项倡议，旨在支持信息通信技术工作人员参加培训课程和技能认证，以跟上技术转移步伐并保持行业相关性和生产能力。

3. 面向 ICT 部门人员专业转换项目（Professional Conversion Programme（PCP）for the ICT Sector），针对职业生涯发展中期的专业人员、管理人员、行政人员和技术人员进行技能转换培训，使其进入具有良好发展前景和机会的新职业或部门。

4. 技能创前程在职培训项目（SkillsFuture Earn and Learn Programme，ELP）是一个为期 18 个月的工作学习项目，每位新加坡公民注册培训均可获得 5000 新元奖金，旨在帮助理工学院和技术教育学院的应届毕业生在学科相关的职业生涯开始时占领先机，使他们利用在学校掌握的技能和知识获得更多机会。

5. 信息通信技术技能框架（Skills Framework for Infocomm Technology，ICT）是新加坡信息通信技术能力发展的路线图，雇主和 ICT 专业人员可参照本框架确定所需技能类型并制定培训策略。

6. ICT 行业研究奖（SkillsFuture Study Award for the ICT Sector）是为职业生涯早期和中期的 ICT 专业人员准备的，参与者可获得 5000 新元奖励，用来支付课程相关的自付费用，还可用于现有政府课程费用补贴。

7. 沉浸式技能培训和安置项目（Tech Immersion and Placement Pro-

gramme，TIPP）目标是将非 ICT 专业人员，特别是从科学、技术、工程和数学（STEM）或其他学科转行为 ICT 专业的人员，使其接受行业从业人员提供的短期密集和沉浸式培训课程后，被安置在技术工作岗位上。

8.技能加速计划沉浸式培训试点项目（TeSA pilot immersive）是新加坡资讯通信媒体发展局与快速增长的科技公司合作设立的试点项目，为职业生涯发展中期的专业人员、管理人员、行政人员提供沉浸式的培训体验。①

（二）面向雇主的培训计划

"行业领袖培育计划"（SkillsFuture Leadership Development Initiative）旨在通过公司内部培训项目或行业协会培训，支持有抱负的新加坡人获得关键的领导能力和经验，以培育下一代新加坡商业领导人。该计划也适用于在新加坡注册或参与股份的公司，致力于开发雇员领导潜力的雇主可与各自的政府机构客户经理联系，以获得更多信息。

"雇主奖励计划"（SkillsFuture Employer Awards）是一项三方倡议，承认雇主在投资于员工技能发展方面做出的重大努力，鼓励雇主参与技能创前程计划和在其工作场所建立终身学习文化。雇主奖励计划面向所有新加坡注册实体机构开放，包括中小企业、大型公司和自愿福利组织。该奖励由新加坡总理出席颁奖，表彰那些支持员工技能发展和在工作场所建立终身学习文化的模范组织。获奖的判断标准包括：①参与技能创前程计划或者在企业创建终身学习文化的其他努力。公司应该展示它是如何支持技能创前程运动和发展员工的能力，以满足业务、组织和个人的需要。例如：参与开发技能框架、工作学习方案、启动方案，以促进技能和知识的共享，或派员工参加技能框架下确定的培训。②在员工招聘和职业发展方面承认员工技能和专业能力。公司应该能够证明他们在评估员工和招聘候选人时采用了技能框架，并提供了由于这一实施而取得良好职业进展的员

① Skillsfuture. TECHSKILLS ACCELERATOR（TESA）.［2020-01-03］. 见 https：//www. skillsfuture.sg/tesa.

工的例子。③使员工个人发展的努力方向与国家人力资源发展目标保持一致。公司通过采取措施提高生产力，创造良好的工作环境，加强了其竞争力和可持续发展能力。①

"技能创前程导师计划"（SkillsFuture Mentors，SFM）是针对中小企业员工个人发展而设立的导师现场指导项目，旨在提高中小企业劳动力技能掌握能力，克服企业提供内部培训方面遇到的挑战。导师在中小企业进行 9 个月的现场指导，加强企业培训能力，提升员工工作技能，帮助企业管理人员发展辅助指导能力。

表 6-6　新加坡技能创前程导师计划中小企业及导师参与标准

中小企业	导师
符合中小企业标准 至少 30% 的本地股权 企业年销售额不超过 1 亿新元或企业在职人数不超过 200 人 有基本的学习和培训系统与流程 拥有雇员 / 实习生培训计划等 致力于与 SFM 的合作	拥有至少 8 年的行业经验 拥有至少 5 年的监督 / 管理经验 学习与发展经验丰富

资料来源：Workforce Singapore. P-Max Programme Factsheet. （2020-04-15）［2020-09-13］. 见 https：//www.enterprisejobskills.sg/content/resources/P-Max_Factsheet_Apr2020_Online. pdf.

（三）面向培训机构的培训计划

培训机构需要与继续教育和培训系统的其他伙伴合作，需要跟上技术进步和全球化的步伐，以满足新加坡创新和生产力驱动的经济发展需求。"培训和成人教育部门改革计划"（Training and Adult Education Sector Transformation Plan）聚焦培训与成人教育（Training and Adulf Education，TAE）部门的关键发展领域，提出发展建议，帮助新加坡人开始继续教育

---

① Skillsfuture. SkillsFuture Employer Awards. ［2020-01-03］. 见 https：//www.skillsfuture.sg/employerawards.

和培训，不断追求技能的掌握和终身学习。该计划确定的关键重点领域和建议如下：①

1. 明确新的发展机会。了解和掌握培训机构所服务的细分市场，将使机构能够确定潜在的增长领域，并有效地重新定位解决方案。更深入地了解个人学习者不断变化的人群特征、学习需求和愿望，将有助于机构更有效地开展"企业对消费者"（Business-to-Customer，B2C，即直接面向消费者销售产品和服务商业的零售模式）活动，并更注重技能掌握和终身学习。对于"企业对企业"（Business-to-Business，B2B，即企业与企业之间进行数据信息的交换、传递，开展交易活动的商业模式）活动，强烈关注工作场所和混合学习可以为客户带来全面改善的业务绩效。

2. 支持企业提升竞争力。作为技能创前程计划的关键推动者，TAE提供者必须分析、理解和有效地应对个人学习者和商业企业在追求终身学习时所面临的需求和挑战。

3. 在学习到高效的工作表现之间建立成果衡量标准。技能创前程计划强调的是技能掌握，这会导致个人学习者和商业企业重视工作表现，并强调需要加强学习和工作表现之间的联系。因此，对 TAE 提供者至关重要的是要发展自身能力，以跟踪、测量、评估和报告学习结果，说服客户不断投资于学习。

4. 加强培训管理，支持商业模式。TAE 提供者可以采用新的管理系统，如培训管理系统，并通过共享服务或单次使用模式从规模经济中获益。可以外包非核心培训管理功能，以释放系统资源。有效部署资源，侧重于核心职能，如技能需求的市场分析、质量保证、设计和交付以及成果衡量。最终提高运营效率，提高客户满意度，从而获得更大的商业回报。

5. 强化学习基础设施和制度支撑创新。明智地投资于正确的学习管理系统和学习技术可以加强机构的学习提供能力，并支持创新学习解决方

---

① Skillsfuture. Training and Adult Education Sector Transformation Plan（TAESTP）.［2020-01-03］. 见 https：//www.skillsfuture.sg/ProgrammesForYou#section5.

案。TAE 提供机构应该努力成为一个学习的工作场所，并鼓励 TAE 专业人员不断发展自身技能。通过积极招聘、再培训、认可和留住 TAE 专业人员来实现这一目标。

6. 为新的工作岗位提供人力资源。培训供应商必须提供综合解决方案（咨询—研究—培训—绩效），这对于中小企业来说尤其重要。为了服务中小企业，需要 TAE 供应商和专业人员之间建立更大范围的合作，以实现规模经济和效率的提高。

7. 通过能力发展和专业化深化关键技能文化氛围。TAE 提供者有责任创造一个工作场所，为 TAE 专业人员的持续发展培养终身学习的文化。通过建立奖励制度，以及鼓励他们加入成人教育专业化计划（Adult EducationProfessionalisation（AEP）Scheme），以获得国家资格，从而认可专业人员的表现。

（四）面向全体国民终身学习的计划

"数字工作环境培训项目"（SkillsFuture for Digital Workplace Programme）以前被称为"未来工作"（Future@Work）项目，旨在使新加坡人具备为未来知识经济社会做好准备的心态和掌握社会必需的基本技能。参加该项目培训可获得的能力包括：了解未来经济环境中的工作类型；能够在技术主导的环境中工作；能够在日常生活中应用常见的移动应用程序；认识到网络安全在日常／工作应用中的重要性；了解如何使用数据和信息；能够完成多项工作，例如申请技能创前程信贷或执行基本的网络安全行动（例如设置密码以保护数据或信息）；能够制定继续学习的行动计划。该项目的培训提供机构部分名单及课程描述参阅下表 6-7。

表 6-7　新加坡数字工作环境项目部分培训提供机构及课程描述举例

培训提供机构	课程描述
亚洲厨艺研究所	掌握餐饮和旅宿行业当前和未来的技术趋势，如厨房自动化、机器人服务员、数字化点餐和数据分析；了解最新网络安全威胁及如何尽量减少威胁

续表

培训提供机构	课程描述
卡佩尔学院	浏览流行的应用程序、平台、设备和媒体；了解网络、数据和密码安全，以及识别安全网站；使用节省时间和成本，提高工作效率的工具；通过实践小组活动探索新技术；在 3D 打印、无人机或机器人方面有实际操作经验的会议
工艺教育学院	为专业网络和行业更新提供数字链接；使用政府和公共在线服务；网上购物和支付账单；制作表格和演示幻灯片；网上搜寻资料及工作；数字世界中的自主学习；遵守网络安全规则；备份数据
义安理工学院	保障日常 / 工作应用的网络安全；了解数字技术在未来经济环境中的关键作用；在工作场所和日常生活中使用在线应用程序的方便性和易用性；在使用新技术、软件和应用程序方面建立数码技能的自信
共和理工学院	理解数字工具在带来便利、提高工作场所生产力和影响现代生活方式方面的普遍性；应用数字工具保持联系，提高工作效率和进行日常交易；概述数据保护、在线安全和网络安全的重要性；确定不断变化的工作趋势和工作岗位

资料来源：Skillsfuture.Skillsfuturefor Digital Workplace.［2020-01-03］. 见https：//www.skillsfuture.
sg/digitalworkplace.

"个人在线学习计划"（MySkillsFuture）是一个提供一站式教育、培训和职业指导的在线门户网站，它使每一个新加坡人都可以规划自己的终身学习旅程，发现自己的兴趣、能力和职业抱负，并在进入劳动力市场之前探索各种教育途径。对于职业生涯发展中期的员工来说，该计划有助于使个人了解自身技能水平，明确自身需要保持的相关劳动技能，并利用适当的培训机会填补技能差距。对新加坡普通公民来说，个人在线学习计划网站可以引领他们发现自己的职业兴趣，并在就业前为其推荐相应的培训内容。对在校学生来说，可以通过网站来搜索适合自己的工作，开始其职业生涯。从小学到大学预科的学生，学校为每个学生发放一个个人在线学习账户以及用于登录的临时密码。

"技能框架"（Skills Framework）项目是行业转型路线图计划（Industry

Transformation Maps）的组成部分，由雇主、行业协会、教育机构、工会和政府为新加坡劳动力共同创建。技能框架旨在为个人、雇主和培训提供者创建一种共同的技能语言。技能框架提供了关于部门、职业道路、职业 / 工作角色以及职业 / 工作角色所需的现有和新兴技能的关键信息。处于职业生涯发展早期和职业生涯发展中期的个人可以利用技能框架中的部门、就业、职业 / 工作角色、技能和培训信息，就教育和培训、职业发展和技能升级做出明智的决定。雇主可以利用技能框架中的详细技能信息，设计渐进的人力资源管理和人才发展计划。培训提供机构可以利用技能框架深入了解部门趋势和需求方面的技能，从而创新课程设计和培训方案，使其符合部门的需要。而对学生家长、教师和职业咨询人员来说，技能框架可以助其了解行业及就业前景，了解各行业雇主所要求的职业 / 工作范围、工作环境和工作属性，为学生选择理想的职前培训计划提供明智的建议。

四、培训课程

技能创前程培训委员会及其教育与培训供应商为新加坡人提供学习不同技能的途径，这些途径包括在线及离线学习，并涵盖部分时间制或全日制课程。

目前技能创前程培训提供 9 类课程，具体包括：

1. 劳动力技能资格（WSQ）课程。WSQ 是一个培训、发展、评估和证明劳动力技能和能力的国家证书系统，其课程通常指理工学院提供的专科课程和特别专科劳动力技能资格课程。目前学习这些课程最终取得的资格已经获得业内承认。WSQ 课程在两个方面发展技术技能和职业能力：技术性和通用性。技术技能和能力包括职业技能、特定工作技能和个人执行各种工作任务所需的能力。通用技能和能力是指就业能力和可转移技能，以及适用于不同工作角色的能力。这两个方面帮助每个人适应新的工作需求，并在不同的工作中带来相关的技能，见表 6–8。

表6-8　新加坡劳动力技能资格（WSQ）中的技术性和通用性能力课程分类表

技术能力	通用能力
航空航天技术、装配与测试、临床研究、社区和社会服务、创新产品、幼儿保育和教育、环境清洁、金融业、花卉栽培技术、餐饮、普通加工、保健支助、旅馆和住宿服务、人力资源、信息和通信技术、知识产权、园林设计、后勤物流、港口服务、精密工程、加工工业、公共交通、零售、安保、纺织和时装、旅游及旅行服务、培训和成人教育、海洋工业工作场所安全与健康、芯片制造、废弃物管理	就业技能——行政发展与卓越成长 就业技能——工作场所技能系列 就业技能——工作场所文化素养和工作场所算术系列 就业技能——汉语工作场所文化素养 商业管理 领导能力及人事管理 劳动力卫生保健 卓越服务 工作场所安全和健康专业技能

资料来源：KnowledgeCom Corporation. Singapore Workforce Skills Qualifications（WSQ）. [2020-01-09]. 见https://knowledgecom.sg/wsq.html.

2. SkillsFuture @ PA（人民协会）课程。人民协会（People's Association，PA）课程在一些选定的民众俱乐部举行。人民协会成立于1960年7月1日，是一个法定委员会，旨在促进新加坡的种族和谐和社会凝聚力。人民协会通过1800个基层组织、100多个社区俱乐部、5个社区发展委员会及国家社区领导机构组成的网络，提供广泛的培训课程方案，以迎合新加坡各行各业的人员的需求。

3. 提高生产及创造力课程。这类课程通常在工作场所用来提高生产力及改善工作流程。

4. 自愿工作及社会服务类课程。这类课程学习服务群体及社会的相关技能。

5. 工作场所安全及健康类课程。

6. Coursera课程。这是一个大型公开在线课程平台，它与全世界最顶尖的大学和机构合作，提供任何人可学习的在线课程。学习者可选择由全球顶尖大学及机构提供的课程。

7. Udemy课程。这是一个提供在线课程的平台，与其他在线教育平台不同的是，Udemy不仅开放各种课程，更开放了教学的机会。用户可以随时在平台上学习任何课程，也可以建立自己的课程，将自己擅长的专业知识介绍给全世界学习者。

8. 资讯及通信课程。学习资信及通讯技巧，使新加坡人民迎头赶上政府推出的智慧国家 2025（Smart Nation 2025）计划。

9. 会计、银行及金融课程。这类财务课程可增强人们对金融业的认识。

第七章　新加坡的教师教育

新加坡被誉为"教师专业化成长的摇篮"。[①] 本章将从发展历程、职前教师教育与职后教师培训的现状三方面剖析新加坡的教师教育体系。由于第三章已谈及新加坡的学前教育工作者培育制度，本章主要探讨新加坡中小学和初级学院教师的培养与专业发展问题。

第一节　发展历程

新加坡在殖民地时期没有任何形式的教师培训机构[②]，直至1950年成立教师培训学院（Teacher Training College）。在接下来的70年里，新加坡的教师教育大致可分为以下三个发展阶段。

一、起步阶段

二战过后，新加坡人口快速增加，各级受教育人口迅速增加，新加坡中小学教师的缺口日益增大。在此之前，新加坡殖民地的宗主国英国并未为新加坡建立完整的教师教育体系，中小学师资主要来源于文化背景较为丰厚的家族长辈或者由殖民当局输出。[③] 在人口迅速扩张时期，英制学

---

① 张秋旭：《新加坡：教师专业化成长的摇篮》，《中国教师报》2018年7月11日第3版。
② 肖甦：《比较教师教育》，江苏教育出版社2010年版，第26页。
③ 谭华凤：《新加坡中小学教师职后培训体系研究》，硕士学位论文，西南大学，2016年，第17页。

校①（English-medium schools）采取的缓解师资短缺问题的方法也仅仅是由学校管理者从学生中选出助教辅助教师教学并同时对他们进行适当教学培训②，中小学依旧缺乏成体系的教师后备军培养和输送系统。在这种背景下，教师培训学院于 1950 年成立，旨在为非毕业生开设教育证书课程。同年，当时的马来亚大学（University of Malaya，即后来的新加坡大学）成立了一所教育学院，采取全日制形式培养未来教师。自此，新加坡教师培养与培训成为长期且有组织的活动。③

　　虽然教师培训学院是宗主国出于培养英文教师的目的而设的教师培训学校，但随着社会的发展及对教师培养需要的变化，该学院的培养目标不断扩展，到 1963 年已成为能够进行全职教师培养的机构，为此后新加坡教师教育的发展和完善奠定了基础。但在新加坡独立前，教师培训学院并未在补充教师数量方面发挥太大作用。

　　1965 年，新加坡宣告独立，政府掌控了教师教育发展的自主权。为了稳定教师队伍，吸引并留住人才补充教师缺口，新加坡政府努力提高教师待遇和社会地位，并开设教师培训机构，发展在职培训，缩短教师培养周期，在扩大教师规模方面取得了良好成效。④ 但在教师培养规模快速扩张的同时，教师质量问题愈发凸显。在 1968 年上半年召开的"教师教育会议"上，新加坡教育部长指出，新加坡"教师需求的高峰即将过去，至少对小学教师的需求是如此，现在是该制定蓝图、提高教师教育质量的时候了。"他还指出，过去教师的角色是向学生传播现成知识的"中间人"，

① 19 世纪后半期英国在新加坡建立的以英语为教学语言的学校，旨在维护其统治，对新加坡的英语普及起到了举足轻重的作用。20 世纪初期起，英制学校的学生成分发生了变化，华裔与马来学生逐渐增多，教师中也逐渐有了华人。
② 刘世强：《新加坡职前教师教育质量管理研究》，硕士学位论文，河北师范大学，2018年，第 15 页。
③ NIE. Corporate Information-History（1950s）. [2019-12-22]. 见 https://www.nie.edu.sg/about-us/corporate-information/.
④ Mourshed，M.，Chijioke，C.，& Barber，M.. *How the world's most improved school systems keep getting better*. London：McKinsey. 2010，p.50.

如今应逐步转为激发学生求知欲、使学生掌握获取新知识的艺术与技能的"启发者"。①

在20世纪60年代末，新加坡小学教师的培养方式为：十年制的中学毕业之后，获得剑桥普通水平证书的学生可以接受小学教师的师资培训，培训周期为3年，他们通常是半天学习，半天进行教学活动。学院的导师在第一学年密切监督实习教师，监督的时间在第二、第三学年会相应减少；初高中教师的培养方式为：十二年制的高中毕业之后，获得剑桥高级水平证书的学生可以参加中学教师的师资培训，培训时间为2年，在规定的时间从事教学活动。1971年，教师培训学院启动了教育文凭和教育硕士的教师培养方案，学生在新加坡大学学习1年，获得由新加坡大学授予的教育文凭。② 此时，中小学教师的教育方式以职前教育为主，职后培训体系尚未形成。

二、专业化阶段

20世纪六七十年代，新加坡经济的发展使大量教师转行从事更具有吸引力的职业；而另一方面，中小学教育需求迅猛增加，师资短缺再度成为一个迫在眉睫的问题。1970年，时任新加坡教育部长的林金山（Lim Kim San）向国会提出1970年第35号教育研究院法案③（the Institute of Education Act），要求建立一所教育研究院，以便将所有的教师教育课程集中在一个统一的、自治的和法定的机构之下。1973年，该法案得到通过，由新加坡大学的教育学院和教师培训学院及教育部教育研究室三者合一，成立了新加坡教育研究院。该学院用四种正式语言媒介向中小学教师提供职前训练，并且为够格的实习教师开设在职进修课程。同时，它还为大学毕业生开设获取新加坡大学所授予的教师文凭、教育硕士学位和教育

① 林燕平：《新加坡的"教师教育"》，《贵州大学学报》（社会科学版）2001年第5期。
② 潘娟：《回应21世纪的挑战：新加坡教师教育模式研究》，硕士学位论文，首都师范大学，2011年，第12页。
③ 又译作教育学院法案。

博士学位的课程，培训在职的语言教师。除新加坡教育研究院外，美国文化处和地区语言中心负责培训在职的英语教师；新加坡体育学院、南洋美术学院还提供各自专业教师的在职或职前培训；新加坡课程开发研究院也开设一些教师的在职培训课程。①

　　教育研究院的成立推动了新加坡教师教育标准的提升与专业化。全日制的教师教育项目逐渐替代了此前短期的职前培训；中小学教师的任职资格有所提高，小学教师的任职资格要求专科学历者修读过教育研究院两年制教育文凭课程后获得本科学历方有资格申请，中学教师的任职资格要求本科生修读完教育研究院一年制的教育硕士课程后方有资格申请。在培养标准与内容建设方面，新加坡从三方面改进了教师教育：一是改善职前教师对教学过程的认识；二是加深教师对国家、区域与国际教育问题的思考与认识；三是提升教师的课堂管理能力、语言交际能力与教育技术的运用能力。教育研究院据此设计了职前教师教育课程体系，包括专业能力与个人修养两大模块。②

　　20世纪80年代以后，新加坡结合英美等国先进的教师教育模式与本国现状，构建出"实习课程框架"（framework of Practicum curriculum），旨在加强理论与实践的沟通，并将职前教师教育课程分为核心课程、选修课程与课程实践，同时强调教学专业实践的重要性。其中核心课程包括教育实践原理（Principles of Educational Practice）和教育原理的实践（Practice of Educational Principles），围绕教师在教学活动中的主要作用设计课程；③选修课程包括教育研究（Educational Studies）、课程研究（Curriculum Studies）与自我发展类课程（Personal Development Courses）；课程实践主要包括大型教学活动（Mecro-teaching）和小型教学录像

---

① 王学风：《新加坡基础教育》，广东教育出版社2003年版，第133页。

② Deng, Zongyi. "The role of theory in teacher preparation: an analysis of the concept of theory application". *Asia-Pacific Journal of Teacher Education*, 2004, 32 (2), pp.146-152.

③ 潘娟：《回应21世纪的挑战：新加坡教师教育模式研究》，硕士学位论文，首都师范大学，2011年，第14页。

(Micro-teaching)，其中大型教学活动为在中小学课堂进行的旨在提高教师实际教学能力的课程，小型教学录像是在国立教育学院课堂上模拟教学活动，进行录像，并由专家进行分析点评。[①] 此外，《教育研究院法案》还提到要培养教师开展教育研究的能力。因此在 80 年代的这段时间，教育研究院努力在其教师培养的过程中营造研究的氛围：于 1982 年发起教师教育研究项目，于 1983 年召开"研究与教师教育大会"（Conference on Research and Teacher Education），逐渐凸现了研究在教师职前培养过程中的角色与地位，为研究作为教师了解并改善教学的实用工具奠定了良好的基础，教师教育的专业化程度逐渐增强。[②]

在教育研究院内部培养模式日趋完善的同时，为教师教育与教师发展所服务的外部合作机制与服务管理标准也逐步形成。与教师培养相关的多方利益主体形成了职责明确的合作模式：政府与教育部负责制定教师教育相关的宏观与微观政策，把控教师标准与发展方向，并为维持教师队伍的优质与稳定提供外部保障；教育研究院负责教师的职前教育与职后培养，保障教师准入环节与培养过程的质量；中小学负责教师实践能力与智慧的提升，落实提升教师实践水平的课堂保障；部分合作企业为教师实习提供场所与机会；社会各界是教师标准与质量的共同监督者。此外，教师管理制度也日益完善：政府采取了一系列激励措施，如为教师加薪、设立教师进修奖学金等等，鼓励在职教师积极参加培训；设置了教师专业发展的不同途径；提高了优秀教师的晋升奖励，在职教师的晋升人数和比例较之前相比都有所增加。[③]

① 邓凡：《更大的自由和主导权——新加坡新"教师成长模式"及其启示》，《全球教育展望》2012 年第 9 期。
② 刘世强：《新加坡职前教师教育质量管理研究》，硕士学位论文，河北师范大学，2018年，第 17 页。
③ 谭华凤：《新加坡中小学教师职后培训体系研究》，硕士学位论文，西南大学，2016 年，第 20 页。

三、一体化与改革创新阶段

1991 年 7 月 1 日，设立在南洋理工大学之下的独立自治学院新加坡国立教育学院（National Institute of Education）正式成立，从此负责全国所有的职前教师教育与部分职后教师培训工作，[①] 标志着新加坡教师教育进入大学化和职前职后一体化阶段。新加坡国立教育学院的成立及其对教师培训的全方位覆盖是新加坡教师教育向更高学历迈出的一大步。将这一机构设置于大学之中，对新加坡教师教育的发展具有重要意义：首先，作为南洋理工大学的子机构，国立教育学院能够依托研究型大学的资源优势发展教师教育体系，包括图书资源、教育技术资源等，同时保持一定的独立性；其次，研究型大学的"研究性"能够有力地推动教师教育机构的内涵建设，既能够加强研究型大学的研究成果对教师培训过程的科学支撑，也便于培养教师的研究理念与研究能力；第三，在综合性大学培养未来教师，能够实现教师教育的高层次及与其他高等教育的"零距离"接触，是提升教师教育项目有效性与科学性的重要手段。[②]

在这一阶段，由于国际竞争对人才能力要求的快速变革，教育对教师提出的要求也在不断变化，教师教育的理念与指导思想几经发展。1997年，时任新加坡总理的吴作栋提出"思考型学校，学习型国家"的发展愿景，需要教师培养年轻一代的批判思维、创造力与创新精神；2005年，新加坡教育部发起"少教多学"的倡议，意味着学校和教师减少传统灌输、背诵等教学方式，使用更为灵活有效的方法，充分发挥学生的学习主动性，这种理念与崭新的教学模式对教师也提出了新的要求；2009 年，新加坡确立了"引领、关怀、启发"（Singapore Teachers：Lead，Care，Inspire）的教师发展理念，在这一理念的指导下，国立教育学院制定出"21 世纪教师教育模式"（A Teacher Education Model for the 21st

---

① 王学风：《新加坡基础教育》，广东教育出版社 2003 年版，第 134 页。
② 陆道坤、丁春云：《新加坡南洋理工大学国立教育学院的教师教育模式》，《高教探索》2018 年第 9 期。

Century),① 即 V3SK 模式②；2011 年，时任新加坡教育部部长的王瑞杰提出
"以学生为中心、以价值观为导向"的教育系统发展方向。

随着理念的转变，新加坡的教师教育实践模式也相应革新。国立
教育学院采取综合性教师教育模式，课程强调"精神"取向（"Spirit"
Orientation），旨在培养教师富有挑战力、人文伦理、信念与热忱的精
神。③ 另外，教学实践得到了进一步重视，学校小规模的模拟教学实践和
中小学校的亲历性实践，在提升教师实践能力的同时，加深了职前教师对
心理学、哲学、社会学、历史学等的理解。而且，研究院进一步将信息技
术课程纳入教师培训项目中，并注重营造信息技术综合教学环境、开展信
息技术手段教学的相关研究、开发更有效的信息技术融合教学模式。④

第二节　职前教师教育

如第四章所述，新加坡中小学与初级学院教师由教育部统一面试与
招聘，被录用的有两类群体。本节主要介绍新加坡中小学和初级学院教师
上岗前所接受的教师教育，既包括第一类群体在被录用前所接受的相关学
历或文凭教育，也包括第二类群体在被录用后于国立教育学院接受的相应
职前教师教育课程与项目。

一、唯一的国家职前教师教育机构：新加坡国立教育学院

成立于 1991 年的新加坡国立教育学院是新加坡当前唯一的国家职前
教师教育机构和唯一的教师认证机构。此外，它也是新加坡教师教育质量

---

① 段晓明：《学校变革视域下的新加坡教师教育图景》，《比较教育研究》2013 年第 6 期。

② 后文将对这一模式进行详细介绍。

③ 黄瑾、姜勇：《新加坡"精神"取向的教师教育课程改革述评》，《外国中小学教育》
2012 年第 8 期。

④ 谭华凤：《新加坡中小学教师职后培训体系研究》，硕士学位论文，西南大学，2016 年，
第 22 页。

标准的制定者、质量过程管控者以及质量结果的监督者。①

国立教育学院以"引领未来教育"为愿景，将启发学习、转变教学、推进研究视为使命，构建完整、专业、多元的教师教育项目并在变革中不断完善与发展这些项目。截至2018年7月，国立教育学院有约360名职工，其中81%的职工拥有博士学位。② 国立教育学院与全球的众多教育机构及企业建立了合作伙伴关系，为知识交流、合作教学研究与准教师的实习实践提供了丰富的机会，合作伙伴包括北京师范大学、波士顿大学、伦敦大学教育学院等教育机构，以及如联合国国际复兴开发银行等企业。③

从职前教师教育项目到在职教师的专业发展项目，以及针对校长、系主任和其他学校领导的行政领导培训项目，国立教育学院提供各级各类教师教育课程与培训项目，在为新加坡教育部及其学校提供教育研究和基于研究的教育学课程和指导，以转变教师培养体系并确保其继续满足教育系统不断变化的需求方面发挥重要作用。国立教育学院设立了3个项目办公室，分管不同的项目与主题工作：教育研究办公室（Office of Education Research）、教师教育办公室（Office of Teacher Education）和研究生与专业学习办公室（Office of Graduate Studies and Professional Learning）。（见图7–1）④

（一）教育研究办公室

教育研究办公室主要从事教育研究工作，其愿景是成为教育研究—实践—政策联结的国际领导者，使命是从事严谨与相关的教育研究以促进教育理论与实践的发展，并为新加坡及国际社会的政策思考提供有价值的信息。该办公室下设2个研究中心：教学与实践研究中心（Centre

---

① 王晓芳、周钧、孔祥渊：《新加坡师范生公费教育内部质量保障机制探究》，《外国教育研究》2019年第8期。

② NIE. Fast Facts on NIE. [2019-12-22]. 见 https：//www.nie.edu.sg/about-us/corporate-information/.

③ NIE. Global Connections. [2019-12-22]. 见 https：//www.nie.edu.sg/about-us/global-connections/.

④ Programme Offices. [2019-12-22]. 见 https：//www.nie.edu.sg/our-people/programme-offices/.

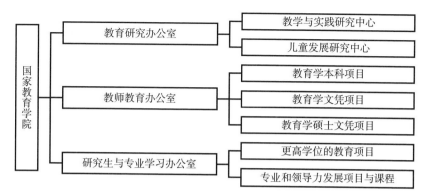

图 7-1 国立教育学院的机构与项目设置

资料来源：根据新加坡国立教育学院官网信息整理绘制。

for Research in Pedagogy and Practice）和儿童发展研究中心（Centre for Research in Child Development），这两个研究中心都由教育部资助设立。[①]

教学与实践研究中心于 2003 年成立。自成立以来，该研究中心一直秉持着推动知识的更新与发展以实现新加坡与更广泛教育社区"教"与"学"改进的教育使命，与教育部、新加坡教师学院和中小学等利益相关者建立起合作伙伴关系，开展严谨、多学科的研究。在新一轮发展周期中（2018—2022），该中心的研究项目围绕五个优先研究领域展开：学校、领导力与系统学习（Schools，Leadership and System Studies），认知、情感与社会发展（Cognitive，Emotional and Social Development），教师专业性与学习（Teacher Professionalism and Learning），学习科学与创新（Learning Sciences and Innovation），终身学习、认知与幸福（Lifelong Learning，Cognition and Wellbeing）。通过这些研究项目，该中心旨在改善各学科的学习与教学并为国立教育学院与政府更新教育理念与实践提供相应信息。[②]

---

① NIE. Office of Education Research-About us. [2019-12-22]. 见 https：//www.nie.edu.sg/research/research-offices/office-of-education-research.

② NIE. Centre for Research in Pedagogy & Practice-About us. [2020-2-9]. 见 https：//www.nie.edu.sg/research/research-offices/office-of-education-research/centre-for-research-in-pedagogy-and-practice-crpp.

儿童发展研究中心于 2017 年成立。该研究中心力求成为研究儿童发展与学习的主要中心，加强对儿童发展科学的了解，传播影响家庭养育、儿童保育、幼儿教育的实践行为和幼师教育及其专业发展政策的研究成果，以期完善儿童照料、教育、干预行为与政策。① 其重点研究影响儿童发展过程的因素，通过大规模的追踪研究、干预研究与综合研究实现，关注儿童 4 个方面的能力：执行与自我调节能力（executive and self-regulatory abilities）、社会情感技能、语言技能和数学技能。此外，该研究中心还关注更准确有效的方法与分析工具的开发。②

（二）教师教育办公室

教师教育办公室负责新加坡所有职前教师教育项目的规划、实施与监督，具体包括学士学位项目、文凭项目与本科后文凭项目，下文将对这些项目进行详细介绍。该办公室由 9 个子行政单元构成，分别负责行政管理、发展和战略伙伴关系、教师领导力与文凭、实习、国际实习与合作关系、专业实践与探究、奖学金计划、学生发展、学生生活方面。③

（三）研究生与专业学习办公室

研究生与专业学习办公室负责两部分工作，一是更高学位的教育项目，二是与专业和领导力发展相关的项目与课程。在职后教师培训部分将会对此办公室负责的项目展开详细介绍。

二、教育目标与"21 世纪教师教育模式"

21 世纪的社会特征包括知识驱动经济发展、信息交流速度快、移动通信技术发达，这要求教育培养满足 21 世纪社会发展需要、德智

---

① NIE. Office of Education Research-About us. [2020-2-9]. 见 https：//www.nie.edu.sg/research/research-offices/office-of-education-research.

② NIE. Centre for Research in Child Development-About us. [2020-2-9]. 见 https：//www.nie.edu.sg/research/research-offices/office-of-education-research/centre-for-research-in-child-development.

③ NIE. Office of Teacher Education-Our Team，our units. [2020-2-9]. 见 https：//www.nie.edu.sg/teacher-education/our-team#.

体美劳全面发展的新型学习者，而这一过程需要新型教师的支持。为此，新加坡国立教育学院推出实施职前教师教育的"21世纪教师教育模式"。该模式有两大支柱：V3SK框架和毕业教师能力（Graduand Teacher Competencies）框架；① 该模式的目标在于：使教师具备相应的教学知识、学科知识、学习者知识以及一系列基本能力，以具有在不断变革和发展的社会中开展教学并促进教育目标实现的全面基础本领，成为具有为学习者服务理念的教育专业人才。②

（一）V3SK框架

国立教育学院紧密围绕21世纪教学专业人员应具有的三大基础，实施职前教师教育：价值观（value）、技能（skill）与知识（knowledge），即V3SK框架。国立教育学院在这一框架的指导下完成课程的设计、实施与改进，旨在培养见多识广、有能力和善于思考的教师，他们了解教学与学习的关键概念与原则，有能力实施、分析和归纳关键教学过程，能够以专业和负责的态度，在各种课堂与学校环境下履行其教学职责。

表7-1　V3SK框架

V1：学习者中心	V2：教师身份认同	V3：专业与社会服务
·同理心 ·相信所有学生都能学习 ·发掘学生潜能 ·重视多样性	·追求高标准 ·热爱探寻 ·追求学习 ·力求完善 ·充满激情 ·适应性和应变能力 ·诚信可靠 ·保持专业性	·合作学习与实践 ·为新教师发展服务 ·社会责任和参与 ·从事管理工作
技能		知识

① NIE. TEACHER EDUCATION MODEL FOR THE 21ST CENTURY-WHAT IS TE21 TO THE STUDENT-TEACHER? . [2020-2-9]. 见 https：//www.nie.edu.sg/te21/index.html.

② NIE. Office of Teacher Education-Introduction. [2019-12-23]. 见 https：//www.nie.edu.sg/our-people/programme-offices/office-of-teacher-education.

续表

V1：学习者中心		V2：教师身份认同	V3：专业与社会服务
· 反思与思考能力 · 教学技能 · 人事管理技能 · 自我管理技能 · 沟通技能	· 辅导能力 · 技术能力 · 创新创业技能 · 社会和情绪智力	· 了解自我 · 了解学生 · 了解社区 · 了解学科内容 · 教学法	· 教育基础和政策 · 课程 · 多元文化素养 · 全球意识 · 环境意识

资料来源：NIE. V3SK Model. [2019-10-15]. 见 https：//www.nie.edu.sg/docs/default-source/td_ practicum/te21---v3sk.pdf.

    V3SK 是以价值观为核心、注重教师知识与技能的基础与发展的培养框架。在三个核心价值观中，又以"学习者中心"为首。该框架体现出新加坡以及国立教育学院的理念，即孩子是教师教育使命的中心，也是社会与国家发展的未来。他们期望将教师培养成在尊重孩子个性、发展与多样性的情况下，能够协调学生发展需求的以儿童为中心的教师。为此，教师的首要特征是将对学生的关系置于所有工作的核心，在此基础上掌握学生的全方面信息，辅之以教学策略、学科知识与教学实践，真正实现服务学生学习与发展的培养目标。新加坡教育部于 2008 年发布的报告指出，21世纪公民与劳动者的能力与心态发展需先后跨越 4 个阶段：第一阶段涉及与自信相关的众多能力，包括有效沟通、独立思考以及有效合作的能力；第二阶段涉及与自主学习相关的能力，学习者能够质疑、反思、熟练地运用技术并对自己的学习负责；第三阶段涉及与关心社会的公民身份相关的能力，包括积极参与课堂活动、了解当地与国际形势、尊重他人等；第四阶段表现为具有适应性、创造力、抗挫能力的个体，还能主动承担风险，并为自己制定较高目标。[①]

    为实现服务学生这一目标，教师作为实现这一目标的专业人员，应以高标准和求知欲为特征，肩负起在迅速和持续变化的时代教育儿童的责

---

① NIE. V3SK Model. [2019-10-15]. 见 https：//www.nie.edu.sg/docs/default-source/td_ practicum/te21---v3sk.pdf.

任。为此，应重新思考教师职业身份的内涵与角色，重新界定教师专业精神的概念。国立教育学院认为，"教师"这一职业人员应具有以下特点：

1. 能够面向不同机构、不同背景的学生恰当地运用专业知识与技能；

2. 能够通过研究解决教学问题，批判地使用基于证据的知识指导专业实践；

3. 通过为学生设定切实的目标和构建学习环境，改善其学业成果和情感；

4. 从事与自身专业知识与经验相关的持续学习，以提高学生的学习成果和职业认同感。

此外，教师还要为社会做贡献，具有为学校、国家乃至国际社会的未来发展付出的强烈责任感。教师作为社会中的一个职业群体，受益于他们的导师和榜样带来的帮助，也应当将这种帮助的模式与奉献精神传承下去，将自己的经验传授给他们所带领的新一代教师。为此，学校、社区也应为教师构建支持的环境，推动教师参与社区学习与社区合作，构建社区发展团队，促进所有教师参与者在教学知识与实践方面的提升。总的来说，V3SK 模型既关注学生：通过教师对学生给予的关怀与正确指导，引导与激励学生发展成为最好的自己；也关注教师：尊重与重视教师作为专业人员的发展，并通过代际指导与传递的方式构建联系密切、生生不息的教师团队，构建出师生共同成长、共同发展的良性循环愿景。

（二）毕业教师能力框架

毕业教师能力框架基于 V3SK 模型与教育部设计的初级教师能力框架，结合教育部的增强绩效管理系统①（Enhanced Performance Management System），构建出专业实践、领导与管理、个人效能三个评价维度，各维度的核心能力如表 7-2 所示。这一框架用于评估教师职前教育成果，使接受职前教育项目的教师有明确的发展目标，为职前教育项目的导师提供了

---

① 该系统于 2005 年开始实行，是一种基于能力的绩效评估体系，主要包括对教师所在职级的知识、技巧、能力、态度等方面的考核，评价内容包括工作成就评价与个人发展潜能评估，评估标准因教师的职位而异。

评估工具，也帮助所有利益相关者在准教师能力方面形成了一致期望。①
需要指出的是，这一框架是对参与国立教育学院职前教师教育项目的毕业
教师的能力要求，而非对通过教育部面试、仅有 1—3 年教育实践经验而
未参加过职前教师教育项目的教师的要求。②

表 7–2　毕业教师能力框架

表现维度	核心能力
专业实践	1. 对孩子的完整养育（能力） 2. 为孩子提供优质的学习（能力） 3. 为孩子提供优质的辅助课程活动（意识） 4. 教授知识 —用学科知识教授知识（能力） —具有培养知识的反思与分析思维（能力） —主动、创造性地教授知识（意识） —教授有关未来目标的知识（意识）
领导与管理	5. 赢得人心 —了解环境（意识） —发展他人（意识） 6. 与他人合作 —与父母合作（意识） —与团队合作（能力）
个人效能	7. 了解自己与他人 —感知自我（能力） —履行个人诚信与法律责任（意识） —理解尊重他人（能力） —韧性与适应性（能力）

资料来源：NIE. GTC (Graduand Teacher Competencies) Framework. [2019-10-16]. 见 https：//www.nie.edu.sg/docs/default-source/td_practicum/te21---gtc.pdf.

---

① NIE. TEACHER EDUCATION MODEL FOR THE 21ST CENTURY-GRADUAND TEACHER COMPETENCIES (GTC) FRAMEWORK. [2020-2-11]. 见 https：//www.nie.edu.sg/te21/index.html.

② NIE. NIE Graduand Teacher Competencies Framework. [2020-2-11]. 见 https：//www.nie.edu.sg/docs/default-source/td_practicum/te21---gtc.pdf.

　　为了对所有毕业生与教育的所有利益相关者负责，结合教师职业特点与专业发展规律，NIE 在此框架中区分了"能力"与"意识"。"能力"是准教师在毕业时必须具备的，NIE 也向所有学校与家庭承诺所有参与职前教师教育项目的毕业教师都具备这些能力；而"意识"则需通过持续的专业发展来提升，即将步入教育行业的新手教师能够意识到这些能力意味着什么，但并不代表他们在这些方面能够与熟练的专业教师水平相当。①

三、教育项目

　　国立教育学院为满足不同教育背景教师的差异化需求，打造了多类型的职前教师教育项目，培养小学、中学与初级学院教师。学士学位项目培养小学与中学教师，申请者需在 GCE A-level 考试②、IB 课程文凭考试③（International Baccalaureate Diploma Examination）、新加坡国立大学高中文凭考试④（NUS High School Diploma Examination）中达到相应的标准，或持有专科文凭（Polytechnic Diploma）；⑤ 文凭项目培养小学阶段及中学低年级一些特殊科目的教师，面向持有大学前教育文凭的准教师；本科后文凭项目培养小学、中学与初级学院教师，面向已获得学士学位的准教师。国立教育学院还开设了非全日制学士学位项目，该项目面向未获得大

---

① NIE. NIE Graduand Teacher Competencies Framework. [2020-2-11]. 见 https：//www.nie.edu.sg/docs/default-source/td_practicum/te21---gtc.pdf.
② GCE A-level 全称是普通教育高级证书，是由新加坡教育部和英国剑桥大学考试局共同主办的统一考试，高中毕业生参加该考试。
③ IB 课程全称为国际预科证书课程，是由国际文凭组织为高中设计的为期两年的课程。
④ 新加坡国立大学高中文凭由"新加坡国立大学附属数理中学"颁发。这是一所由新加坡教育部与新加坡国立大学共同创办的独立高中，旨在培养未来社会的先锋与创新者。学校课程经新加坡教育部与新加坡国立大学认证，学生在毕业时获得新加坡国立大学颁发的文凭证书。
⑤ NIE. Undergraduate Programmes_ Bachelor Programmes Handbook（2018-2019）. [2020-2-11]. 见 https：//www.nie.edu.sg/docs/default-source/ote-documents/programme-booklets/babsc_programmes_ay2018-2019_as-at-28-june-2018.pdf？sfvrsn=0.

学文凭、目前在小学和早期教育阶段任职的教师，旨在提升其学历并帮助他们达到基本的学位要求。①

（一）学士学位项目

新加坡国立教育学院开设了一系列本科层次的教师教育学位项目。这类学位项目类似我国的学科教育类本科师范项目，主修内容为学科知识，而非教育学知识；颁发的学位证书为文学学士学位或理学学士学位证书两类，而非教育学学士学位证书。学制为 4 年，最长修业年限不能超过 6 年。这类项目将文理学科学位项目的精华与教育学科基础相结合，旨在培养具有从事教育和教育相关领域以及其他领域职业的专业知识和技能的毕业生。② 学士学位项目培养国家教师的导向性没有那么强，在培养过程中给予学生同样多的机会接触科学研究与教学实践，学生可根据自身的就业方向有所侧重地发展研究或实践能力。但在教育部对教师申请者的分类中，这类项目的毕业生被认定为具有专业素养、受过培训的申请者。这类项目也是新加坡唯一可以给予毕业生以中小学教师资格认证的本科项目。参与本科教育的学生将接受教育部的全额资助。此外，优秀学生还可以申请南洋理工大学—国立教育学院教学学者项目（NTU-NIE Teaching Scholars Programme，以下简称 TSP 项目）的奖学金，或在毕业后受教育部资助攻读更高学位。③ 而希望担任教师的本科教育毕业生将根据教育部的组织要求与中小学职位空缺情况被分配到小学或中学任教。

TSP 项目是新加坡教育部与国立教育学院共同开发的项目，旨在培养具有严谨的知识、强大的领导力、全球视野且能为教育做出重大贡献的

---

① Initial Teacher Preparation at NIE. [2020-2-6]. 见 https：//www.nie.edu.sg/teacher-education/signature-initiatives.

② Bachelor of Arts/ Science（Education）. [2020-2-6]. 见 https：//www.nie.edu.sg/docs/default-source/nie-files/babscbrochure.pdf? sfvrsn=0.

③ Ministry of Education，Singapore. BACHELOR OF ARTS（EDUCATION）/BACHELOR OF SCIENCE（EDUCATION）-programme highlights. [2020-2-11]. 见 https：//www.moe.gov.sg/careers/teach/teacher-training-programmes/bachelor-of-arts-（education）-bachelor-of-science-（education）.

教育工作者，仅申请文学（教育）学士学位或理学（教育）学士学位的学生可以申请该项目，且该项目与国立教育学院的学士学位项目同时申请。申请者需在教育部网站填写申请表，项目将基于申请者的学业表现与新加坡教育部招生选拔委员会对其面试的结果进行筛选。项目提供广泛的选修课、研讨会、实习、领导力课程等国内外深造机会：参与者将有机会开展教育研究，参与国际学术会议，参加"大学生研究体验计划"，并得到专门学术顾问与研究导师的指导，甚至可以在教授的指导下开展为期 11 个月的独立研究；可以选择硕士级别的课程，如果该学生本科毕业后选择继续深造，这些硕士级别的学分可计入硕士学位的学习过程；可以通过实习、服务学习、跨文化体验等丰富的实践活动了解全球问题、提高洞察力并发展课堂之外的诸多能力，包括获得由教育部资助的海外学期交换或实习实践机会，或参加领导力发展—大学实习项目（Building University Interns for Leadership Development，简称 BUILD 项目），通过在教育相关机构、组织、公司的学习与服务经历将在学校学习到的知识应用于课堂外的真实情景，发展其担任未来教育领导者的角色与能力，等等。① 此外，TSP 项目参与者需比未参与该项目的普通学生多修读 15 个学分。②

（二）文凭项目

文凭项目是培养小学教师与中学低年级教师的项目，只招收持有 A-Level 证书或理工文凭的教师申请者，特殊教育文凭项目的申请者还需具有一个月相关教育工作经历。③ 申请者除了需在 GCE A-level 考试中达到相应的标准外，还需在所教授科目达到相应标准，如申请艺术文凭项目的申请者须在 A-level 的艺术科目中达到 C 级，或在 GCE A-level 的艺术

---

① NIE. Teaching Scholars Programme. [2020-2-12]. 见 http：//tsp.nie.edu.sg/index.html.
② 国家教育研究院对 1 学分的定义是：包含 13 个教学周的标准工作量，每周的标准工作量为 1 小时的讲座或授课，或 3 小时的实验或工作会议。
③ NIE. Diploma Programmes（2019-2020）. [2020-2-11]. 见 https：//www.nie.edu.sg/docs/default-source/ote-documents/diploma/programme-handbook/ay2019-2020_jul-semester_19-aug-2019_web-upload-（save-a-pdf）.pdf？sfvrsn=cbb065fd_0.

科目中达到 H2 等级，或在 GCE O-level 的艺术科目中达到 A2 级。①

文凭项目包括通识项目与专业项目，参与通识项目的教师将成为小学阶段的通识课教师，参与专业项目的教师能够担任中小学的专业课教师，包括中学或小学阶段的母语或体育教师，以及中学阶段的艺术、音乐或家政课教师。此外，文凭项目还包括特殊教育文凭项目、学校咨询文凭项目。同一门学科教师的培养也分为不同的文凭项目。以 2019—2020 学年开设的文凭项目为例（见表 7–3），培养中学艺术 / 音乐教师的文凭项目共有 3 种：教育文凭项目（中学艺术 / 音乐教育）、一年制和两年制的艺术 / 音乐教育文凭项目。其中，教育文凭项目（中学艺术 / 音乐教育）更强调教师培养的师范性，课程结构还包括中学低年级英语语言或数学学科的课程知识与学科知识；艺术 / 音乐教育文凭项目更强调教师的专业性，且两年制项目比一年制项目在课程知识与学科知识方面更丰富，实习内容也分为两阶段而非一阶段。

表 7–3　2019—2020 学年开设的教育文凭项目

教育文凭项目（小学通识教育）（2 年）
教育文凭项目（小学中文 / 马来语 / 泰米尔语）（2 年）
教育文凭项目（小学中文）（1 年）
教育文凭项目（中学马来语 / 泰米尔语）（2 年）
教育文凭项目（中学艺术 / 音乐教育）（2 年）
体育教育文凭项目（小学）（2 年）
艺术 / 音乐教育文凭项目（小学）（2 年）
艺术 / 音乐教育文凭项目（小学）（1 年）
艺术 / 音乐教育文凭项目（中学）（2 年）
艺术 / 音乐教育文凭项目（中学）（1 年）
本地经济教育文凭项目（中学）（1 年）

① NIE. Diploma Programmes（2019-2020）. [2020-2-11]. 见 https：//www.nie.edu.sg/docs/default-source/ote-documents/diploma/programme-handbook/ay2019-2020_jul-semester_19-aug-2019_web-upload-（save-a-pdf）.pdf? sfvrsn=cbb065fd_0.

特殊教育文凭项目（中学）（1年）
特殊教育文凭项目（中学）（1.5年）
学校咨询文凭项目（8个月）

资料来源：Diploma Programmes. [2019-12-28]. 见 https：//www.nie.edu.sg/teacher-education/diploma-programmes/.

文凭项目的学制因教育学科、教育阶段的差异而不同，包括8个月、1年、1.5年和2年。一般情况下，2年制文凭项目的修业年限不得超过3年，1.5年制文凭项目的修业年限不得超过2.5年，8个月及1年制文凭项目的修业年限不得超过2年。准教师参与文凭项目的学费全部由教育部支付，准教师在培训期间还可获得月薪与年终奖金。教师从文凭项目毕业后，需从事3年的教学服务工作以偿还教育部支付的学费。未能顺利毕业的文凭项目参与者或在3年服务工作到期前被终止服务的实习教师，需向教育部支付违约金。[①]

（三）本科后文凭项目

对持有学士学位证书的教师申请者，国立教育学院推荐其参加本科后教育文凭项目，该项目旨在培养小学、中学与大专教师。本科后文凭项目的培养目标是将大学毕业生培养成自主思考的教师。具体来说，该项目的课程旨在帮助教师了解并尊重新加坡教育背景下的教师职业，能使教师获得（1）有关学习者的专业知识以及教学和学习过程；（2）广泛的教学和其他相关技能，成为有效的教育者；（3）理论基础与批判能力，能够在当下与未来做出教学判断和决定。参与该项目的毕业教师应对教学充满热情，致力于全人教育，以职业精神为指导，掌握创造性的教学方法，对实践进行反思，具有全球视野、可塑性与适应性。[②]

[①] Ministry of Education，Singapore. DIPLOMA IN EDUCATION-TEACHING BOND. [2020-2-11]. 见 https：//www.moe.gov.sg/careers/teach/teacher-training-programmes/diploma-in-education.

[②] NIE. Postgraduate Diploma in Education Programmes（PGDE）. [2020-2-11]. 见 https：//www.nie.edu.sg/teacher-education/postgraduate-diploma-in-education-programmes-pgde/.

本科后文凭项目包含的具体项目如表 7-4 所示，其中除体育教师的文凭项目学制为 2 年外，其余项目的学制多为 16 个月，最长修业年限为 2.5 年。由于本科后文凭项目虽层次更高，但从类型上来讲也属于文凭类项目，因此其管理标准与文凭项目大致相同，该项目的学费也全部由教育部支付，并与文凭项目遵循相同的资助与违约规定。

表 7-4　2018—2019 学年开设的本科后文凭项目

本科后教育文凭项目（小学）（通识）
本科后教育文凭项目（小学）（中文 / 马来语 / 泰米尔语）
本科后教育文凭项目（小学）（艺术 / 音乐）
本科后教育文凭项目（体育教育）（小学）
本科后教育文凭项目（中学）（通识）
本科后教育文凭项目（中学）（中文 / 马来语 / 泰米尔语）
本科后教育文凭项目（体育教育）（中学）
本科后教育文凭项目（大专）（通识）

资料来源：根据《本科后文凭项目手册（2018—2019）》（*Postgraduate Diploma in Education*（*PGDE*）*Programme Handbook2018-2019*）整理。

四、课程设置

文凭项目与本科后文凭项目的课程分为核心课程和规定选修课，其中规定选修课为某一学科特定领域的相关专业知识，为担任学科教师所必要掌握的知识与技能，与教育阶段和学科方向相关。课程分为 5 个模块：教育研究（Education Studies）、课程研究（Curriculum Studies）、学科知识（Subject Knowledge）、教育实习（Practicum）、语言能力与学术交流技巧（Language Enhancement and Academic Discourse Skills）。其中，教育研究、教育实习、语言能力与学术交流技巧为所有文凭项目与本科后文凭项目的必修课，课程研究与学科知识在某些项目中是统一的必修课，如"体育教育文凭项目（小学）（2 年）"，而在一些项目中是需要选择的规定选修模块，如"艺术 / 音乐教育文凭项目（中学）（2 年）"，该文凭项目的"课程研究"模块，学生除必须修读"艺术"科目外，还需选择修读"英语语言"或"数学"科目，并在学科知识中修读相应的课程。① 另外，学校咨询文凭项目还包含咨询实习模块，体育教育文凭项目还包含学术科目模块。

本科教育的课程分为核心课程、规定选修课与普通选修课。普通选修课为国立教育学院或南洋理工大学的其他学院开设的任意课程，但需经过院长批准才可选。核心课程与规定选修课由 7 个模块构成：教育研究、课程研究、学科知识、学术科目（Academic Subjects）、基本课程（Essential Course）、语言能力与学术交流技巧、教育实习。"课程研究""学科知识""学术科目"为规定选修课，这些课程因学生选择的教育阶段与主修科目而有所差异。如选择成为小学通识教师（2 轨）的学生，其在"课程研究"模块需从英语、数学、音乐、科学与社会学习共 5 大学科专业中选择 2 个进行学习；而选择成为小学中文老师的学生，其"课程模块"的第一专业与第二专业分别为规定的"中文"与"品德与公民教育（中文）"。鉴于三种项目的课程模块与每个模块的具体课程有很大程度的相似性，在此合并介绍。

（一）教育研究

"教育研究"是所有职前教师教育项目的必修模块，约占所有教育内容总时长的 20%。② 学生将通过这些课程学习有效教学和反思性实践所必需的关键教育概念与原则。文凭项目与学士学位项目"教育研究"模块的课程设置、对应学分及课程目标如表 7–5 所示。

表 7–5　文凭项目与学士学位项目"教育研究"模块课程

课程名称	文凭项目学分	本科教育学分	课程目标
专业实践与探究 I	0	0	为教师了解并整合其学习过程、反思、建立理论与实践的联系奠定基础

① NIE. Diploma Programmes（2019-2020）.［2020-2-11］. 见 https：//www.nie.edu.sg/docs/default-source/ote-documents/diploma/programme-handbook/ay2019-2020_jul-semester_19-aug-2019_web-upload-（save-a-pdf）.pdf? sfvrsn=cbb065fd_0.

② 王晓芳、周钧：《新加坡师范生教育实习质量保障机制研究》，《比较教育研究》2019年第 5 期。

续表

课程名称	文凭项目学分	本科教育学分	课程目标
专业实践与探究 II	1	2	在教师不断完善其教与学概念框架的同时,帮助教师构建理论与实践的联系
小学 / 中学阶段的教学与管理	2	5	提升教师管理课堂问题与应对课堂挑战的能力
为有意义学习而使用的信息通信技术	2	2	锻炼教师基于 21 世纪质量学习框架将信息技术融于课程的能力,以实现学生有意义、高质量的学习
评估学习与绩效	1	1	发展教师有关教育评估的应用能力
社群服务学习	1	1	加深教师对服务学习的需求、目标、开展过程及其挑战的了解,提升教师服务社群的综合能力
教育心理学:学与教的理论与应用	2	3	使教师了解学生及其学习动机、学习方法对学习过程的影响
新加坡教育的社会背景	2	1	让教师了解新加坡教育支持经济发展、促进社会凝聚以及发展年轻人公民身份的作用与角色
教学实践	3	—	发展教师的教学知识、策略与基本技能
支持小学阶段的多样性	—	1	巩固教师对多样性的理解,并学习使用相关策略支持不同学生的学习与发展
品格与公民教育	—	1	帮助教师了解品格与公民教育的主要概念与议题,使教师认识到自身在实施品格与公民教育过程中的作用与影响
教育研究	—	3	帮助教师了解研究背后的设计、收集、分析与整理数据的科学方法,并发展其批判性思考能力
研究项目	—	3	教师针对其感兴趣的教育问题或话题展开自由的讨论与交流

资料来源:根据《文凭项目手册（2019—2020）》（Diploma 2019—2020）与《学位项目手册（2018—2019）》（*Bachelor of Arts（Education）/ Bachelor of Science（Education）2018—2019*）整理。

（二）课程研究与学科知识

"课程研究"与"学科知识"同样是所有职前教师教育项目的必修模块。"课程知识"内容因教师的学科与所教阶段而异，其目的在于让教师掌握教授课程的技能，为此他们将接受教学方法和技术方面的培训。"学科知识"的学习目的是加强教师的学科储备，教师所学的学科知识与"课程知识"的学科方向相一致。在文凭项目中，学制为 1 年的文凭项目不包含"学科知识"模块；在学士学位项目中，选择成为小学教师的学生将在"学科知识"模块修读与其主修科目学科相关的课程，选择成为中学教师的学生不需修读"学科知识"模块课程，他们将从相应的"学术科目"模块掌握足够的专业学科知识。以培养小学全科教师文凭项目中科学学科课程与本科教育中的科学课程为例，其课程研究与学科知识模块的课程设置如表 7–6 所示。

表 7–6　文凭项目与本科教育科学"课程知识"与"学科知识"课程

模块类型	课程名称	文凭项目学分	本科教育学分	课程目标与内容
课程研究	小学科学的课程与实践	3	3	使教师全面了解小学科学课程的宗旨与目标，教授教师小学科学的各种教学方法与实践
	小学科学测评	2	3	使教师掌握正式与非正式的评估方法，了解到如何在教学实践中为不同需求的学生提供全面有效的反馈
	小学科学的教学法	2	3	讲授导入、解释、总结、提问、检查等适用于小学科学学科的教学方法
	小学科学的非正式科学学习环境	2	——	使教师了解日常活动、科学节日、大众传媒等非正式科学学习环境对小学科学教学的作用
	满足学生在小学科学方面的需求	——	3	教授更具吸引力的教学方法，使教师探究如何在小学科学的教学中平衡知识、技能与价值观

续表

模块类型	课程名称	文凭项目学分	本科教育学分	课程目标与内容
学科知识	小学科学教学的物理科学专题	2	3	包括物质与材料、力与运动、能量等知识
	小学科学教学的生物科学专题	2	3	包括生物分类与多样性、植物系统、动物系统、生态学与环境等知识

资料来源：根据《文凭项目手册（2019—2020）》(Diploma 2019—2020) 与《学位项目手册（2018—2019）》(*Bachelor of Arts (Education) / Bachelor of Science (Education) 2018—2019*) 整理。

对于参加文凭项目的教师而言，两门学科知识课程都是必修课；对于参加本科教育的教师而言，教师修读学科知识的哪一门或两门课程取决于他选择的主修学科：主修生物的学生将学习生物专题知识，主修物理的学生将学习物理专题知识，主修其他学科而希望成为科学教师的学生需修读物理和生物两个专题的课程。

（三）学术科目

"学术科目"是学士学位项目的独有模块。学生在选择其主修的"学术科目"后，国立教育学院的学术小组将根据学生在毕业考试中相应科目的表现进行排名，结合相应科目教师的空缺情况，对选择修读此学术科目的学生进行安置与分配。毕业生所得学位证书的类型与其在读期间修读的学术科目有关：修读文学（教育）学士学位（Bachelor of Arts (Education)）的学生，其选择的第一个学术科目必须是文科类（包括艺术、中文、戏剧、英语、英语文学、地理、历史、马来语、音乐、泰米尔语）；修读理学（教育）学士学位（Bachelor of Secience (Education)）的学生，其选择的第一个学术科目必须是理科类（包括生物、化学、数学、物理、体育与运动科学）。学生修读的第二学术科目既可以是文科类也可以是理科类，但由丁某些学科的学习工作量原因，学生可选的学科组合有限。学生可选的学科专业组合如表 7–7 所示。

表 7–7　本科教育可选的学科专业组合①

学科专业	文学（教育）学士学位		理学（教育）学士学位	
	第一专业	第二专业	第一专业	第二专业
艺术	✓	✓	×	✓
生物	×	✓	✓	✓
化学	×	✓	✓	✓
中文 *	✓	×	—	—
中国文学 *	×	✓	—	—
戏剧	✓	✓	×	×
英语	✓	✓	×	✓
英语文学	✓	✓	×	✓
地理	✓	✓	×	✓
历史	✓	✓	×	✓
马来语 *	✓	×	—	—
马来文学 *	×	✓	—	—
数学	×	✓	✓	✓
音乐	×	✓	✓	✓
物理	×	✓	✓	✓
社会学习	×	✓	×	✓
泰米尔语 *	✓	×	—	—
泰米尔文学 *	×	✓	—	—
体育与运动科学	—	—	✓	×

* 中文与中国文学、马来语与马来文学、泰米尔语与泰米尔文学必须以第一专业和第二专业的形式搭配选择，否则不被视为主修中文、马来语或泰米尔语专业。

资料来源：Bachelor of Arts/ Science（Education）. [2020-02-06]. 见 https：//www.nie.edu.sg/docs/default-source/nie-files/babscbrochure.pdf？sfvrsn=0.

"学术科目"模块的课程因学生将任教的教育阶段以及该学科作为第

---

① NIE. Undergraduate Programmes_ Bachelor Programmes Handbook（2018-2019）. [2019-10-25]. 见 https：//www.nie.edu.sg/docs/default-source/ote-documents/programme-booklets/babsc_programmes_ay2018-2019_as-at-28-june-2018.pdf？sfvrsn=0.

一专业还是第二专业而异。以"中国文学"作为第二专业为例，其"学术科目"模块的部分课程设置如表 7-8 所示。

表 7-8　本科教育中国文学（第二专业）"学术科目"的部分课程

模块类型	课程名称	本科教育学分	课程目标与内容
学术科目	中国文化 I：先秦到唐朝	3	通过多维与批判的视角对选定的文学作品进行分析，引导其理解文学与政治、历史、宗教、传统、风俗、艺术、经济之间的联系，提高其文学鉴赏能力，使其对中国该历史时期的文学发展有基本的了解
	中文古诗选读（选修）	3	通过对选定古诗的深入阅读与讨论，使其了解中国古诗的起源与发展，培养其分析、鉴赏中国古诗的能力
	世界视角下的中国文学（选修）	3	采用对比研究的方法，从西方文学和文化的角度研究中国文学，加深对中国文学内涵与特点的理解

资料来源：根据《学位项目手册（2018—2019）》（*Bachelor of Arts (Education) / Bachelor of Science (Education) 2018—2019*）整理。

（四）基本课程

"基本课程"也是学士学位项目的独有模块。这一模块仅包含一门 3 学分的课程，即"多元文化学习：欣赏与尊重差异"。该课程主要透过不同人种与不同文化种族的三棱镜，以及阶级、性别和其他社会结构所带来的问题，向学生介绍生活在一个多元社会中的意义。在一个日益复杂多元的世界中，理解发展中的多种族主义、多元文化主义和文化相对主义，是理解个体与社区、社会乃至世界的关系的重要一步。

（五）教育实习

实习课程也是所有教师在职前培养阶段的必修课程与重要组成部分，约占所有教育内容总时长的约 25%。[①] 教师将在合作教师、学校协调导师

---

① 王晓芳、周钧、孔祥渊：《新加坡师范生公费教育内部质量保障机制探究》，《外国教育研究》2019 年第 8 期。

和大学导师的指导和监督下，将其知识和技能应用于所培训的教学科目，并在各种教学环境和不同层次上发展其教学能力。他们将向有经验的学校导师学习有关学校教育的过程，并为自己在教学中的角色和责任做好准备。

教育实习模块有一大特色，即国际教育实习，仅向学士学位项目学生开放。实习内容是为期 5 周的教学助理工作，学生可选择位于欧洲、美洲、亚洲、大洋洲且与国立教育学院有合作关系的高校进行跨境教育实习，如伊利诺伊大学香槟分校（美国）、女王大学（加拿大）、斯德哥尔摩大学（瑞典）、赫尔辛基大学（芬兰）、格里菲斯大学（澳大利亚）、北京师范大学（中国）、香港大学（中国）等。申请者须达到 CGPA 在 3.6 分以上且未在新加坡完成"教学助理"模块的标准，实习期可从 11—12 月或 5—7 月中选择。这一经历能使学生体验到不同于新加坡的教育制度与文化，帮助他们构建审视教育问题与教育体系的国际视角，发展其全球意识与文化敏感性。[①]

1. 课程结构

实习模块的课程结构如表 7–9 所示。

表 7–9　实习课程结构

课程	学分	持续时长 / 周	所在学期
学校体验	0	2	第二学年第一学期前
教学助理	3	5	第三学年第一学期前
教学实践 1	5	5	第四学年第一学期前
教学实践 2	10	10	第四学年第二学期

资料来源：NIE. Practicum Structure-Undergraduate Programmes.［2019-10-21］. 见 https://www.nie.edu.sg/teacher-education/practicum/practicum-structure/undergraduate-programmes.

---

① NIE. NIE Global Exchange Programme.［2020-2-11］. 见 https://www.nie.edu.sg/teacher-education/practicum/nie-global-exchange-programme.

　　本科项目的实习内容包含四部分：首先，"学校体验"要求教师分别在小学与中学观察为期各 1 星期的学校课程，每周安排一系列的观察与反思任务，促进理论与实践的联系，目的在于让教师广泛接触中小学生，并获得对教学的真正体悟；其次，依据修读的专业方向，教师被安排为所学学科的"教学助理"，担任为期 5 周的助教，该岗位需要完成帮助计划课程、准备教学资源、管理学生与其他辅助教学的工作，每周对助教工作进行一次整体安排；"教学实践 1"中，教师开始学习如何独立教学，包含 2 周的课堂观察与 3 周的实践教学，包括计划课程、准备教学资源、课堂评估与反馈、独立管理学生与打造课堂氛围等，目的在于增进实习教师对教师身份实践层面的认同，拓宽实习教师对学校真实教学活动的体验和理解，加深对中小学生的认识，提升回应学生需求和兴趣的能力与技巧，增强观察与反思性学习的能力，形成服务意识和专业规范；"教学实践 2"过程，教师将向自主教学的方向努力，获得教师身份的更全面体验：第一阶段在合作教师的指导下循序渐进地开展课堂教学，第二阶段全方位地参与学校各类事务并独立承担课堂教学与班级管理任务，目的是让准教师获得有效教学所必需的理念与技能。

　　除"学校体验"外，其余 3 个环节的教学实践都与国立教育学院导师及中小学教师联系密切，其中国立教育学院导师负责监督，中小学有经验的教师将对实习教师的学习实践进行指导。文凭项目的实习课程结构因项目的学历层次与所教授学科而不同，其中本科后文凭项目仅包含"教学助理"与为期 10 周的"教学实践"；学制为 2 年的文凭项目仅包含"教学实践 1"与"教学实践 2"，分别设于第二学年的第一、二学期；学制为 1 年的文凭项目包含为期 10 周的"教学实践"，设于第二学期。文凭项目的实习课程内容与本科教育的同名称课程相同。

　　2. 实习过程

　　实习过程由教育部、国立教育学院与中小学三方共同参与。其中，国立教育学院是培养教师的主要负责者与质量保证者，为教师提供学术资源，培养教师的知识、技能与价值观；中小学通过提供课堂实践机会来填补教师理论与实践之间的鸿沟。以下多个导师角色参与教师的实习环节：
①合作教师（cooperating teachers）：在实践层面为实习教师提供帮助与评价，包括帮助实习教师熟悉所在的实习学校，协助实习教师做好教学的准备工作与课堂观察，指导实习教师进行课堂教学与管理，并对实习教师的专业素养进行评价。②国立教育学院主管（supervisors）：在专业层面为实习教师提供实习期间的帮助、支持与评价，如指导实习教师做好实习准备工作、课堂教学与管理；还负责向实习所在学校介绍有关实习教师的相关情况，向实习教师反馈实习学校的要求与期望，帮助搭建实习教师与合作教师之间的联系，让双方熟悉彼此、增加信任，与实习教师、合作教师与学校协调员共建评价标准，与他们定期会面并探讨帮助教师进步的策略。③学校协调员（school coordinating mentor）：全面负责学校实习的过程，包括对实习教师与合作教师的工作内容进行监督与评价，并决定实习教师的最终成绩。①

为促进实习教师理论与实践的整合提升，教师在实习期间一共需与导师开展 3 次对话。第一次对话在实习刚开始的第 1—2 周开展，主题是"从国立教育学院的课程中学到了什么"；第二次对话在实习的第 3—6 周开展，实习教师需与合作教师、学校协调员与其他实习教师讨论在教学实践中遇到的真实问题；第三次对话在实习的第 9 周开展，讨论实习教师在实习过程中的成长与收获。在对话过程中，学校协调员借助反思性实践模型（reflective practice model）帮助实习教师对实习实践经历的深刻学习，实习教师先后回答"发生了什么""为什么""对我产生什么影响"以及"如何行动"的问题，来反思实践、观念与能力，促进实践向理论的升华与二者的进一步结合。② 对话能够帮助实习教师构建理论—实践的联系，

① NIE. Practicum Handbook 2020. [2019-12-27]. 见 https：//www.nie.edu.sg/docs/default-source/td_practicum/practicum/templates-downloads/practicum-handbook/practicum-handbook-2020.pdf? sfvrsn=cbb06560_6.

② Liu W C，Koh C，Chua B L. *Developing Thinking Teachers Through Learning Portfolios*// Oon-Seng Tan，Woon-Chia Liu，Ee-Ling Law. Teacher Education in the 21st Century. Singapore：Springer，2017，pp.173-192.

并加深对教学实践的理解。①

此外，为加深实习教师对课堂真实情境的理解，提升其课堂教学与班级管理能力，也使导师了解实习教师的优势与不足，实习过程还包括观摩课程的任务。导师与实习教师都遵循以下观摩流程：观摩前召开准备会议，导师在尊重实习教师课堂教学设计与实施自主权的基础上，对其教案提出修改建议与意见，帮助实习教师准备与完善每一节课；观摩期间，导师对实习教师的课程进行全方面、系统的观察与记录，并通过长期观察与记录描绘实习教师的教学发展轨迹；观摩后召开讨论会，导师需根据国立教育学院所罗列的规定与层面对实习教师进行评价与反馈，指出其优点与不足，帮助其改进课堂教学。这种观摩形式与流程贯穿教师实习的全过程。②

（六）语言能力与学术交流技巧

"语言能力与学术交流技巧"是所有职前教育项目的必修模块，约占所有教育内容总时长的 5%。③ 该模块的目的是提高口语和书面语言在教学中的使用，课程设置如表 7–10 所示。"教师沟通技巧"为教师提供与学生、同事、家长、公众进行有效沟通所必需的口头和书面技能，教师有机会练习良好的发音、了解有效的发声，并反思这些技能在实践中的应用；"教师的实践发音"让教师探究新加坡使用的各种英语的发音类型，培养教师区分它们的能力和使用课堂交流的口语语音类型，进而更好地帮助学生发展口语能力，并使学生认识到准确发音和语调得当的重要性；"学术表达技巧"教授教师学术写作规范，包括引用、文档处理过程、数据收集等内容，以及如何产生与发展观点并找到证据支撑，教师还将学习与学术

---

① 王晓芳、周钧：《新加坡师范生教育实习质量保障机制研究》，《比较教育研究》2019年第 5 期。

② Liu W C，Tan G C I，Wong A F L. *Redesigning and Reconceptualising of Field Experience for Teacher Accreditation*// Oon-Seng Tan，Woon-Chia Liu，EeLing Law. Teacher Education in the 21st Century. Springer Singapore，2017，pp.193-216.

③ 王晓芳、周钧、孔祥渊：《新加坡师范生公费教育内部质量保障机制探究》，《外国教育研究》2019 年第 8 期。

写作相关的一些实践经验，如时间管理与团队合作。

表 7-10　文凭项目与本科教育科学"语言能力及学术表达技巧"课程

课程名称	文凭项目学分	本科教育学分
教师的实践发音	1	——
教师沟通技巧	2	3
学术表达技巧	——	3

资料来源：根据《学位项目手册（2018—2019）》（*Bachelor of Arts（Education）/ Bachelor of Science（Education）2018—2019*）整理。

五、质量保障

新加坡职前教师质量保障的起点是教师的招聘环节。新加坡中小学教师有三个来源：获得国立教育学院教育文学 / 理学学士学位的学生，从国立教育学院文凭项目 / 本科后文凭项目毕业的学生，以及海外人才。学士学位项目的申请者只有约 20%—25% 能够成功入读，文凭项目与本科后文凭项目的申请者也需达到文凭项目较高的入学标准且通过教育部的面试才能获得入读资格，这些门槛在入口环节保障了参加职前教师教育项目的准教师的高质量。

为保障职前教师教育项目的质量，国立教育学院构建了评估项目实施全过程的质量保障框架。该框架建基于项目评估 CIPP 模型（Context，Input，Process，Product），以持续改进为目的。该框架的具体结构如图 7-2 所示，其中对情景、投入、过程与产出的评估分别为决策者解决以下问题："我们应该做什么？"（What should we do）、"我们应该怎么做？"（How should we do it）、"我们是否按照计划执行？如果没有，出现了什么问题？"（Are we doing it as planned? And if not, why not?）、"实施是否有效？"（Did it work?）。具体来说，国际教育环境、国家社会发展状况、国立教育学院的愿景任务以及 V3SK 框架是"情景"评估的内容；"投入"评估招生政策与程序，包括准教师申请程序、选拔标准与程序、入学准备等方面的标准；"过程"评估不同项目的教学、学习与质量管理过程，包括对课程设计、教学互动、员工素质、教学资源与技术、授课模式的关注与评估；
"产出"评估教师在参与项目之前、过程中与毕业后的水平与发展趋势，
结合多个利益相关者的反馈判断各项目提高教师能力的效果。①

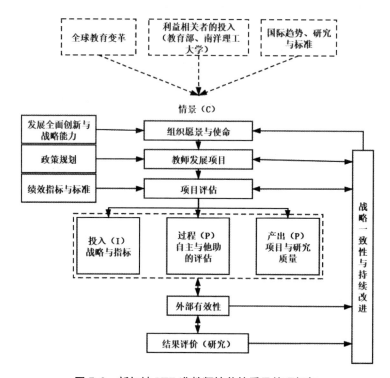

图 7–2　新加坡 NIE 准教师培养的质量管理框架

资料来源：Sylvia Chong. Academic quality management in teacher education：a Singapore perspective. *Quality Assurance in Education*，2014，22（1），pp.53-64.

新加坡职前教师教育的质量保障还离不开专门的质量保障机构。2009
年，国立教育学院组建了学术质量管理办公室（Office of Academic Quality
Management），全权负责职前教师教育项目质量的考查与完善。②2014 年，

①　Sylvia Chong，Pauline Ho."Quality teaching and learning：a quality assurance framework for initial teacher preparation programmes". *International Journal of Management in Education*，2009，3（3/4），pp.306-311.

②　Neihart，M.F.&amp；L.Lee.*Quality assurance in teacher education in Singapore*//Oon-Seng Tan，Woon-Chia Liu，Ee-Ling Law.Teacher Education in the 21st Century.Singapore：Springer，2017，pp.285-287.

国立教育学院对这一办公室进行了机构重组，成立了战略规划与学术质量办公室（Strategic Planning and Academic Quality），实现战略规划与质量保障的联结与融合。[1] 战略规划与学术质量办公室承担战略规划、外部环境分析与学术质量管理三项职能。其中，前两项职能均与质量保障密切相关：战略管理为质量保障提供了目标与方向指引和组织管理支持；外部环境分析为质量保障提供了改进的标杆与经验。此外，学术质量管理办公室开发了用于评估项目各阶段教学与学习质量的一套流程与相应工具，如图 7-3 所示。评估的 4 个阶段包括新生阶段（教师参加职前教师教育项目的初期）、发展阶段（从新生阶段结束到职前教师教育项目的结束）、实施阶段（初任教师进入中小学开展实际教学的前 3 年）与在中小学开展实际教学的评估阶段（利益相关者观察初任教师的能力）；评估工具用于监测教师的学习成果、价值观与信念，根据各阶段教学内容与培养目标加以设计。[2]

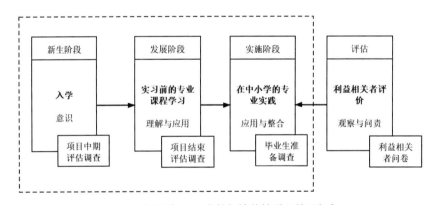

图 7-3　新加坡 NIE 准教师培养的质量管理框架

资料来源：Neihart M F，Ling L. *Quality Assurance in Teacher Education in Singapore* // Teacher Education in the 21st Century. Springer Singapore，2017，p.289.

---

[1]　Office of Strategic Planning and Academic Quality. [2019-11-25]. 见 https：//www.nie.edu. sg/our-people/departments/office-of-the-chief-planning-officer/office-of-strategic-planning-andacademic-quality.

[2]　Neihart M F，Ling L. *Quality Assurance in Teacher Education in Singapore*// Teacher Education in the 21st Century. Springer Singapore，2017，pp.288-291.

第三节 职后教师培训

本节探讨的是新加坡经过教育部筛选、合格的准教师上岗后所参与的一切培训与专业发展，既包括旨在提升教师教学能力的专业发展项目与课程，也包括旨在提升中高层管理者视野与管理能力的发展项目与培训。

一、培训机构与主体

新加坡教师职后培训分工明确，可归纳为三级两类。三级指的是教育部—校群—中小学，两类指的是教师学历提升培训机构和专业能力提升机构。学历提升机构指新加坡国立教育学院，提供专业能力提升培训的机构包括新加坡国立教育学院、新加坡教师学院、校群和中小学。

（一）国立教育学院

国立教育学院毕业后学习与专业学习办公室负责本科以上的学位提升项目与所有职后培训项目。学位提升项目包括：课程型学位项目（Higher degree by coursework）（文学、理学或教育学硕士）、研究型学位项目（教育学博士、文学或理学硕士）与教育博士，旨在满足教育工作者继续提升学位与发展的需求。① 职后培训项目包括旨在提升教育管理人员领导力的项目，以及旨在促进教师专业发展的项目、课程与研讨会。

1. 领导力发展项目

新加坡持续观察着本地与全球的发展趋势，并预测它们对教育领导力发展的影响。在这种条件下，国立教育学院在本土稳定性、适宜性与变化之间寻求平衡，致力于培养能够适应甚至引领时代发展与社会变革，并能够满足本地发展需求的教育领导团队，因此构建了领导力项目。该项目由毕业后学习与专业学习办公室的领导力学习组开发与管理，教育部多个学术团体共同参与了开发过程，项目理念是培养在复杂与发展的

---

① NIE. Higher Degrees. [2019-12-28]. 见 https://www.nie.edu.sg/higher-degrees/.

环境中具有领导与管理的意识与能力的教育领导者。为了培养不同层次的教育领导者，国立教育学院设计了不同的领导力项目：为培养学校领导而设立的"教育领袖项目"（Leaders in Education Programme）与"搭建教育桥梁：学校领导的创新"（Building Education Bridges：Innovation for School Leaders）；为培养学校中层领导而设立的"学校管理与领导项目"（Management and Leadership in Schools Programme）；为培养教师领袖而设立的"高级教师项目"（Senior Teachers Programme）与"特级教师项目"（Advanced Senior Teachers Programme）。[①] 其中，国立教育学院对"教育领袖项目"与"学校管理与领导项目"进行了较为详细的介绍。

　　"教育领袖项目"是一个为期 6 个月的全日制项目，为经过筛选的副校长与政府官员提供培训，帮助他们为具备学校领导力做准备。副校长在项目结束后将会被分配到新的学校任职。项目的费用全部由教育部承担，包括课程与海外行程的费用。项目以强大的领导力、战略管理能力与对校长如何在复杂环境中有效工作的认知为基础，旨在发展基于价值观的、有目的的、创新的和前瞻性的校长能力。学校领导的工作环境与工作内容都极为复杂，国立教育学院为将校长角色的多面性与这些角色所需的思维方式结合起来，构建起了支撑校长开展行动—反思循环的"5R5M"框架，包括教育、技术、人、象征与文化的五种角色，以及道德、尊重、创造、整合与纪律五种观念，使校长能够适应学校的领导环境。[②]

　　"学校管理与领导项目"是为期 17 周的全日制在职项目，目的是发展学校中层领导在其专业范围外的课程领导才能，并提升他们领导教师与支持校长的能力，以改善学校教学。项目的培养目标包括：在建构与协作学习中创造知识，超越单一学科；根据中层领导所选择的教学、管理或学术方向，提升其专业能力；通过建立学习小组，加强中层领导的教学能力并

---

① NIE. Brochures-Leadership Programme Brochure. [2019-12-28]. 见 https：//www.nie.edu.sg/docs/default-source/GPL/leadership-programme.pdf？sfvrsn=cbb06508_4.

② NIE. Leaders in Education Programme——brochure. [2020-2-16]. 见 https：//www.nie.edu.sg/docs/default-source/GPL/leadership-programme.pdf.

持续改进课程。①

2. 专业发展项目、课程与研讨会

国立教育学院提供了一系列证书、文凭教育与专业发展计划、课程，以满足学校教师、教育工作者以及在不同教育环境下工作的专业人员等不同群体的需要。培训的6大重点领域分别是：②

（1）更新教师的教育内容知识；

（2）更新教师的学科教学方法；

（3）发展教师的新能力，以应对社会不断变革的需要；

（4）让教师了解教育的新发展和新措施；

（5）发展教师的研究和管理技能；

（6）通过终身学习提高教学成效。

认证项目包括证书、文凭和高级文凭项目。认证项目结构化的课程以终身学习原则为基础，以满足不断变化的教育部门中执业教师和教育专业人员的职业需要。证书项目包括特殊需要支持证书、教育支持证书、小学数学教育证书、小学科学教育证书项目等，文凭项目如在职体育教育文凭项目，高级文凭项目如小学艺术教育高级文凭、小学英语教育高级文凭、特殊学习与行为需要高级文凭项目等。③ 自2013年4月，国立教育学院改革了专业发展渠道，将独立专业课程与文凭、学位项目联系起来。教师在修读完12个学分的独立专业课程后，可以申请攻读硕士学位项目，如果申请成功，其修读的12个学分将受到认可；不攻读硕士学位项目的教师可以选择继续修读独立专业课程，以获得高级本科后文凭的

① NIE. Management and Leadership in Schools Programme——overview. [2019-10-24]. 见 https：//www.nie.edu.sg/professional-and-leadership-development/leadership-programmes/management-and-leadership-in-schools-programme.

② NIE. Professional Development Programmes & Courses. [2019-10-24]. 见 https：//www.nie.edu.sg/professional-and-leadership-development/professional-development-programmes-courses/.

③ NIE. Certificate Programmes-Brochure. [2019-12-28]. 见 https：//www.nie.edu.sg/docs/default-source/gpl/pd-catalogue- (jan-jun-2020) _fa (web) .PDF.

认证。①

专业发展课程的一个主要特色是考虑教师对专业发展的需求，通过对教师的培训，巩固与提高他们从职前教育培训中获得的能力，满足教育部教师成长模型（Teachers' Growth Model）对教师提出的要求，包括成为伦理型教育者、称职的专业者、协作型学习者、变革型领导者和社区建造者5个角色。② 依据这些角色要求，国立教育学院建设了7个能力维度：弘扬教师职业精神的能力、掌控自我的能力、加强学术课程的知识与实践能力、加强有关学生发展课程的知识与实践能力、团队学习能力、以共同愿景发展和激励个体的能力、理解和参与社区的能力，③ 并开设了旨在提升单一维度或多维度的专业发展课程。这些课程可以分为两类：第一类是响应当代政策、课程和教学方法的一般在职课程，与教师需求和教育部使命相关；第二类是提供学习经验的研究生层次（graduate level）在职课程。这些课程按模块划分，教师能够按照自己的需要与节奏学习并获得学分，修读课程所得学分达到一定标准后可以申请高级文凭认证或研究生项目。④

为了满足利益相关者的需求，国立教育学院常举办为学校或教师群体定制的研讨会，这些研讨会针对组织或个人的专业需求而设计，具有很强的针对性与相关性，经过严格测试、实践证明且基于技术与证据，是高质量且具有创新性的针对专业发展需要的知识解决方案。⑤

---

① NIE. Professional Development Pathway. [2019-12-28]. 见 https：//www.nie.edu.sg/professional-and-leadership-development/professional-development-pathway/.

② 邓凡：《更大的自由和主导权——新加坡新"教师成长模式"及其启示》，《全球教育展望》2012年第9期。

③ NIE. *Professional Learning Catalogue*（*January to June 2020*）. [2019-12-28]. 见 https：//www.nie.edu.sg/docs/default-source/gpl/pd-catalogue-（jan-jun-2020）_fa（web）.PDF.

④ NIE. *Professional Learning Catalogue*（*July to December 2019*）. Singapore，NIE. 2019，p.4.

⑤ NIE. *Professional Learning Catalogue*（*July to December 2019*）. Singapore，NIE. 2019，p.4.

(二) 新加坡教师学院

新加坡教师学院（Academy of Singapore Teachers）是新加坡教育部下设的机构，由教育部领导，专门负责教师专业培训的相关事务。新加坡教师学院下设教师培训发展中心和教师联络中心，专门开展职后教师培训。新加坡教师学院以"教师是学院和教学的中心"为宗旨，以领导（Lead）、关心（Care）、鼓励（Inspire）教师和"建立一支对教学充满热情、称职、不断自我提升的教师队伍"为愿景，以提升教师专业技能为使命。[①] 其职责包括：

（1）通过贯穿各部门与学校的全面的个人发展政策与实践，促进教师的专业发展，开展具有前瞻性的专业发展计划以满足教育部人员的专业学习需要，并将这些专业发展路径、模式与方法进行推广。[②] 这一工作主要由专业发展与规划办公室（Professional Development Planning Office）负责。

（2）构建"专业卓越"（professional excellence）文化，这一文化的特征包括：强大的教师领导力与自主权、写作的专业精神与全系统的指导、持续不断地学习与改进。为此，国家教师学院关注教师的教学实践、职业精神、研究素养与批判精神，参与创建了卓越教学中心、专业学习社区与网络学习社区。[③]

（3）对优秀教师进行专业认可（Professional Recognition）并颁奖，奖项包括"卓越教师总统奖"（President's Award for Teachers）、"教育杰出青年奖"（Outstanding Youth in Education Award）、"专业发展学院奖"（Academy Awards for Professional Development）和"富布莱特杰出教学奖"（Distinguished Fulbright Awards in Teaching）。[④]

---

① AST. About us. [2019-12-28]. 见 https：//academyofsingaporeteachers.moe.edu.sg/about-us.

② AST. About PDPO-Our goals. [2020-2-15]. 见 https：//academyofsingaporeteachers.moe.edu.sg/professional-development-planning-office/about-pdpo.

③ AST. Professional Excellence. [2020-2-15]. 见 https：//academyofsingaporeteachers.moe.edu.sg/professional-excellence.

④ AST. Professional Recognition. [2020-2-15]. 见 https：//academyofsingaporeteachers.moe.edu.sg/professional-recognition.

（4）为处于不同职业发展阶段的教育工作者提供多样化的专业发展项目。如向在职教师提供教学指导计划、领导力发展计划、实习计划等项目，成立专门的团队以关注、识别教育行政人员的专业发展需求并规划相应的发展方式，与国立教育学院共同开发教育写作人员（allied teacher）的职前教育项目。①

（三）校群

新加坡校群制度最早创于 1997 年，如今发展为促进新加坡学校均衡发展的重要策略。新加坡全国有 350 余所中小学和初级学院，全部由教育部院校督导司管辖。全国分为东西南北四区，每个区又被分为 7 个校群，每个校群由 13—14 所学校组成，多数校群囊括了小学、中学、初级学院在内的不同类型的学校。各校群都由校群督导与各学校校长组成的委员会来拟定行动方针、规划校群资金运用。但需要指出的是，校群中的每个学校依旧是教育制度运作的基本单位，且校长对学校的运作程序和结果负责。②

校群委员会的校群督导主要负责对校群内学校工作的"督"和"管"，以及对教师培训工作的"导"和"教"。他们行使检查的职能，并帮助、支持、引导校长的工作，既保证校长办学的自主权，也督促校长带领教师进行开拓创新。③ 具体做法包括：校群督导将校群内的优秀教师组织起来，对群内各种类型的学校进行不定期走访，了解教师需求，根据教师提出的问题进行有针对性的岗前和职后培训；④ 组织特级教师为校群内教师开展问题解决式的针对训练，相关问题如"如何培养学生良好性格？""教学与考试的关系是怎样的？""如何培养学生为人处事的方式？"等，这种方式为教师实施有效教学提供了针对性训练，更加贴合教师实际

---

① AST. Programmes & Publications. [2020-2-15]. 见 https：//academyofsingaporeteachers. moe.edu.sg/programmes-publications.

② 罗刚：《新加坡基础教育均衡政策的分析》，《现代教育论丛》2008 年第 11 期。

③ 罗刚：《新加坡基础教育均衡政策的分析》，《现代教育论丛》2008 年第 11 期。

④ 沈艳春：《新加坡中小学教师培训现状带给我们的启示》，《现代教育科学》2014 年第 2 期。

教学的需要。

对内来看，校群内的各学校之间也会进行共享与资源整合，具有特色的基地学校要担负起对其他学校教师进行相关培训的任务，定期在基地学校开展研讨活动，相关教师都要参加，以促进教师的共同提高和发展。校群内还定期以主题研讨的方式开展教师的教学分享会。对外来看，校群之间也会不定期举行分享与交流，促进校际交流和共同发展。校群内部设有委员会，主要由校群督导和各学校校长组成，负责在校群内部拟定行动方针与规划校群资金，同时在接受职前教师实习和校园生活体验方面也发挥着组织协调的作用。在校群之间，委员会负责合理规划和分配师资，促进教师的跨校群合理流动与师资配置的平衡。①

（四）中小学校

新加坡的中小学校承担着教师的校本培训工作，和新加坡国立教育学院联系紧密，主要为定制的专题研讨会提供场所和资源。

每所中小学校都有教育部分派的"教师指导员"或叫"教师专业发展主任"（School Staff Developer），一般由学科主管和资深教师担任。他们十分了解学校发展的近期目标与长远目标，了解教师现实需要和长远需求。他们帮助教师制定年度培训计划和个人发展计划，并检查落实培训内容，包括期中的年度专业检查和年末的全面核查，督查教师发展。这种极具个性化的培训激发了教师参与的积极性，为他们提供了持久的动力源。学校更是重视教师培训，每学期都会采取分散和集中相结合的方式，开展至少3次主题培训活动。② 中小学校还和新加坡国立教育学院联系紧密，新加坡中小学校每年会于年底计划下一年的全校性教师培训目标，参考的依据主要是学校发展的短期目标和长期发展愿景，让教师接受2—3项培训；还要根据教师的特别需要量身定制特殊培训课程，满足其不同

---

① 谭华凤：《新加坡中小学教师职后培训体系研究》，硕士学位论文，西南大学，2016年，第28—29页。

② 沈艳春：《新加坡中小学教师培训现状带给我们的启示》，《现代教育科学》2014年第2期。

需求。①

　　以新加坡南洋小学为例，其承担的校本培训工作主要从五方面展开。首先是进行课程需求分析，教师专业发展主任会根据学校的长远发展目标、近期目标作出全校性的培训计划，还要根据教师的现实需求和长远需求作出个人需求分析，以便让培训更具针对性；其次是设置培训课程，学校科目主任结合全校培训需求分析和教师个人培训需求分析的结果制定年度校本课程，满足以校为本的教师需求；第三是进行课程检讨和考核反馈，负责教师培训的科目主任会及时检查课程的有效性，方式主要是询问教师关于课程的安排是否合理，达到了教师的预期目标没有，如果教师反馈对实际帮助不大，培训的相关课程将马上进行调整；第四是年中检查，培训开展半年后，负责学校培训的主任会走进老师的课堂，检查教师针对培训专题的改进情况，确保培训内容的落实，就存在的问题进行讨论和研讨，以便为下阶段的培训和课堂教学提供借鉴；最后是年末大总结，参训教师对培训进行自我评估，检讨培训对自己的实践工作有何帮助，主任会从检讨中评估自己给老师的帮助和支持是否到位等。② 这几个方面环环相扣，彼此衔接紧密，促进了校本教师培训质量的提升。

二、培训目标

　　新加坡中小学教师职后培训目标可以划分为发展目标、角色目标和操作目标。

（一）发展目标

　　职后教师的发展目标定位为教师培训提供了努力的方向，指明了教师培训和专业发展的方向。新加坡的中小学教师从入职的那一天开始，就慢慢地朝着自己期待的轨迹和目标努力，这源自于新加坡教师培训发展目

---

① 卢啸虎：《"以人为本"视角下新加坡教师培训的特色及其启示》，《科教导刊》（中旬刊）2019 年第 4 期。

② 陈春华：《新加坡中小学教师在职培训的经验与启示》，《福建论坛》（社科教育版）2007 年第 1 期。

标的定位明确。

2001年4月，新加坡教育部为教师制定了"教育服务专业发展与职业规划"方案（Education Service Professional Development and Career Plan），该方案目的在于为教师提供一个具有挑战性且充实的教育服务。它为教师规划了三个生涯发展方向，满足了不同教师的专业发展需求（见图7-4）。

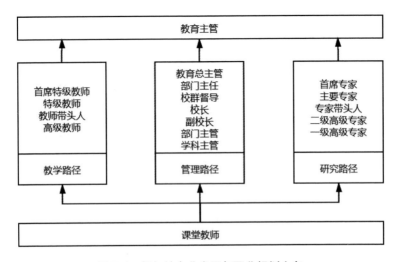

图7-4　新加坡专业发展与职业规划方向

资料来源：Career tracks for Education Officers. [2020-01-23]. 见 https：//beta.moe.gov.sg/careers/become-teachers/pri-sec-jc-ci/professional-development/.

第一条发展路径是教学（Teaching Track），对于那些喜欢和学生打交道、热衷于教学实践工作的教师，他们可以选择这一路径，沿着这一轨迹，初任教师可以期待在未来成为高级教师和教学导师，这条轨道的教师评估重点考察教师在培养全面发展的学生方面、学科知识掌握方面、创意教学方面和教师合作方面的潜能，考察教师是否具有相应的级别标准。第二条发展路径是学校管理（Leadership Track），给予有一定的领导才能的教师获得学校领导或者教育部官员的机会，沿着这一路径发展，初任教师可以成为学科主管、部门主管、副校长、校长、学区执行官、教育副主任、教育主任、教育部主管，这条轨道主要是考察教师在三个关键能力（领袖才能、人事管理和行为管理）和两种核心能力（教学才能和个人素质）的成绩。新加坡重视领导型教师的培养，学校的经营理念认为，领导能力差是学校失败的主要原因。因此，对于领导型人才在职业生涯早期阶段需尽早确定其领导才能和潜力，并进行大量投资，以培养合格的管理型教师。校长可以确保其学校为学生提供高质量和公平的学习机会，因此新加坡优先考虑发展专业型的校长一职。教师在工作 3 年后可以选择管理型职业路径，晋升为系主任和副校长。系主任和副校长可以参加由国家教育学院发起的"学校管理和领导力计划"（Management and Leadership in Schools Program），从而进一步发展其领导能力。申请晋升校长的副校长需要参加为期两天的模拟测试和面试，以展示出其相应的领导能力和随机应变能力。被选中的人进一步进入"教育领袖计划"（Leaders in Education Program），包括课程、实地考察、指导以及对其他行业和其他国家地区领导人的探访等。校长沿着其职业发展路径可进一步晋升为学区负责人，负责为学区中的校长设计职业发展和协作学习机会。通过使用绩效管理系统对校长进行评估，并与校长一起制定个人改进目标、学习计划等，以帮助校长的进一步发展。新加坡支持校长技能发展的另一种方式是通过由国际教育学院提供的为期 2 周的国际学校领导者交流计划，进一步了解国际教育系统的领导实践从而提高其领导力，所需资金可向教育部申请。

第三条发展路径是专业研究（Senior Specialist Track），这给那些学术性较强的教师提供了努力的方向，按这一路径发展，初任教师将来可以成为一级高级专家、二级高级专家、三级高级专家、四级高级专家。这条轨道则主要考察教师的教学研究能力，这样的专家最后大多到国立教育学院工作，成为教师培养研究者。①

一方面，新加坡十分重视教师的一线教学工作实践，任何一个教师必须从一名普通教师做起，有班级教学的广博经验，新加坡教育部的官员

① Ministry of Education，Singapore. Enhancing your strengths-Career Tracks. [2019-12-29]. 见 https：//www.moe.gov.sg/careers/teach/career-information.

等都是从基层教学工作者中提拔上去的。另一方面，为了满足不同教师的需要，教育部设置了不同的专业发展路径，新任教师从踏入教学岗位开始，就面临着这三种不同的方向选择。为了帮助他们选择适合自身的发展轨迹，教育部和学校会为新任教师进行全方位的潜能评估，再结合教师自身的意愿灵活选择未来的晋升路径。其中，约 80% 的普通教师选择教学发展路径，依据这条发展路线，他们可以按顺序晋升为高级教师（Senior Teacher）、特一级教师（Master Teacher 1）及特二级教师（Master Teacher 2），级别分别等同于学科组长、部门主任及副校长。① 另外，晋升直接和工资挂钩，晋升一个级别，工资直接进入下一个档次，以此类推直至退休。

（二）角色目标

教师的角色和身份有多重特征。新加坡将教师从不同层面分成了多重角色。"教师成长模型"为教师职后培训提供了内容设计的依据。这个整体框架促使教师在他们的专业旅程中不断学习，掌握促进 21 世纪学生发展的必要知识和技能。它包括 5 个层面的角色定位：②

（1）"伦理教育者"（The Ethical Educator）。这是第一层次的教师角色定位，也是教师最为核心的角色。进入 21 世纪，教师教育的取向从技术取向和实践取向逐渐转向精神取向，相比前两者，精神取向的教师教育观更加关注教师心灵的成长和精神的陶冶；帮助教师理解新的时代、新的学习环境，从而逐步形成具有挑战力的精神；帮助教师不断形成良好的人文伦理精神与高尚的道德品质；帮助教师逐步形成教育的专业信念与人文精神。

（2）学习迁移的领导者（The Transformational Leader）、合作学习者（The Collaborative Learner）、专业胜任人（The competent Professional）、

---

① 滕晓青、李浩：《中国与新加坡专业教师发展对比分析》，《齐鲁师范学院学报》2012 年第 10 期。

② 邓凡：《更大的自由和主导权——新加坡新"教师成长模式"及其启示》，《全球教育展望》2012 年第 9 期。

社区建设者（The Community Builder）。这是第二个层次的教师角色定位。教师必须在师生关系中处于主导地位，同时尊重学生的主体作用，在学生学习迁移上扮演重要角色，引导学生掌握获得知识的方法和途径；教师之间要加强合作和交流，分享教学经验和研究经验；教师要掌握学科知识和技能，管理班级，胜任学科教学；教师还要为社区的发展做出积极贡献。

（3）终身学习者（Learning Continuum）。这是从社会角度对教师作出的定位。时代在不断发展，特别是随着信息时代的来临，获取知识和信息的渠道更加便捷。职后教师要不断学习，丰富和更新教学知识，充分利用信息技术工具进行创新教学。教师要教给学生获取知识的方法而不是知识本身，只有不断充实自身才能胜任复杂、高要求的教学工作。新加坡在教师角色定位中明确指出教师必须是一个终身学习者，这不仅为教师培训提供了理论依据，而且也给教师培训指出了持续努力的方向。

（4）实践者（Practice）、有生活信条的人（Philosophy）和有原则的人（Principles）。这是教师第四个层面的角色定位。教师必须要有自己的生活哲学和人生信条，坚持原则，遵守社会道德规范，为学生做榜样。同时，教师还要做到知行合一，言出必行，做道德的模范实践者。新加坡十分重视教师民族精神的秉持和弘扬，主张教师秉持一种"相互尊重、相互理解、相互包容、彼此平等"的态度，在尊重多元的同时，保持自己的民族特色，促进自身民族文化教育的发展。

（5）自信的个人（Confident Person）、自我监控的学习者（Self-directed Learner）、有责任感的公民（Concerned Citizen）、积极的贡献者（Active Contributor）。这是对教师第五个层面的要求，也是对教师的整体要求。教师必须有健康的人格，自尊自信；必须对自己的持续学习进行实时监控和反思；必须是有责任感的公民；还须为民族和国家的繁荣作出应有的贡献。

（三）操作目标

新加坡教师职后培训充分考虑到每位教师的兴趣、需要等，为教师设置了不同的专业发展内容和培训课程，相应的目标也略有差异。总体来

说，教师培训要达到的目标包括以下 6 个方面：①

(1) 更新教师的教育内容知识；

(2) 更新教师的学科教学方法；

(3) 发展教师的新能力，以应对社会不断变革的需要；

(4) 让教师了解教育的新发展和新措施；

(5) 发展教师的研究和管理技能；

(6) 通过终身学习提高教学成效。

这六个方面的目标倾向都是在教师成长模型的指导框架下，为满足教师的专业发展需要而综合设置的，目的在于让教师提升和掌握系列的教师能力和技能，促进学生的全面发展。这些目标为教师培训课程的设置提供了直接依据。

三、培训内容

新加坡中小学教师的职后培训课程数目有 1000 多种，教师可进行自由选择。教育部规定，每位教师每年参加职后培训的时间要达到 100 小时以上。培训内容包括以下 4 种：

（一）与教学内容相关的学科培训

这部分培训内容主要是指教师开展教学工作所需的专业知识与技能，由国立教育学院与新加坡教师学院提供。在国立教育学院发布的 2019—2020 学年 6—12 月教师专业发展课程手册中，在职教师可选的课程覆盖了艺术、英语语言与文学、地理、历史、数学、物理、科学等多门学科。② 如在英语语言与文学学科方面，在职课程包括"阅读与词汇（小学 /中学）""教学写作（小学）"等涉及专业知识扩充与更新的相关内容，也

---

① NIE. Professional Development Programmes & Courses. [2019-12-29]. 见 https：//www. nie.edu.sg/professional-and-leadership-development/professional-development-programmes-courses/.

② NIE. *Professional Learning Catalogue* (*January to June 2020*). [2019-12-29]. 见 https：// www.nie.edu.sg/docs/default-source/gpl/pd-catalogue-（jan-jun-2020）_fa（web）.PDF.

包括"整体评估绩效：面向小学一、二年级""诗歌教学系列：设计基于问题的全球诗歌""诗歌教学系列：戏剧与诗歌"等提升教师各方面专业技能的理论与实践知识，^① 这些课程更新了教师的专业知识图谱，并使教师具有不断提升的认知与能力应对新的环境、新的知识对学生学习与培养的更高要求。

新加坡教师学院也通过建设主题组别（subject chapters）的方式，促进各学科类别教师专业知识与能力的发展。新加坡教师学院将所有学科划分为三大学科组和一个特殊组别：人文学科与公民教育学科组、数学学科组、科学学科组、学生配置组（Learner Profile），其中学生配置组教师的培训发展目的是为不同背景和特点的学生提供更好的辅导与帮助，它包括特殊教育需要主题组、教育支持主题组、低年级学生主题组和高能力学生主题组 4 个子组别。各主题组的教师由不同学科的特级教师与首席特级教师构成，这些教师与主题组致力于培养教师的专业精神与专业能力，以各主题组别核心团队（即特级教师们）设定的专业发展方向为指导，在多种学习平台与多个团队的支持下，加强教师所掌握的专业知识与能力。^② 以科学学科组下的小学科学子组别为例，它包含 6 位特级教师，其核心团队由新加坡教师学院专职特级教师、中小学各级教师、国立教育学院教授与相关机构的多种参与者构成。小学科学子组别还开展了小学科学组活动与小学科学教育工作坊，为小学科学教师提供富有影响力与创新性的教学方法，更新其专业知识与技能，并通过与教育部、学校与国立教育学院的合作，促进教师在职学习的内容转化为专业实践能力。^③

另外，在新加坡，教师们有很多可以利用的交流平台，以"分享"

① NIE. *Professional Learning Catalogue*（*July to December 2019*）. Singapore，NIE. 2019, pp.27-32.

② AST. ABOUT US-OFFICE OF SUBJECT CHAPTERS. [2019-12-29]. 见 https：//academyofsingaporeteachers.moe.edu.sg/about-us/office-of-subject-chapters.

③ AST. ABOUT US-OFFICE OF SUBJECT CHAPTERS-PRIMARY SCIENCE SUBJECT CHAPTER. [2020-1-2]. 见 https：//academyofsingaporeteachers.moe.edu.sg/about-us/office-of-subject-chapters/science/primary-science-subject-chapter.

的形式来交流他们平时的教学经验，促进教师们的学习与提高。如国立教育学院于 2005 年创办的电子刊物之一"新加坡教学"（SingTeach），将最佳的课堂实践和当前的教育研究结合在一起，为中小学教师的实践提供信息。刊物发表的内容包括实践背后的核心理念、最新的实践研究发现、学校的做法与案例、教育领域资深专家的观点与给老师提出的建议等内容，涵盖的教育主题丰富，其中行动研究、教育评估、数学、科学、教育技术等领域是发表成果最多、最热门的话题之一。①

（二）与工作有关的非学科专业培训

这部分培训内容主要是指教师在教学管理过程中所必需的通用性知识与能力，与其所教授的学科无关的内容。这部分内容也主要由国立教育学院与新加坡教师学院提供。在国立教育学院发布的 2019—2020 学年 1—6 月教师专业发展课程手册中，在职教师可选的课程涵盖课程与教学、教学设计、信息技术、学生心理等多个领域，② 这些知识将引领教师在教学管理的各个环节更具竞争力。例如在评价方面，教师将学习使用简单的工具进行评估、设计教学，加深对学生自我评估理念与做法的认识，在以学生学习为中心观念的指导下，广泛学习有关评估理念、评估策略、评估工具的相关知识与技能；在心理领域，教师将认识到学生情感与交往对其学习与校园氛围塑造的重要作用，并学习如何在教学与日常交往中增强学生的社交、情感能力与生活技能，以及如何通过构建师生关系、组织课堂形式、实施教学策略等方式，帮助与支持学生的情感与社交能力发展。③ 这些内容能够帮助教师更自如地开展教育教学管理工作，对各科教师都具有一定的实用性。

此外，一些校本工作坊也旨在提升教师的通用专业能力。这些工作

---

① Singteach. Topics. [2019-12-29]. 见 https：//singteach.nie.edu.sg/topics/.

② NIE. *Professional Learning Catalogue*（*January to June 2020*）. [2019-12-29]. 见 https：// www.nie.edu.sg/docs/default-source/gpl/pd-catalogue-（jan-jun-2020）_fa（web）.PDF.

③ NIE. *Professional Learning Catalogue*（*January to June 2020*）. [2019-12-29]. 见 https：// www.nie.edu.sg/docs/default-source/gpl/pd-catalogue-（jan-jun-2020）_fa（web）.PDF.

坊由学校或校群组织开展，但培训的内容由国立教育学院或新加坡教师学院的专业团队提供。在学校或校群提出专业发展需要的申请后，国立教育学院或新加坡教师学院的专业团队会根据其需要与特点制定个性化的校本工作坊。如"通过'课程学习'发展专业学习社区"主题学习旨在增强教师开展课程的能力以构建学习型社区，该主题的在职专业发展包括 3 个循序渐进的工作坊：课程学习概况、课程学习体验、课程学习辅助。第一阶段将简要介绍课程学习的内涵及与之相关的流程，工作坊也将给教师们机会对"课程学习"进行批判的讨论；第二阶段教师将在工作坊中进行真实课程的观察与体验；在第三阶段，学校的主要人员将通过工作坊参与学校课程相关的领导过程，加深对"课程学习"的理解与认识。① 这一学习方式因尊重不同学校的发展需求而受到中小学与校群的喜爱，2019 年有众多中小学采取这一方式进行教师的职后培训，如 Punggol 小学开展了"为不同学习者实施差异化指导"工作坊，居英中学（Juying Second School）开展了"加强有效评估反馈实践"工作坊，等等。②

（三）与个人兴趣爱好相关的培训

新加坡的教育体系比较重视教师个人全面素质的培养，尤其教师的文化艺术修养，虽然与教学工作没有直接关系，但对拓宽教师视野、完善教师的知识结构、提升教师素质有着不可或缺的作用。正是基于这一点，教育主管部门和学校会为教师提供如扎染、插花、茶艺、绘画、书法、作曲等方面的课程培训。这类培训的费用大部分都由教师个人承担，但是这类学习可以计入培训时间，因此同样吸引了不少教师。教师们通过学习，培养了兴趣爱好，增加了文化底蕴，对指导参与学生的课外活动有一定的帮助作用。③

---

① NIE. *Professional Learning Catalogue*（*January to June 2020*）. [2019-12-29]. 见 https：//www.nie.edu.sg/docs/default-source/gpl/pd-catalogue-（jan-jun-2020）_fa（web）.PDF.

② NIE. *Professional Learning Catalogue*（*January to June 2020*）. [2019-12-29]. 见 https：//www.nie.edu.sg/docs/default-source/gpl/pd-catalogue-（jan-jun-2020）_fa（web）.PDF.

③ 沈艳春：《新加坡中小学教师培训现状带给我们的启示》，《现代教育科学》2014 年第2 期。

四、培训方式

随着社会的发展与科学技术的进步，集知识、能力于一身的综合性人才需求量大增，对教师的要求也不断提高。新加坡中小学教师职后培训主要包括在岗培训、脱岗培训、在线学习、会议和研讨会等培训方式。

（一）在岗培训

在岗培训指教师在工作期间，通过观摩、听课等形式进行的学习和专业成长。这类在岗培训对新入职的教师有极其重要的作用。新教师通过观摩有经验教师的课堂教学与经验交流，实现新教师的迅速成长；对有经验的教师来说，这也是一次分享经验的难得经历。因此，新加坡大多数中小学校都建立了新教师的听课观摩制度，一方面能为新教师提供其他学科或教师的课堂教学机会，增加其教学经验；另一方面，有经验的教师通过与新教师的交流，可以初步了解新教师的情况，对他们提出有益建议，促进新教师的专业成长。在听课之前，新教师要做好详细的听课计划，进行有针对性的观察，以促进自身知识、经验等方面的专业成长。

（二）脱岗培训

脱岗培训指教师离开工作岗位，参加新加坡教师学院或国立教育学院组织的专业能力提升型或学历提升型培训。新加坡政府要求，中小学教师除了参加各种知识讲座和研讨会外，还可参加教育部培训中心和国立教育学院组织的各种培训，增强专业实践能力或提升学历来促进自身专业发展。教师在参与脱岗培训期间，可以安心地参与培训和学习，无须担心学校教学工作。培训期间教师享受一定的资金补助，其职位也予以保留。

（三）在线学习

随着信息技术的发展，单纯的在岗和脱岗培训方式已难以满足教师专业的多样化发展需要。随着新加坡教育信息化国家规划的出台和实施，新加坡成立了专门用于教师在线学习和交流的网络平台，新加坡教师学院的职责之一便是致力于网络学习社区的运作。

（四）会议和研讨会

研讨会也是新加坡中小学教师职后培训的方式之一，主要由国立教育学院和新加坡教师学院举办。会议和研讨会不定期举行，地点和主题视教师的实际需求而定，举办方将根据培训前期调研工作设计不同的参考材料供教师学习和参考，例如杂志、视频等。教师分小组进行讨论和研讨，教师可以结合他们自身的教学经验找出实例，挖掘其教学实践中隐藏的一面，发现教师多方面的潜质。2019 学年国立教育学院开设的校本研讨会包含 6 个主题："通过课程学习发展专业学习社区""发展教师课程能力""发展教师评估能力""发展教师教学方法""加强教师专业素养"与"加强教师内容知识"。①

五、质量保障

新加坡采取了不同层面的举措来保障教师职后培训的开展与质量问题。首先，新加坡形成了从国家层面到中小学校层面各司其职的责任分工与相应的管理制度，保障教师教育培训体系的顺利高效运行。在国家层面，新加坡教育部及其下设的教师学院负责对教师职前职后的教育与培训进行宏观管理、政策制定和文件发布，还承担着教师招聘和部分教师专业能力提升的培训，把握教师培训与专业发展的方向与走向；在高校层面，国立教育学院承担了所有教师职前教育、在职教师学历提高类培训和部分在职专业提升项目，根据教师实际需要制定培训计划并管理实施，是保障教师培训与专业发展质量的主要环节；在中小学校层面，学区、校群内与学校发挥着重要作用，他们承担着对在职教师的考核与评估的重要职能，负责监督与评估教师在职专业培训与发展的实施效果。

其次，新加坡政府和教育部通过相关立法、规章制度等，对中小学教师职后培训进行了相关的政策规定，明确指出教师培训是教师必须履行的基本义务，为培训工作开展提供了政策依据和保障。自 1998 年起，新加坡教育部就规定每年教师接受职后培训的时间不能少于 100 小时，教师

---

① NIE. *Professional Learning Catalogue*（*July to December 2019*）. Singapore，NIE. 2019，
　　pp.53-88.

可以根据自己的需要选择培训类型或方式、地点。其中，60% 的课程应该和专业有关，其余 40% 教师可以根据自己的兴趣爱好灵活选择，所有类型的培训都可以计入培训总学时。另外，教师的个人和家庭因素也会成为培训计划的参考因素而被综合考虑。例如，教师家里有 12 岁以下的儿童，学校会允许其灵活安排课程时间，给予其优先规划课程的权利。

第三，为激励教师专业发展，积极参与培训，新加坡还设置了许多奖项。如自 1998 年设立的"卓越教师总统奖"（President's Award for Teachers），表彰在教育服务行业有突出成绩的教师，标准包括：树立"不断学习的榜样"；通过自身行动鼓励学生和同伴不断发展。新加坡国家总统将在每年教师节这一天为获奖者颁奖。获奖者可以参加一次由国家资助的国际会议，还可去国外顶尖学校参观研究以促进教师专业化发展，还可以获得国家资助的一次携家属的旅游机会，并被教育部任命为教育部教师网络（Teachers' Network）的成员，主要负责召开教师专业化发展小组讨论会议，与其他教师共同分享教学方法和理念。该奖项自创立至今已走过 16 届，表彰过 99 名国家教师。此外还有"教育杰出青年奖"（Outstanding Youth in Education Award）"专业发展的学术奖励"（Academy Awards for Professional Development）、国际奖项等奖励，[1] 激励选择不同轨道的教师积极参与并充分利用在职专业发展与培训，主动成为一名杰出的国家教师。

第四，新加坡为教师职后培训和专业发展营造了良好的环境。如加强教育基础设施建设，特别是随着信息技术的迅猛发展，新加坡教育部为适应信息化发展的潮流，从 1997 年开始就提出了教育信息化发展的系列国家规划（Information Technology in Education Blueprint）。加强信息技术设施的建设不仅适应了信息化发展的国家规划，对教师良好学习环境的构建也功不可没。如 1997—2002 年，新加坡政府投资了 20 亿新元到信息

---

① AST. HOME-PROFESSIONAL RECOGNITION. [2019-12-29]. 见 https：//academyofsingaporeteachers.moe.edu.sg/professional-recognition.

化教育的"软、硬"建设工作中，不但"生机比"大幅提高，"师机比"更是达到了 2 : 1，方便教师收集资料、设计教材、授课、批卷、处理行政事务、和同事交流等。① 为此，新加坡教育部还成立了教育科技署，其属下的资讯科技培训处专门用于提供学校教师培训与咨询服务，还设置了咨询科技创意奖，鼓励教师以创新方式使用资讯科技，提高教学与学习的素质。此外，为保证教师发展的可持续性，给予其持续的指导，鼓励教师在课堂实践中敢于创新，新加坡教育部每年举办"精益求精学习展"（MOE ExCEL Fest），在此平台上分享新方法与新成就；2016 年，囊括学校教师创建的资源、教育部规划资源以及其他国家联合课程资源的学生学习空间（Student Learning Space）系统面向所有中小学、大专与中央研究所开放，这为教师构建了一个更庞大的学习交流圈，也为教师的在线学习提供了更多的资源与机会。② 网络学习社区的建立，使教师随时随地学习和分享成为可能，丰富的信息化教学技术，使教师教学更加便捷，很好地保存了教师的教学成果，还可以供新教师学习和观摩。这些优良的外部环境给了教师一个轻松舒适的专业发展氛围，为教师质量的提高创设了很好的外部保障条件，也激发了教师参与培训的积极性。

---

① 沙红：《新加坡的教育信息化》，《中国远程教育》2005 年第 2 期。
② 兰丽宁：《新加坡教育信息化现状梳理与分析》，《中国教育信息化》2015 年第 7 期。

第八章　新加坡与中国的教育交流合作

我国与新加坡自 1990 年建立正式外交关系以来，高层交往频繁，政治互信不断提升，合作领域日益深化拓展。作为建设"21 世纪海上丝绸之路"的天然伙伴，中国与新加坡在"一带一路"倡议框架内的合作起步早、起点高、格局大，为新时期两国关系发展提供了新动力，也为沿线国家高质量高水平共建"一带一路"发挥了示范作用。[①] 当前，中新双边务实合作迎来新一轮丰收期，呈现出以经贸投资合作为基础，以金融、人力资源和社会治理合作为亮点，科技、教育、环保等领域合作全面发展的良好局面。[②]2020 年是中新建交 30 周年。两国包括教育在内的各方面交流合作必将迈入一个新的历史阶段。值此重要里程碑时刻，回顾两国教育交流合作历程，总结成绩，分析局势，并展望未来，具有重要意义。

第一节　两国建交以来的教育交流合作进展

在新加坡 1965 年成为独立国家以前，我国与之已有上千年的交往历史，但近代以后因国际环境的激烈变化，两国关系时有起伏。"冷战"时期，中新交往限于经贸合作，1990 年建交后才真正放宽文化教育和学术

---

① 杜一菲：《习近平会见新加坡总理李显龙》，《人民日报海外版》2019 年 4 月 30 日。
② 赵明昊：《张高丽会见新加坡副总理张志贤》，《人民日报》2015 年 4 月 9 日。

领域的交流。① 尽管如此，经过双方 30 年来的共同努力，如今中新教育交流合作已是成绩斐然。

一、双方政府签署了制度化的教育交流合作框架

1978 年，邓小平同志出访新加坡，迈出了两国由意识形态分歧形成的对立走向友好交往的关键性一步。此后，双方定期进行官方互访，重点加强双边经济关系，但教育交流合作依旧有限。为数不多的几项举措之一是新加坡从 1988 年开始为我国大学提供 35 个英语教师奖学金名额，入选者在新加坡国立教育学院接受 10 个月的培训，且每年从中选出最多 5 名学员攻读一年制的硕士课程。②

直至 1999 年 6 月，以时任新加坡教育部部长张志贤为团长的新加坡教育代表团应中方邀请访华，期间双方签订《新加坡共和国教育部与中华人民共和国教育部教育交流与合作备忘录》（以下简称《教育交流合作备忘录》），在代表团交流、留学生交流、教师交流和语言教学、学术交流和校际合作等多个方面达成了系列协议。③ 同年，两国签订中国学生赴新学习、两国优秀大学生交流和建立中新基金等协议，且有 15 所中国高校在新开办了 20 个教育合作项目。④

2000 年，中新双方在对方的大使馆设立教育处，专门管理与协调两国的教育交流合作事宜。我国驻新加坡大使馆教育处一等秘书牛文起在回顾两国建交 10 年来的教育交流历程时指出："中新两国教育交流与合作基

---

① 毕世鸿：《新加坡概论》，世界图书出版广东有限公司 2012 年版，第 452、464 页。

② Liao Zhao. "Growing Educational Exchanges between Singapore and China" // *Yongnian Zheng，Liang Fook Lye. Singapore-China Relations：50 Years*. Singapore：World Scientific Publishing Company，2015，p.179.

③ 中华人民共和国外交部网：《新加坡共和国教育部与中华人民共和国教育部教育交流与合作备忘录》，（1999-06-23）[2020-02-28]. 见 https：//www.fmprc.gov.cn/web/ziliao_674904/tytj_674911/tyfg_674913/t6016.shtml.

④ 中华人民共和国驻新加坡共和国大使馆网：《中新关系简况》，[2020-02-28]. 见 http：//www.chinaembassy.org.sg/chn/zxgx/zxgxgk/.

础，是 80 年代末，邓小平同志和李光耀总理亲自奠定的。这种从高层对话，推动政府教育部门相互往来，相互提供奖学金项目，互派访问学者，推动两国校际交流与合作，形成政府与民间的全面合作，是中新教育交流与合作的特点。"① 而《教育交流合作备忘录》的签署，标志着中新两国的教育交流合作开始由高层个人的推动走向制度化和常态化，双方从此能够就教育交流合作举行定期会晤，并讨论可以建立和加强教育联系的领域。《教育交流合作备忘录》3 年一续签，延续至今，铸造了两国教育交流合作的宏观框架。

二、多主体搭建了丰富的教育交流合作平台

除了两国中央政府的宏观政策对接，中新各级政府、学校以及非政府组织还为双方的教育交流合作搭建了各种双边、多边平台。两国在 2003 年成立中新双边合作联委会 (Joint Council for Bilateral Cooperation, JCBC)，每年召开一次会议。该会议虽不专属于教育领域，但新加坡教育部长通常都会出席，对于促进两国的教育交流合作同样具有重要作用。例如在 2019 年的会议上，我国人力资源和社会保障部副部长游钧与新加坡教育部长王乙康共同签署《中华人民共和国政府与新加坡共和国政府关于青年实习交流计划的协议》(Youth Interns Exchange Scheme (YES))，为两国在校生和应届毕业生提供实习交流机会。这是新加坡与他国签署的第一个双边实习交流计划，而新加坡也是亚洲第一个与我国签署此类协议的国家。② 地方层面，我国苏州、南京、上海、郑州、四川等多地教育主管部门与新加坡教育部基于双方签订的教育交流合作协议，定期轮流承办中小

---

① 中教国际教育交流中心网：《中国与新加坡教育交流回顾》，(2015-08-26)〔2020-02-28〕. 见 https://www.donglingying.cc/zjgj/news/14405776403001.html.

② Ministry of Education, Singapore. New Singapore-China Youth Interns Exchange Scheme to Enhance Internship Opportunities for Students. (2019-10-15)〔2020-02-28〕. 见 https://www.moe.gov.sg/news/press-releases/new-singapore-china-youth-interns-exchange-scheme-to-enhance-internship-opportunities-for-students.

学校长圆桌会议或教育论坛，十多年来促成了中新诸多实质性的教育交流合作项目。

亚太经合组织教育部长会议、亚洲教育北京论坛、中国—东盟教育交流周等区域性多边平台也为中新的教育交流合作打开了重要通道。尤其是作为首个中国—东盟教育交流合作平台的中国—东盟教育交流周，自2008年起由我国教育部联合外交部、贵州省人民政府在贵州创建以来，每年一届，规模和层次持续提升，成果不断涌现，如今已成为中国与东盟教育合作和人文交流的高端平台，成为互学互鉴、合作共赢的坚实桥梁。[①] 2018年11月，新加坡召开的第21次中国—东盟领导人会议暨中国—东盟建立面向和平与繁荣的战略伙伴关系15周年纪念峰会发表了《中国—东盟战略伙伴关系2030年愿景》，将教育交流周列入双方教育领域最重要的机制化交流合作平台。[②] 新加坡政府、学校及师生积极参与并高度重视该教育交流周历届活动。

另外，海口经济学院2018年联合东盟及相关国家高校发起成立了东盟学院。新成立的东盟学院将适时开展校际间学生学历教育和交换生学习，定期举办学术交流及每年一次的"一带一路"与东盟国家教育合作论坛，共同举办每年一次"中国—东盟大学生文化艺术周"等活动。[③] 中新两国各种民间教育学术交流活动则更是数不胜数，如2019年12月中国宋庆龄青少年科技文化交流中心与新加坡华夏文化促进会共同在北京主办"学前教育研讨会"。[④] 总之，多主体、多层次的中新教育交流合作平台已然形成并在不断丰富。

---

① 张东：《"一带一路"上的教育共商与共赢》，《中国教育报》2019年7月23日第1版。
② 人民网：《中国—东盟战略伙伴关系2030年愿景》，（2018-11-16）[2020-02-28]. 见 http：//world.people.com.cn/n1/2018/1116/c1002-30403505.html.
③ 中新网：《"一带一路"与东盟国家教育合作论坛举办　发起成立东盟学院》，（2018-05-03）[2020-02-28]. 见 http://www.hi.chinanews.com/hnnew/2018-05-03/461409.html.
④ 中国网：《中国、新加坡举办学前教育研讨会》，（2019-12-06）[2020-02-28]. 见 http：//www.china.org.cn/chinese/2019-12/06/content_75485846.htm.

三、师生互访已形成规模

我国派遣人员赴新加坡学习，是两国起步最早的教育交流合作形式。前文提到，从 20 世纪 80 年代末开始，新加坡每年从我国选拔大学英语教师赴新进修。1999 年，两国将此写入《教育合作与交流备忘录》，并规定此后中方每年也向新方提供 3 个为期 6 周的汉语教师短期研修奖学金名额，招收新方的在职汉语教师来华进修汉语教学法课程。2019 年起，我国每年还将选派 15 名高等职业院校优秀教师赴新加坡的理工学院见习交流 3 个月。① 而地方政府和中新校际之间发起的教师交换、培训项目则不胜枚举。

规模最大的还是留学生群体。新加坡从中新建交次年起便设立了专门招收中国学生到新加坡公费留学的新加坡教育部奖学金计划（Senior Middle School②，SM）。③《教育交流与合作备忘录》还协定两国每年互换 10 个为期一年的奖学金生（含本科生、研究生和进修生），且双方鼓励和支持本国有关机构和大学为对方的学生提供奖学金或其他资助。④ 据统计，1999 年有 26 名新加坡籍学生获得中国政府奖学金来华学习，此后数量稳步增长，从 2012 年开始破百，2018 年达到 142 人。加之我国部分地方政府和学校也设有外国留学生奖学金，以及规模庞大的自费留学生，1999 年来华留学的新加坡学生共 466 人，从 2005 年开始人数破千，此后迅猛增长，到 2013 年达到 5290 人，近年稳定在年均 5000 人上下（见图 8-1）。相比之下，我国前往新加坡留学的规模更为庞大。2002 年的一份统计数据显示，当时在新加坡留学的中国学生就有 1.3 万至 1.5 万名，占到新加

---

① 神州学人：《2019 年度中新职教院校教师见习交流项目奖学金》，（2019-09-03）[2020-02-28]. 见 http://www.chisa.edu.cn/v2/rmtserve/syxx/201909/W020190903386444691967. pdf.

② 后更名为：School-based Scholarship。

③ Liao Zhao. "Growing Educational Exchanges between Singapore and China" // *Yongnian Zheng，Liang Fook Lye. Singapore-China Relations：50 Years*. Singapore：World Scientific Publishing Company，2015，pp.197-198.

④ 中华人民共和国外交部网：《新加坡共和国教育部与中华人民共和国教育部教育交流与合作备忘录》，（1999-06-23）[2020-02-28]. 见https://www.fmprc.gov.cn/web/ziliao_674904/tytj_674911/tyfg_674913/t6016.shtml.

坡留学生总数的三分之一。① 近年，在新加坡留学的国际学生中，已超过半数来自中国，达到 5 万人。②

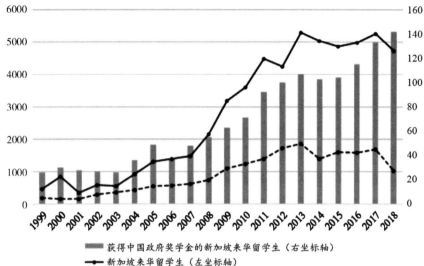

图 8-1 新加坡来华留学人数（1999—2018 年，单位：人）

数据来源：教育部国际合作与交流司编写的各年度《来华留学生简明统计》。

两国还有多种短期学生交流项目，重在增进两国年轻一代对彼此政治、经济、文化和社会等各方面的了解。2002 年 5 月，中新国家领导人制定了"中新本科生交流计划"（Sino-Singapore Undergraduate programme），双方同意每年交换 50 名优秀大学生，彼此各互访 2 周。2003 年，来自清华大学、北京外国语大学、北京语言大学、北京邮电大学的 43 名大学生参加了首次交流活动。新方参与院校包括新加坡管理大学、新加坡国立大学、南洋理工大学和新加坡科技设计大学。③ 2019 年，

---

① 中国网：*Singapore New Mecca for Chinese Students*，（2002-05-16）［2020-02-29］. 见 http：//www.china.org.cn/english/32700.htm.

② 王辉耀、苗绿：《国际人才蓝皮书：中国留学发展报告（2013）》，社会科学文献出版社 2013 年版，第 164—165 页。

③ Liao Zhao. "Growing Educational Exchanges between Singapore and China" // *Yongnian Zheng，Liang Fook Lye. Singapore-China Relations：50 Years.* Singapore：World Scientific Publishing Company，2015，p.185.

在新加坡四所大学的代表团对成都和长沙进行为期 2 周的访问后，来自四川大学、中国电子科技大学、湖南大学和湖南师范大学的中国学生对新加坡进行了回访。[①] 随着中新交往日益密切，两国还建立了许多校际间的学生交换项目。

　　除了大学，中新两国教育部在 2002 年也建立了面向中学生的双边交流项目。[②] 新加坡教育部在 2004 年还成立了"学校结对基金"（School Twinning Fund，STF），以支持新加坡中小学与中国学校建立结对项目。[③] 次年，新加坡教育部决定在南洋华侨中学（Chinese High School）、南洋女子中学（Nanyang Girls High School）、华中初级学院（Hwa Chong Junior College）[④] 三所华人中学以及德明政府中学（Dunman High School）设立双文化课程，并提供奖学金支持。[⑤]2007 年，立化中学（River Valley High School）也参与其中。[⑥] 报名参加这种项目的学生不仅要接受更高层次的汉语教育，更系统地学习中国历史、政治、文化，还要前往我国开展一段时间的浸入式学习。例如华侨中学要求中学三年级的双文化研究项目学生

---

① Singapore Management University.16th Sino-Singapore Undergraduate Exchange Programme Deepens Mutual Understanding，Strengthens Collaborations and Expands Networks.（2019-09-05）[2020-02-29].见 https：//news.smu.edu.sg/news/2019/09/05/16th-sino-singapore-undergraduate-exchange-programme-deepens-mutual-understanding.

② ZHONGHUA Secondary School. MOE SINO-SIN 2015 Student Exchange Trip to Chengdu，PRC. [2020-02-29]. 见 https：//www.zhonghuasec.moe.edu.sg/achievements/highlights/moe-sino-sin-2015-student-exchange-trip-to-chengdu-prc.

③ Liao Zhao. "Growing Educational Exchanges between Singapore and China" // *Yongnian Zheng*，*Liang Fook Lye. Singapore-China Relations*：*50 Years*. Singapore：World Scientific Publishing Company，2015，p.186.

④ 南洋华侨中学和华中初级学院同年合并为华侨中学（Hwa Chong Institution）。

⑤ Ministry of Education. Nurturing a Core of Students with Advanced Knowledge of Chinese Language and Culture. (2004-09-03) [2020-03-01]. 见 https：//www.nas.gov.sg/archivesonline/data/pdfdoc/2004090396.htm.

⑥ 香港资优教育学院网：The River Valley High School Bicultural Studies（Chinese）Programme，[2020-03-01]. 见 http：//hkage.org.hk/en/events/080714%20APCG/05-%20Open/5.11%20Ho%20et%20al_Developing%20a%20Bicultural%20Orientation-%20The%20River.pdf.

要在北京、西安、天津和无锡学习 4—9 周。① 近年来，这种浸入式学习以更短期的海外研学旅行形式拓展到新加坡更多的中小学。与此同时，我国如今每年也有大量中小学生前往新加坡研学。

另外，根据两国 2019 年签订的青年实习交流计划，从 2020 年开始，新加坡每年将有 500 名来自大学和理工学院的全日制学生和应届毕业生在中国的企业进行为期不超过 6 个月的实习，而新加坡也将接受同等数量的中国学生赴新实习。②

四、两国合作办学日益深化

合作办学属于深入的国际教育交流合作形式，对于高等教育而言，能全方位推动教学、科研、社会服务各方面的协同合作。1993 年，我国教育部批准上海交通大学和南京大学在新加坡开办中文 MBA 学位课程，开创了中新合作办学的先例。③2002 年，上海交通大学在新加坡南洋理工大学成立了中国高校首个海外研究生院——上海交通大学新加坡研究生院，标志着我国高层次学位与研究生教育正式走向国际。2019 年，上海交通大学新加坡研究生院在新加坡注册为非营利机构，并于 10 月 1 日获得新加坡教育部认定的私立教育认证。④2005 年，北京中医药大学与新加坡南洋理工大学合作开办双学士学位课程，以培养具有生物科学基础的复合型高级中医药人才。前三年课程在南洋理工大学生物科学学院进行，其中的中医药学基础课程由北京中医药大学派遣教师执教；后两年在

① HWA CHONG Institution. Bicultural Studies Programme. [2020-03-01]. 见 http://www.hci. edu.sg/advantage/talent-development/bicultural-studies-programme.

② Ministry of Education，Singapore. New Singapore-China Youth Interns Exchange Scheme to Enhance Internship Opportunities for Students. (2019-10-15) [2020-02-28]. 见 https:// www.moe.gov.sg/news/press-releases/new-singapore-china-youth-interns-exchange-scheme-to-enhance-internship-opportunities-for-students.

③ 韦文武：《中新教育合作及几点思考》，《创新》2010 年第 4 期。

④ 上海交通大学网：《上海交通大学新加坡研究生院（SJTU-APGI）在新加坡正式揭牌》，(2019-11-28) [2020-03-02]. 见 https://news.sjtu.edu.cn/jdyw/20191129/116827.html.

北京中医药大学完成。完成全部课程的学生将获得南洋理工大学生物学士和北京中医药大学医学学士学位。① 同年，我国在南洋理工大学设立孔子学院。②2006 年，应新加坡政府邀请，我国在新加坡创办汉合国际学校（Chinese International School）③，这是中国大陆基础教育首次走出国门办学校。2009 年 11 月，两国教育部签署《关于合作建设新加坡第四所公立大学的谅解备忘录》。④ 次年，浙江大学就此与新加坡科技设计大学签署执行合作协议，建立了一种新的合作办学模式。浙江大学为新加坡科技设计大学本科生开设英文授课课程，两校轮流主办本科生毕业设计竞赛，新加坡科技设计大学每年派 100 名学生前往浙大进行交流。这些学生既可以旁听多门浙大学术权威的课程，也可以进入一家与浙大拥有合作关系的中国一流大公司实习。⑤

　　同时，新方也进入我国办学。例如东华大学与新加坡莱佛士设计学院 1994 年在上海合作创办了东华大学—莱佛士国际设计学院。⑥ 新加坡国立大学 2004 年在上海成立新加坡国立大学海外学院（NUS Overseas Colleges，NOC），2009 年和 2019 年又分别在北京和深圳设立类似机构，旨在为新加坡国立大学的本科生或研究生提供国际化创业教育。⑦2010 年，在习近平主席与新加坡总理李显龙共同见证下，苏州市人民政府与新加坡国立大学签署协议，双方联合建设新加坡国立大学苏州研究院。同期，天津市教委、中新天津生态城管委会与新加坡南洋理工大学签署备忘录，将

① 刘峰：《南洋理工与北中医合办双学位课程》，《中国教育报》2005 年 4 月 28 日。

② NTU. About Us. [2020-09-30]. 见 https：//ci.ntu.edu.sg/eng/aboutus/Pages/default.aspx.

③ 现更名为山坡世界学院（Hillside World Academy）。

④ 央视网：《中国新加坡关系简况》，（2012-09-01）[2020-03-04]. 见 http：//news.cntv.cn/world/20120901/103459.shtml.

⑤ 浙江大学网：《浙江大学与新加坡科技设计大学正式签署合作协议》，（2010-08-31）[2020-03-02]. 见 http：//zuaa.zju.edu.cn/news/view？id=1622.

⑥ 华东大学网：《国际合作办学》，[2020-03-02]. 见 http：//www.dhu.edu.cn/gjhzbx/listm.htm.

⑦ NUS. Our Story. [2020-03-02]. 见 https：//enterprise.nus.edu.sg/education-programmes/nus-overseas-colleges/programmes/.

合办一所科研型国际化学院。①2013年，天津大学与新加坡南洋理工大学协定将在环境科学及工程、新媒体及商业案例撰写领域共建三个虚拟中心，共同进行人才培养，开展科技合作交流，推广科研成果，并为联合建立天津大学—南洋理工大学研究院奠定基础。②2015年，新加坡国立大学与清华大学、南洋理工大学与北京大学、新加坡科技设计大学与浙江大学分别签署了谅解备忘录。其中，南洋理工大学和北京大学协定设立南大—北大研究院，以支持新加坡建设"智慧国"的愿景。新加坡科技设计大学与浙江大学将成立"新科大—浙大创新、设计与创业联盟"，以加强两所学校已有的合作，并通过设立联合研发中心为中新两国在制造业、城市化与可持续发展方面面临的问题提供解决方案。③2018年12月，天津大学、新加坡国立大学在福州签订协议，合作举办天津大学—新加坡国立大学福州联合学院。④

近年来，中新还开始在我国境内合作举办以中国公民为主要招生对象的本科以上学位项目，如华东政法大学与新加坡国立大学合作举办法学硕士学位教育项目，北京大学与新加坡国立大学合作举办西方经济学专业硕士研究生教育项目等。截至2019年底，我国教育部依法批准的这类项目⑤已有6项。⑥在基础教育阶段，新加坡也正尝试在我国开办国际学校。如2019年8月，中新广州知识城联合实施委员会第一次会议签署协

---

① 中国新闻网：《新加坡南洋理工大学在天津筹建研究型学院》，（2011-02-21）[2020-03-02]. 见 http://www.chinanews.com/edu/2011/02-21/2858223.shtml.

② 天津大学继续教育网：《天津大学与南洋理工大学建设研究学院》，（2018-12-03）[2020-03-02]. 见 http://www.tjuce.com/waphtml/xiaoneixinxi/show_687.html.

③ 新华网驻新加坡代表处：《中新6所大学签署谅解备忘加强合作》，《海外华文教育动态》2016年第1期。

④ 天津大学网：《天津大学—新加坡国立大学福州联合学院作为国际校区首个项目同步签约落地》，（2013-09-25）[2020-03-02]. 见 http://news.tju.edu.cn/info/1002/42156.htm.

⑤ 其他类型尚未公布名单。

⑥ 中华人民共和国教育部中外合作办学网：《硕士及以上中外合作办学机构与项目（含内地与港台地区合作办学机构与项目）名单》，（2020-03-02）[2020-03-02]. 见 http://www.crs.jsj.edu.cn/aproval/orglists/1.

议，新加坡名校华中国际学校（Hwa Chong International School）将落户广州。①

总之，中新教育交流合作形式日益多样，深度与日俱增，成果不断涌现，并以制度化、常态化的交流合作为主。上文只是列举了一些代表性例子。实际上，两国建交 30 年来的教育交流合作成绩远过于此。

第二节　两国教育交流合作的特点与趋势

回顾中新教育交流合作历程与成果，笔者认为呈现出了一些典型的特点与趋势。

一、发挥语言文化近缘优势

新加坡作为世界上除中国以外最大的华人社会国家，使得中新两国的教育交流合作有着得天独厚的先天优势。这不止于双方在地理位置上的邻邦关系，更在于语言文化等方方面面的近缘关系。

新加坡从独特的国情出发，在 20 世纪 50 年代便开始实行以英语为第一语言，同时兼学母语的强制双语教育政策，并将汉语（新加坡人称华语）指定为三大官方母语之一。1979 年，新加坡建国总理李光耀发起"讲华语运动"，最初是鼓励新加坡华人"少说方言"，后发展为鼓励以讲英语为主的新加坡人使用华文华语和加强人们对新加坡华族文化的认识。基于新加坡的双语政策，新加坡帮助我国培养英语教师、我国帮助新加坡培养汉语教师成为两国早期教育合作与交流的重要切入点，且至今是《教育交流合作备忘录》的协定内容。值得一提的是，新加坡当初制定双语教育政策，是将英语界定为最具有经济发展潜力的国际化媒介，将母语则定位为传授传统道德和价值观念的最佳手段。李光耀发起"讲华语运动"也主

---

① 南方网：《中新广州知识城再签四个新项目》，（2019-08-25）[2020-03-02]．见 http：//economy.southcn.com/e/2019-08/25/content_188777881.htm.

要是希望借此加强华人社区的凝聚力。但在 2019 年的新加坡"讲华语运动"40 周年庆典上,现任总理李显龙在强调新加坡人学习汉语的文化价值的基础上,还明确指出这还有"实际好处","如果要在中国工作、与中国人打交道、把握住中国发展所带来的机遇,就必须学好华语",并表示"新加坡要坚持不懈地推广华语"。①

正如李显龙在致辞中谈到的,这种更现实的价值将给新加坡人学习汉语带来更大的动力。这也预示着语言教育互助将继续成为中新教育交流合作的一个重要领域。实际上,早在 2004 年,时任新加坡内阁资政的李光耀就提出"有必要超越双语教育,培养一批对中国有兴趣,有能力在未来与中国接触的高素质新加坡人"。② 正是基于此,新加坡在次年建立了以培养"中国通"为目标的双文化研究项目,并很大程度上推动了后来新加坡学生来华开展浸入式学习的热潮,当然也为新加坡学生来华留学带来了现实需求。

此外,语言互通给两国其他方面的教育交流合作带来了极大的便利,尤其是在组织两国中小学师生的交流、培训时,这种优势是其他国家所没有的。而且除了语言,中新还共有着深厚的儒家文化传统和相关价值观。这使得中新的教育交流合作有了坚实的文化认同根基,并因此可以突破价值无涉学科的局限,在人文社科等更多领域有更大作为。

二、重视战略规划和高层引领

尽管中新两国有着大量民间自发的教育交流合作,但双方政府的战略规划,尤其是中央高层的引领推动,是中新这几十年来教育交流合作的基本特征,也是得以迅猛发展和不断深入的重要原因。

---

① 搜狐网:《新加坡要坚持不懈地推广华语》,(2019-10-26)[2020-03-03]. 见 https://www.sohu.com/a/349752697_115479.

② Ministry of Education. Nurturing a Core of Students with Advanced Knowledge of Chinese Language and Culture. (2004-09-03)[2020-03-01]. 见 https://www.nas.gov.sg/archivesonline/data/pdfdoc/2004090396.htm.

中新两国政府和高层的意向在引领国家走向方面都起着关键性作用。20 世纪七八十年代，中新迅速打破"外交禁区"，也带来了双方教育交流合作领域的破冰行动。随后，两国迅速掀起了从官方到民间，从教师培训到师生互访、校际合作的第一波中新教育交流合作高潮。90 年代伊始，两国正式建交，吴作栋出任新加坡第二任总理后，在延续李光耀政府体制和政策的基础上，推动中国与东盟建立合作关系，而且中新双边关系始终走在中国同东盟国家合作前列，给双方教育交流合作提供了良好的政治基础。到了 20 世纪末，新加坡教育部长访华，两国政府开始在教育交流合作方面开展顶层设计。从此，双方全国上下一系列教育交流合作协议、项目如雨后春笋般层出不穷。

进入 21 世纪以后，以李显龙为首的新加坡第三代领导人开始登上政治舞台，借助东盟和新海上丝绸之路的平台，两国在教育等多方面取得新进展。中新建立副总理级双边合作机制，同时新方与中国省市建立多个地方合作机制，为两国的教育交流合作搭建了高端平台。如有学者指出的，"在许多情况下，这些倡议和合作之所以成为可能，是因为新加坡和中国各级政府之间建立了密切的政治和经济联系，而这些联系已经构成并加强了它们之间业已存在的牢固关系。"[1] 新加坡国立大学与苏州工业园的合作办学以及新加坡南洋理工大学与中新天津生态城合作办学，都是典型的例子。2015 年，中新 6 所大学签署谅解备忘录时，时任新加坡教育部代部长的王乙康在致辞中指出："两国高校加强合作是中国国家主席习近平 11 月访问新加坡的重要成果。"[2] 如今，"一带一路"倡议的提出，尤其是新方的积极回应，为两国教育交流合作的进一步深化提供了更为广阔的空间。

---

[1] Liao Zhao. "Growing Educational Exchanges between Singapore and China" // *Yongnian Zheng*，*Liang Fook Lye. Singapore-China Relations：50 Years.* Singapore：World Scientific Publishing Company，2015，p.191.

[2] 新华网驻新加坡代表处：《中新 6 所大学签署谅解备忘录加强合作》，《海外华文教育动态》2016 年第 1 期。

三、立足实用主义外交关系

新加坡的外交政策不是建立在意识形态或任何教义的基础之上，而是建立在必须一直以确保新加坡的安全和繁荣为指向这样一个现实需求之上。[①] 新加坡的这种实用主义或说是现实主义外交原则，在对华方面体现得尤为明显。经贸关系优先于政治关系是新加坡对华政策的核心。[②] 历史、文化的同根同源是促进中新教育交流合作的润滑剂，但根本动力是经济机遇而非同祖同宗背景下的种族姻亲关系。有新加坡学者直言："中国的崛起是两国教育交流与合作不断增长背后的一个关键因素。"[③] 新加坡政府认识到中国的崛起可以使新加坡受益，从而日益重视提高新加坡学生对中国的认识，出台各种举措培养"中国通"，并鼓励大中小学学生来华接受浸入式学习。因为意识到中国的商业环境和市场需求对初创企业和技术商业化至关重要，新加坡积极投身于与中国大学的交流与合作。中国的崛起对新加坡而言还意味着更大的海外教育和培训市场，对新加坡在中国的研究机构和研究人员来说意味着更多的研究资源。即便是李显龙在阐释为什么新加坡政府要坚定不移地推广华语时，也明确表示："中国当时正好向世界敞开大门，经济开始腾飞。为了赶上这趟经济列车，许多新加坡人到中国工作或做生意，大家都明白唯有兼通双语，才能在世界舞台上大展拳脚、左右逢源。"[④]

对于我国而言，在改革开放初期，新加坡便被邓小平同志树立为中国的学习榜样。新加坡作为区域金融中心和廉政国家，拥有成熟的商业体

---

① ［新加坡］许通美：《探究世界秩序——一位务实的理想主义者的观点》，门洪华译，中央编译出版社 1996 年版，第 185 页。

② 张骥、董立彬、张泗考：《新加坡现实主义外交论纲》，知识世界出版社 2011 年版，第217 页。

③ Liao Zhao. "Growing Educational Exchanges between Singapore and China" // *Yongnian Zheng*，*Liang Fook Lye. Singapore-China Relations*：*50 Years*. Singapore：World Scientific Publishing Company，2015，p.199.

④ 搜狐网：《新加坡要坚持不懈地推广华语》，（2019-10-26）［2020-03-03］. 见 https：//www.sohu.com/a/349752697_115479.

系与政府管理经验，以商业人才培训和官员培训为主题的教育培训一直是两国教育交流合作中的重要部分。而且，新加坡在外语教育、高等教育、职业培训和教育信息化及办学条件等各方面均有优势，在教育适应市场需求、国际化运作和管理方面也有比较成熟的经验，在国际上具有较强的竞争力。我国与之开展交流合作，对于优化我国教育资源，以及助力中国教育走向世界有着战略意义。即便到了今天，新加坡在知识转移和共享方面依旧可以为我国提供很多帮助。从工业园区到生态城市和社会管理、治理，新加坡都能跟上中国不断变化的需求。从长远来看，中国的崛起和新加坡参与中国崛起的能力扩大和加深了两国之间的政治、经济和教育联系。① 立足实用主义外交关系的中新教育交流合作强调的是务实与互利共赢。

四、朝着"有来有往"的方向发展

中新两国国家领导人和教育部门官员的频繁互访，使得双方的教育交流合作整体呈现出"你中有我，我中有你"的氛围。更重要的是，双方的实质性教育交流合作成果也是如此。从前文的留学生数据可以看出，我国对新加坡存在显著的教育逆差。而且尽管新加坡来华留学人数增长迅猛，但折合成相对值后发现，新加坡来华留学生占我国总留学生比例以及新加坡在我国留学生来源国中的排位从 2011 年开始呈现出明显的下降趋势。2011 年，新加坡来华留学生占我国总留学生数量的 1.53%，2018 年下降到 0.96%；2011 年，新加坡在我国留学生来源国中排第 14 位，而 2018 年已降到 28 位。相比之下，我国多年来一直是新加坡的第一大留学生来源国，而且市场占额具有压倒性优势。但是，对于中新在对方的留学教育市场占比严重不对等这一问题，我们需要一分为二地来看。

---

① Liao Zhao. "Growing Educational Exchanges between Singapore and China" // *Yongnian Zheng*, *Liang Fook Lye*. *Singapore-China Relations*：*50 Years*. Singapore：World Scientific Publishing Company，2015，p.199.

首先，21 世纪以来，在高等教育实行扩招和我国加入世界贸易组织的背景下，来华留学教育进入一个加速发展的阶段。① 近年来，"留学中国计划"、推进共建"一带一路"教育行动等措施，进一步推动我国留学教育规模急剧扩大。新加坡 2018 年来华留学人数相比 2011 年增长了 5.2%，而同期我国留学生总数增长了 68.2%，这必然削弱新加坡在我国留学市场中的相对占比。而且，在 1999—2011 年，新加坡来华留学人数已经经历了一段时间的高速增长，年均增长率达到 28.4%，而同期我国留学生总数年均增长率是 17.7%。所以，我们不能简单认为新加坡的来华动力在放缓。

实际上，我国如今已经成为新加坡学生的主要留学目的国之一。以中美比较为例，根据美国《开放门户报告》（Open Doors Report）提供的数据，新加坡在 1979 年就有过千人在美留学，1999 年已达到 4250 人。② 如前文提到的，新加坡在 2005 年来华留学人数才开始过千，而 1999 年只有 466 人，相当于新加坡同年赴美留学人数的十分之一。但是，从 2011 年开始，我国的新加坡留学生占有量已基本追平美国，之后有些年份甚至还超过了美国。应当看到，中新人口数量差距悬殊，我国对新加坡要在绝对数量上消除教育逆差是不现实的，但市场占比结构的变化已证明形势正朝着"有来有往"的方向发展。两国在其他方面的教育交流合作，例如彼此引进对方教育资源，到对方境内办学，也都在呈现类似的走势。

当然，新加坡目前对于我国学生的吸引力依旧要明显高于我国对新加坡学生的吸引力。尤其在高等教育阶段，这一点是需要承认的。一方面，新加坡教育享有盛誉，如果考虑到留学成本、语言沟通、文化差异

① 刘宝存、彭婵娟：《中华人民共和国成立以来我国来华留学政策的变迁研究——基于历史制度主义视角的分析》，《高校教育管理》2019 年第 6 期。
② IIE. All Places of Origin：Previous Years.（2020-03-05）[2020-03-05]. 见 https：//www.iie.org/Research-and-Insights/Open-Doors/Data/International-Students/Places-of-Origin/All-Places-of-Origin.

等因素，对于我国学生而言是一个比前往欧美留学更有"性价比"的选择；另一方面，新加坡整个教育体系与该国地理位置一样，具有"东西交汇口"特点，可以为我国学生前往欧美国家留学提供一个理想的跳板。不过，随着我国教育实力不断增强，加之新加坡来华合作办学项目日益丰富，这种竞争力差距必然会逐渐收窄。

第三节　"一带一路"倡议下的两国教育交流合作前景展望

"一带一路"倡议是中新两国未来发展的主要焦点，除了更加密切的经贸往来，这一倡议也为双方在教育领域的交流合作打开了一个机遇与挑战并存的新局面。

一、前所未有的机遇

新加坡曾坚持要成为东南亚最后一个与中国建交的国家，但建交30年来，中新关系成为互利共赢的典范。当前中国处于近代以来最好的发展时期，世界处于百年未有之大变局，两者同步交织、相互激荡。[①] 对于新加坡而言，无论基于安全的考虑，还是从繁荣来看，支持中国崛起都要比限制中国发展更对自己有利。新加坡一贯秉持大国均衡外交原则，而中新交好可以减少其对于美国和日本的依赖。与此同时，作为外贸驱动型经济，中国给新加坡带来的巨大海外市场和海外投资可以成为其经济增长的重要引擎。此外，我国注重通过发展贸易，而非对外称霸、扩张的方式寻求经济增长，坚持走和平发展路线，并且素来不干预他国内政，这与新加坡的内政外交理念不谋而合。正因如此，我国提出"一带一路"倡议后，在许多国家还持怀疑与观望态度时，新加坡就率先成为最早支持这一倡议的国家之一，而且是坚定支持者。郑永年认为："尽管出于地缘政治考量，新加坡和美国建立了战略关系，但这并不妨碍新加坡与中国建立紧密关

---

① 张蕴岭：《在大变局中把握发展趋势》，《人民日报》2019年3月15日第6版。

系，随着新加坡与中国政治、经济、社会关系的发展，新加坡也要开始发展与中国的战略关系。"① 对于我国而言，新加坡是"一带一路"倡议，特别是21世纪海上丝绸之路的重要战略支点之一②，而且在促进中国与东盟的合作以及缓和中美关系等方面均有着重要的意义。

作为命运共同体，中新两国在未来必将基于"一带一路"倡议开展更全方位的交流合作，而这为双方的教育交流合作也带来了前所未有的机遇。一方面，教育在共建"一带一路"中具有基础性和先导性作用。中新需要通过继续积极开展两国青少年和大学生交流等传统项目，并进一步推动更广泛的教育交流来巩固民意基础，为两国的民心相通搭桥架梁。同时，两国需要通过高水平合作办学、高层次人才联合培养等举措，为两国的政策沟通、设施联通、贸易畅通、资金融通提供人才支撑。另一方面，国际教育服务贸易本身就是国际贸易中一个重要的新兴领域。新加坡政府早在 2002 年就推出了"环球学堂计划"（Global School House Project），希望通过提供跨国高等教育商品和服务，吸引大批留学生到新加坡进行教育消费，在引进人才的同时拉动经济增长。③ 我国加入世界贸易组织后，也日益重视发展国际教育服务贸易。近年来实施了留学中国计划，新近颁发的《中国教育现代化 2035》将"开创教育对外开放新格局"列为面向教育现代化的十大战略任务之一，提出要建立并完善来华留学教育质量保障机制，全面提升来华留学质量。④ 可见，中新相互发展国际教育服务贸

① 人民网：《新中关系是互利共赢的典范——访新加坡国立大学东亚研究所所长郑永年》，（2015-11-05）[2020-11-10]. 见 http：//theory.people.com.cn/n/2015/1105/c40531-27779170.html.

② 多彩贵州网：《"一带一路"建设　新加坡大有可为》，（2017-05-15）[2020-03-05]. 见 http：//news.gog.cn/system/2017/05/15/015704202.shtml.

③ Drewe Vicky. Singapore's global schoolhouse strategy：The first ten years.（2017-08-05）[2020-03-05]. 见 http：//www.obhe.ac.uk/conferences/2012_global_forum_kuala_lumpur/2012gf_abstracts/s9_a bstract_waring_drewe.

④ 中华人民共和国教育部网：《中共中央、国务院印发〈中国教育现代化 2035〉》，（2019-02-23）[2020-03-05]. 见 http：//www.moe.gov.cn/jyb_xwfb/gzdt_gzdt/201902/t20190223_370857.html.

易将成为两国共建"一带一路"的应有之义。

2015 年 11 月，习近平主席对新加坡进行国事访问，两国元首一致同意将中新关系定位为与时俱进的全方位合作伙伴关系，并发表联合声明，表示要不断拓展教育合作新领域和新模式，共同推动中国—东盟教育交流合作实现新发展。① 期间，中新还签署了新一期《教育合作与交流备忘录》，为中新教育领域务实合作发展指明了新方向、注入了新动力、开启了新篇章。②

二、新旧叠加的挑战

"一带一路"倡议下的中新教育交流合作美好未来可期，但也应当看到这其中潜藏着各种新旧叠加的挑战。

自 20 世纪中叶以来，东南亚各国曾在经济和教育等方面限制华人发展，出现过激烈的排华事件，也曾出现过多种版本的"中国威胁论"。尽管新加坡领导人早就意识到中国的国力增长已成不可逆转之势，而且中国崛起符合其大国均衡需要，所以与其对抗不如"搭顺风车"，批驳了所谓的"中国威胁论"，"但是从实力平衡的角度出发，过于强大的中国在新加坡和东南亚国家眼里，就是一个强有力的竞争者，甚至是一个威胁"③。而且，新加坡在军事与安全领域，依靠的重点依然是美国。近年中美关系在区域安全、高科技与贸易方面的争端给整个亚洲，特别是深受国际导向影响的新加坡带来更多政治风险，成为中新关系的隐性挑战。

除了两国关系大面上的潜在风险，即便是教育领域本身，也同样存在着类似的问题。时任新加坡总理的吴作栋在 1997 年就宣布要将新加坡

---

① 中华人民共和国中央人民政府：《中华人民共和国和新加坡共和国关于建立与时俱进的全方位合作伙伴关系的联合声明》，（2015-11-07）[2020-03-05]. 见 http://www.gov.cn/xinwen/2015-11/07/content_5006011.htm.

② 央视网：《潘国驹：习主席访新让新加坡的年轻人更了解中国》，（2015-11-09）[2020-02-28]. 见 http://news.cntv.cn/2015/11/09/ARTI1447032829729862.shtml.

③ 张骥、董立彬、张泗考：《新加坡现实主义外交论纲》，知识世界出版社 2011 年版，第 251 页。

打造为"东方波士顿",并提出了建设"区域人才培训中心和教育枢纽"的愿景。如今,我国也提出要成为亚洲最大的留学目的地国家。① 两国一衣带水,在抢占国际教育服务贸易市场过程中必然存在利益重叠。新加坡的环球学堂计划当初设定到 2015 年要招收 15 万付费留学生,但最终只实现了不到一半,而且留学生人数和外国留学机构数都在持续下降。② 我国当前正大力发展来华留学教育,且自身教育的国际认可度与日俱增,加之巨大的留学生容纳潜力,使得中新从教育优势互补走向竞争。

三、深化两国教育交流合作的政策建议

基于历史回顾和前景分析,笔者就"一带一路"倡议下进一步深化中新教育交流合作提出以下几点政策建议。

第一,继续做好顶层设计,搭建若干高层次双边教育交流合作平台。习近平主席曾在新加坡发文称"要把战略规划和高层引领的中新关系'传家宝'继承下来"。③ 如前所述,重视战略规划和高层引领也是中新建交以来教育交流合作得以跨越式进展的重要原因。但目前教育在两国交往议程中的地位整体偏低,双边教育交流合作主要依托经贸合作平台。未来应建立若干高层次的双边教育交流合作机制,促进双方高层定期就教育交流合作进行会晤协商,联合制定中长期教育交流合作战略规划。同时,为地方政府和民间的中新教育交流合作搭建高端平台,如建立周期性的中新教育论坛、中新教育博览会等。

第二,疏通中新教育合作交流政策性瓶颈,实现学分学位互认互联。目前中国在东南亚已分别与印度尼西亚、老挝、泰国、菲律宾、越南、马

---

① 中华人民共和国中央人民政府:《教育部关于印发〈留学中国计划〉的通知》,(2010-09-28)[2020-03-04].见 http://www.gov.cn/zwgk/2010-09/28/content_1711971.htm.

② 李一、曲铁华:《新加坡"环球校园"计划政策评析》,《高等教育研究》2017 年第 5 期.

③ 人民网:《习近平在新加坡媒体发表署名文章〈承前启后 继往开来 共创中新关系美好未来〉》,(2015-11-07)[2020-11-10].见 http://politics.people.com.cn/n/2015/1107/c1024-27787934.html.

来西亚签署了互认学历学位的协议，而新加坡不在其列。①中新要想进一步促进学生双向流动，加强高层次人才联合培养，就必须推动落实联合国教科文组织《亚太地区承认高等教育资历公约》，加强中国与东南亚大学学分转化系统（ASEAN Credit Transfer System，ACTS）的对接，实现中新学分学位互认互联。

第三，增加政府奖学金交换名额，拓宽奖学金来源。当前获得中国政府奖学金的新加坡留学生数在东南亚地区处于末位，而且新加坡缺乏对等的资助体系。中新在更新《教育交流合作备忘录》时，有必要适当提高两国政府奖学金交换名额，并向研究生以上层次倾斜，同时倡导新加坡为本国学生来华留学建立配套的资助政策。双方政府还应考虑联合设立专项基金，专用于支持培养中新在"一带一路"共建中急需的人才。另外，中新双方拓宽奖学金来源，尤其是发挥企业资助在促成两国职业技术性人才交流、联合培养方面的作用。

第四，加强合作办学，交换优质教育资源。各级政府要积极引进新加坡各级各类优质教育机构来我国境内举办更多以招收中国学生为主的合作办学项目，丰富我国优质教育资源。与此同时，鼓励、支持我国高等教育机构在新加坡创办海外分校，中小学和幼儿园赴新建设中国特色海外国际学校，有条件的职业院校与新加坡工艺教育学院、理工学院在新加坡合作建设"鲁班工坊"。

第五，充分发挥多边机制作用，尤其是加强中国与东盟的区域性教育交流合作。在新加坡的外交词典中出现频率最高的词便是"地区化"，加强与东盟邻国之间的关系仍然是新加坡与外部关系的基石。②东盟的成立以及新加坡的加入为新加坡提供了地区生存合法性，大大缓解了其生存压力。东盟所遵循的成员平等、协商一致的"东盟方式"也赋予了新加坡与地区内大国同等的话语权。因此，新加坡重视自己在东盟中的作用，并

---

① 刘宝存、胡瑞：《东南亚国家来华留学教育：进展、问题与对策》，《华南师范大学学报》（社会科学版）2018年第5期。

② 毕世鸿：《新加坡概论》，世界图书出版广东有限公司2012年版，第419页。

竭力促进中国与东盟的关系。我国目前已与东盟构建了众多教育交流合作平台，以及中国—东盟教育部长圆桌会议等对话机制。在 2019 年的中国—东盟教育交流周开幕式上，新加坡教育部兼人力部高级政务次长刘燕玲重申了新加坡对加强东盟与中国教育关系的承诺。[①] 在未来，中新应更充分地发挥多边机制的作用，实现中新双边教育交流合作与中国—东盟区域性教育交流合作的双向促进。

---

① Ministry of Foreign Affairs，Singapore. Senior Parliamentary Secretary（Education）and Manpower Low Yen Ling attended the opening ceremony of the 12th China-ASEAN Education Cooperation Week in Guiyang City，Guizhou Province on 22 July.（2019-07-29）［2020-02-28］. 见 https：//www.mfa.gov.sg/Overseas-Mission/Guangzhou/Mission-Updates/2019/08/SPS--Low-Yen-Ling-attended-the-12th-China-ASEAN-Education-Cooperation-Week-in-Guiyang-City.

主要参考文献

一、中文文献

1. 毕世鸿：《新加坡概论》，世界图书出版广东有限公司 2012 年版。

2. 曹惠容：《新加坡教育投资政策研究》，中国社会科学出版社 2012 年版。

3. 陈文：《金融危机后新加坡高等教育新战略》，《东南亚纵横》2000 年第 S2 期。

4. 戴冬秀：《浅谈新加坡高职教育质量保障体系》，《武汉职业技术学院学报》2010 年第 2 期．

5. 邓凡：《更大的自由和主导权——新加坡新"教师成长模式"及其启示》，《全球教育展望》2012 年第 9 期。

6. 胡庆芳：《新加坡高等教育面向 21 世纪的适应性改革与发展》，《苏州大学学报》1999 年第 2 期。

7. [新加坡] 华拉保绍：《新加坡职业技术教育五十年：如何构建世界一流技术与职业教育及培训体系》，卿中全译，商务印书馆 2018 年版。

8. 黄建如：《新加坡高等教育大众化评析》，《高等教育研究》2001 年第 2 期。

9. [新加坡] 李光耀：《李光耀回忆录：我一生的挑战：新加坡双语之路》，译林出版社 2013 年版。

10. 刘罗茜：《新加坡品德教育研究》，硕士学位论文，广西师范大学，2015 年。

11. 刘世强：《新加坡职前教师教育质量管理研究》，硕士学位论文，河北师范大学，2018 年。

12. 罗刚：《新加坡基础教育均衡政策的分析》，《现代教育论丛》2008 年第
11 期。

13. 牛欣欣、洪成文：《"入世"后新加坡高等教育发展的实践探索》，《比较
教育研究》2005 年第 9 期。

14. 潘娟：《回应 21 世纪的挑战：新加坡教师教育模式研究》，硕士学位论文，
首都师范大学，2011 年。

15. 沈艳春：《新加坡中小学教师培训现状带给我们的启示》，《现代教育科学》
2014 年第 2 期。

16. 谭华凤：《新加坡中小学教师职后培训体系研究》，硕士学位论文，西南
大学，2016 年。

17. 王小梅：《新加坡基础教育在多元和整合中走向平衡》，硕士学位论文，
陕西师范大学，2008 年。

18. 王晓芳、周钧、孔祥渊：《新加坡师范生公费教育内部质量保障机制探
究》，《外国教育研究》2019 年第 8 期。

19. 王学风：《新加坡基础教育》，广东教育出版社 2003 年版。

20. 中国驻新加坡使馆教育处：《新加坡"不一样"的教师绩效管理》，《人民
教育》2015 年第 8 期。

二、英文文献

1. Goh Chor Boon & Saravan Gopinathan.. *The development of education in Singapore since 1965*. Washington，DC：The World Bank，2008.

2. Khoo Kim Choo. "The Shaping of Childcare and Preschool Education in Singapore：From Separatism to Collaboration". *International Journal of Child Care and Education Policy*，2010，pp. 23-34.

3. Committee on the Expansion of the University Sector. *Greater Choice*，*More Room to Excel*. Singapore，2008.

4. Committee on University Education Pathways Beyond 2015. *Greater*

Diversity，*More Opportunities*. Singapore，2012.

5. Saravan Gopinathan. "Educational Development in Singapore：Connecting the National，Regional and the Global". *Australian Educational Researcher*. 1997（24），pp.1-12.

6. Saravan Gopinathan. "Preparing for the Next Rung：Economic Restructuring and Educational Reform in Singapore". *Journal of Education and Work*，1999（12），pp.295-308.

7. Saravan Gopinathan. *Singapore Chronicles：Education*. Singapore：Straits Times Press，2015.

8. Pre-School Education Unit，Ministry of Education，Singapore. *Nurturing Early Learners：A Curriculum Framework for Kindergartens in Singapore*. Pre-School Education Unit，Ministry of Education，Singapore，2003.

9. Rebecca Bull，Alfredo Bautista，Hairon Salleh，and Nirmala Karuppiah. *A Case Study of the Singapore Early Childhood Education and Care*. Teachers College Press，2018.

10. Steering Committee to Review University Autonomy，Governance and Funding. *Autonomous Universities：Towards Peaks of Excellence*. Singapore，2005.

11. Ching Ting Tan. "Enhancing the quality of kindergarten education in Singapore：policies and strategies in the 21st century". *International Journal of Child Care and Education Policy*，2017，11（7），pp.1-22.

12. Jennifer Pei-Ling Tan，Elizabeth Koh，Melvin Chan，Pamela Costes-Onishi，and David Hung. *Advancing 21st Century Competencies in Singapore*，2017.

13. Ng Pak Tee. "The Singapore School and the School Excellence Model". *Educational Research for Policy and Practice*，2003（2），pp.27-39.

14. Oon-Seng Tan，Woon-Chia Liu，Ee-Ling Law. *Teacher Education in the 21st Century*. Singapore：Springer，2017.

15. Tan，Y. K.，Chow，H. K.，& Goh，C. *Examinations in Singapore：Change and continuity*，（*1891—2007*）. Singapore：World Scientific，2008.

16. UNESCO. *Partnership with non-public actors：Singapore's early childhood policy*. Paris：UNESCO Policy Brief on Early Childhood，2007.

17. Varaprasad，N. *50 Years of Technical Education in Singapore：How to Build a World Class TVET System*. World Scientific Publishing Co. Pte. Ltd，2016.

18. Yongnian Zheng，Liang Fook Lye. *Singapore-China Relations：50 Years*. Singapore：World Scientific Publishing Company，2015.

三、相关网站

1. Academy of Singapore Teachers：https：//academyofsingaporeteachers.moe.edu.sg

2. Department of Statistics Singapore：https：//www.tablebuilder.singstat.gov.sg/

3. Early Childhood Development Agency：https：//www.ecda.gov.sg/

4. Institute of Teacher Education：https：//www.ite.edu.sg/

5. Ministry of Education，Singapore：https：//www.moe.gov.sg/

6. Nanyang Technological University：https：//www.ntu.edu.sg/

7. National Institute of Education：https：//www.nie.edu.sg/

8. National Research Foundation：https：//www.nrf.gov.sg/

9. National University of Singapore：http：//www.nus.edu.sg/research/

10. Nurturing Early Learners：https：//www.nel.sg/

11. Singapore Department of Statistics：https：//www.singstat.gov.sg/

12. Singapore Examinations and Assessment Board：https：//www.seab.gov.sg/

13. Singapore Infopedia：https：//eresources.nlb.gov.sg/

14. Singapore Statutes Online：https：//sso.agc.gov.sg/

15. Skillsfuture：https：//www.skillsfuture.sg/

16. Straitstimes：https：//www.straitstimes.com/singapore/

后　记

　　自 1965 年宣布独立以来，新加坡经过半个世纪的努力，便从一个贫穷落后的小岛迅速崛起成为一个发达的新型工业化国家。毫无疑问，这一辉煌成就与新加坡对人才和教育的重视是分不开的。但我国长期以来对于新加坡教育的研究却非常少。本书基于"一带一路"倡议这样一个历史背景，写作目的是为了增进我国对于新加坡教育制度和政策的基本了解，以服务两国提升教育交流合作的深度与质量。坦诚地讲，在承担本课题之前，我对于新加坡教育也是一无所知。所以与其说是研究，不如说我是在学习。

　　本书得以付梓，需要感谢很多人的支持与帮助。首先，感谢作为本套丛书主编的顾明远先生对我的信任，让我主持本书依托课题的研究工作，也要感谢教育部社科司提供科研资助。其次，感谢每一位课题组成员的付出和贡献。本书由我设计了整体写作思路，康云菲、穆翎、杨蕊、吴桐、徐如霖、郝理想、王小栋、胡昳昀、范丽珺与我一并参与了研究和书稿起草工作，最后由我和康云菲逐章修改、补充并完成统稿。本书写作过程正值"新冠肺炎"肆虐之时，但各位成员克服重重困难，认真负责。没有他们的协助，仅凭我一己之力，本书难以如期完稿。另外需要声明的是，在征得作者同意的情况下，本书使用了谭华凤与尹晗笑两位同志的硕士学位论文中的部分研究成果，在此一并感谢。

　　我在 2019 年 8 月带领课题组赴新加坡开展调研。新加坡教育部课程开发司的 Yee Yew Loong 博士帮忙联系、安排我们访问了新加坡教育部和国立教育学院。教育部研究与管理信息司的 Teh Laik Woon，Ng Siow Chin，Lim Siew Lee，Jason Wong Qi Hua，以及国立教育学院的 Dennis Kwek，Kenneth Poon，Wong Lung Hsiang，Dawn Ng，Zuanqing Gina 对我们的到访予以了热情的接待，并为我们做了信息丰富的报告，让我们获得了许多宝贵的资讯。回国后，我还多次就研究过程中遇到的问题与 Jason Wong Qi Hua 先生沟通，他总是第一时间给予回复。我代表课题组对他们的无私与友好致以衷心的感谢！

最后，还要感谢人民出版社领导以及本书的责编。他们在本书编辑出版过程中做了很多工作，十分辛苦！

今年是中新两国建交 30 周年。本书在这样一个特殊的时间节点问世，应该来讲是恰逢其时。但正如我前文所说的，我自己在新加坡教育研究方面就是个外行，所以本书难免显得粗浅，甚至是存在一些错误，权当抛砖引玉，还望各位读者海涵并不吝赐教。

2020 年 8 月

责任编辑:宫　共
封面设计:源　源

图书在版编目(CIP)数据

新加坡教育制度与政策研究/丁瑞常,康云菲 著. —北京:
　人民出版社,2020.12
("一带一路"不同类型国家教育制度与政策研究/顾明远主编)
ISBN 978-7-01-022668-2

Ⅰ.①新… Ⅱ.①丁… ②康… Ⅲ.①教育制度-研究-新加坡
　②教育政策-研究-新加坡 Ⅳ.①G533.9

中国版本图书馆 CIP 数据核字(2020)第 227648 号

新加坡教育制度与政策研究

XINJIAPO JIAOYU ZHIDU YU ZHENGCE YANJIU

丁瑞常　康云菲　著

人 民 出 版 社 出版发行
(100706　北京市东城区隆福寺街 99 号)

北京佳未印刷科技有限公司印刷　新华书店经销

2020 年 12 月第 1 版　2020 年 12 月北京第 1 次印刷
开本:710 毫米×1000 毫米 1/16　印张:22　字数:323 千字

ISBN 978-7-01-022668-2　定价:66.00 元

邮购地址 100706　北京市东城区隆福寺街 99 号
人民东方图书销售中心　电话 (010)65250042　65289539